누각과 정자에서 읊은 詩세계

사진 글 이창룡

푸른사상

 머리말

바람소리와 물소리를 들을 수 있는 곳에는 누각이나 정자가 있다. 그 곳을 찾는 나그네는 자연과 동화되어 풍월을 읊으면서 그 속에서 세월 가는 소리도 함께 듣는다.

누정(樓閣과 亭子를 함께 지칭하는 용어)은 옛 선비들의 휴식 공간이며 풍류의 고장이다. 때로는 그 마을의 공동 집회나 교육현장이 되기도 한다. 누정은 그 마을에서 가장 풍광이 좋은 곳을 조감할 수 있는 비교적 높은 곳에 위치한다.

누정에는 당시 이곳을 찾아온 선비들이 남겨 놓은 그 건물에 대한 상량문(上樑文), 창건기, 중수기(重修記), 재건기(再建記), 그리고 주옥같은 시문(詩文)이 건물 내부에 걸려 있다.

전국(남한)의 누정을 답사하게 된 동기는 분명하다. 그것은 벌써 30여 년 전의 일이다. 대학 강단에 서면서 연례행사로 매년 4월이 되면 신입생을 비롯하여 국문학과 학생 전원을 인솔하여 민요, 설화, 사투리 채집으로 떠난다. 대상은 비교적 현대문명이 적게 침투된 마을과 그 곳에 살고 있는 노인들이다. 노인들은 현대문명과 거리를 유지할수록 순수하고 고유한 우리 만족성과 전통성을 함께 보존하고 있다. 이분들이 보유하고 있는 설화, 민요, 사투리는 모두 입에서 입으로 전해 내려왔으며 아직 문자로 정착되지 않는 것들이 많다. 이분들이 돌아가시면 우리의 교유 문화유산이 고스란히 소멸된다. 이러한 불행을 미리 방지할 목적으로 답사 채집을 떠나게 된다.

누정 답사도 이와 같은 동기에서 비롯된다. 세월이 흘러가는 동안 그 무게를 이기지 못하여 건물이 자연 붕괴되거나 병화(兵火)나 수재(水災) 또는 화재(火災) 때문에 주옥같은 시작품이 분실된다. 어떠한 이유이던 문화재인 문학작품이 소멸되어가는 것을 미리 막아서 기록으로 남길 뿐만 아니라 작품에 대한 번역과 감상에 주력하여 보려는데 누정 답사의 큰 의미가 있다. 답사의 일차적 목적은 시인 묵객들이 누정을 출입하면서 남겨 놓은 시문을 채집하는 일이다. 그러니 누정에 대한 건물 구조나 기능은 보조 수단이며, 주요 대상은 아니다.

목적을 수행하는데 어려운 점이 한두 가지가 아니었다.

1. 답사대상에 대한 소재 파악이 힘들었다.

정확한 정보가 없어서 우선 각 시·군에서 발간한 시·군지(市·郡誌)로 정보를 얻을 수밖에 없었다. 그러나 누정 설명이 누락되었거나 이름만 나열하고 설명이 아주 없는 것도 있었다. 이행(李荇) 등의

『신증동국여지승람』(新增東國輿地勝覽), 이긍익(李肯翊)의 『연려실기술』(燃藜室記述), 이중환(李重煥)의 『택리지』(擇里志), 송남수(宋柟壽)의 『해동산천록』(海東山川錄) 등을 참고로 정보를 얻었다.

2. 답사 대상을 제한하여 선정하기가 힘들었다.

가장 역사가 오래되고 가급적 현판시(벽에 걸린 시)가 많이 남아 있고 창건 연대는 1900년에 창건된 누각으로 한정하였다. 그리고 왕실, 관아, 사찰, 향교, 서당 등에 소속된 누정은 연구대상에서 제외하였다.

3. 창건 당시의 누정의 모습은 만날 수 없었다.

오랜 세월 동안 풍우에 시달려서 붕괴되어 소멸되는 경우, 때로는 병화(兵火), 그리고 천재지변(天災地變)으로 사라져 없어진 운명을 피하지 못한 것이 대부분이었다. 누정의 역사를 삼국시대를 출발점으로 본다면 천여 년이 넘었고, 19세기말이라 하더라도 100년이 이미 넘었으니 창건 당시의 모습을 본다는 것은 거의 불가능하였으며 대부분의 누정이 세월 따라 중수와 재건을 거듭하면서 오늘에 이르렀다.

4. 누정의 현판시(懸板詩)도 건물과 함께 소멸되는 운명을 어쩔 수 없었다.

　병화나 천재지변에 대비하여 현판시를 미리 전사(轉寫)해 두는 것이 유일한 보존 방법이 되는데 그렇지 못하였다. 경기도 파주군에 있는 황희(黃喜)의 반구정(伴鷗亭)과 이율곡의 화석정(花石亭)은 6·25동란 때 전란으로 소실되었다. 재건은 하였으나 현판시는 없었다. 다만 화석정에는 율곡의 8세작이라 전하는 유명한 현판시 하나가 북쪽 처마 밑 안쪽 벽에 외롭게 걸려 있을 뿐이었다. 현판시가 없는 경우에는 부득이 여러 문집에서 찾았으나 그 누정에 현판되었던 시인지의 여부에 대하여선 분명하지 않을 경우도 있었다. 그렇게 되면 현판시를 대상으로 연구한다는 약속이 어긋나게 된다.

5. 누정의 소재는 평지가 아닌 비교적 높은 언덕이나 산 밑에 있어서 촬영이 뜻대로 되지 않았다.

　채집의 대상은 건물 전경과 현판시가 중심이었다. 그러나 높은 곳에 위치하여 밑은 낭떠러지어서 정면 사진 촬영이 불가능한 곳이 대부분이었다. 이런 경우 건물의 옆이나 뒤를 찍고 누정의 이름 현판은 따로 찍을 수밖에 없었다. 강릉의 경포대(鏡浦臺), 삼척의 죽서루(竹西樓), 안동의 영호루(映湖樓)는 발밑이 절벽이어서 한발도 물러설 수 없는 곳이었다.

이와 같이 답사에는 여러 가지 장애물이 많았고, 누정을 찾아가는 데도 기차와 시내버스, 마을버스를 타고 찾아가야 했고 산길을 걸어다니면서 답사한 경우가 대부분이어서 예상 외로 많은 시간을 소비하였다.

이러한 가운데에서도 직접 자기차로 동행하면서 답사에 도움을 준 몇 분이 있었다. 중소기업을 경영하시는 황희홍 회장, 이재식·이종호·고남식·김종군 박사, 박사학위논문을 준비하고 있는 유호렬·이병철, 그리고 2박 3일 동안 충청남북도 일대를 자동차로 동반하여 준 가족에게 이 지상을 통하여 깊은 감사의 뜻을 전한다.

이 책의 내용 전개에 있어서 누정의 창선과 내력은 주로 각 지방의 『시지(市誌)』와 『군지(郡誌)』를, 누정의 자연 환경은 『한국민족문화대사전』, 『한국문집총간』(민족문화추진회) 등을 참고하였다.

2006년 8월
저자 이 창 룡

 차례

□ 머리말 · 3

Ⅰ. 누정(樓亭)의 개관(槪觀)

  1. 누정의 건립과 성격   13
  2. 누정의 유형   14
  3. 누정의 기능   16
  4. 누정과 시작(詩作)   18
  5. 누정의 역사   20
  6. 누정과 시인의 풍류   23

Ⅱ. 누정시인들의 작품세계

관동지방(영동지방)

○ **강릉권(관동팔경 · 기타)**   32
  공교한 조물주의 솜씨 : 총석정(叢石亭)   34
  신라의 사선이 놀던 곳 : 삼일포(三日浦) · 사선정(四仙亭)   41
  노송과 끝없는 수평선이 열린 : 청간정(淸澗亭)   48
  동해의 해안 절승지 : 의상대(義湘臺)   57

신선세계로 비유한 : 경포대(鏡浦臺)   64
절벽 위의 높은 누각 : 죽서루(竹西樓)   77
망망대해의 광활한 전망 : 망양정(望洋亭)   87
소나무 숲에 우뚝 솟은 : 월송정(越松亭)   95
신선세계와 이어진 : 하조대(河趙臺)   106
나뭇잎 스치는 가을 소리 : 만경대 (萬景臺)   113
연꽃 향기 다소곳한 : 연호정 (蓮湖亭)   120

영서지방 (嶺西地方)

◎ 춘천권   128
시정을 자극하는 : 소양정(昭陽亭)   129
두 강이 만나는 곳 : 합강정(合江亭)   138
비련의 전설을 담은 : 청심대 (淸心臺)   145
평창강을 굽어보는 : 아양정(娥洋亭)   153
반석 위의 : 구미정(九美亭)   160
단종이 자규시를 읊던 : 자규루(子規樓)   164
동강의 높은 절벽 위의 : 금강정(錦江亭)   171
세 군왕이 어제시가 걸린 : 요선정(邀僊亭)   178
신라 진평왕이 유람한 : 고석정(孤石亭)   183

기호(畿湖)지방

◎ 서울권·경기권   192
    한강하구 넓은 지대가 보이는 : 망원정(望遠亭)   193
    영평팔경의 중심지 : 금수정(金水亭)   200
    용의 전설을 간직한 : 보산정(寶山亭)   208
    황룡이 내려 앉은 : 봉황정(鳳凰亭)   211
    육각 원당형의 : 세심정(洗心亭)   220
    신륵사 종소리 들려오는 : 영월루(迎月樓)   224
    임진강 절벽 위의 : 화석정(花石亭)   226
    갈매기 떼가 춤추는 : 반구정(伴鷗亭)   237
    호반의 절승 속의 : 항미정(杭眉亭)   245
    화려하고 우아한 : 방화수류정(訪花隨柳亭)   252
    산천이 수려한 풍광 속의 : 사은정(四隱亭)   258

기호지방

◎ 충북권 263
청풍명월의 서정을 담은 : 한벽루(寒碧樓) 264
단종에 대한 충절이 깃든 : 관란정(觀瀾亭) 273
푸른 소나무 속의 : 탁사정(濯斯亭) 280
우륵의 전설을 담은 : 탄금대(彈琴臺) 285
물결 잔잔한 호수 가의 : 식파정(息波亭) 295
온 마을을 조망할 수 있는 : 피세정(避世亭) 302
명나라 사신의 글이 걸려있는 : 고산정(孤山亭) 307
달천의 물소리가 들려오는 : 애한정(愛閑亭) 311
도심 속의 거대한 : 망선루(望仙樓) 317
강산의 절경을 모두 간직한 : 독락정(獨樂亭) 324
높은 절벽 위의 전망 좋은 : 가학루(駕鶴樓) 332
푸른 바위 위에 우뚝 솟은 : 빙옥정(氷玉亭) 338

 차례

◎ 대전직할시　　　　　　　　　　　　　　　　　344
　맑은 바람 밝은 달을 담은 : 쌍청당(雙淸堂)　　346
　대청마루 밑으로 샘물이 흐르는 : 남간정사(南澗精舍)　353
　계곡을 가로질러 세운 : 옥류각(玉溜閣)　　357
　후진 양성의 교육도장 : 봉소루(鳳巢樓)　　361

◎ 충남권　　　　　　　　　　　　　　　　　　366
　세 정승이 시를 읊던 : 구괴정(九槐亭)　　　367
　연못 가운데 자리잡은 : 군자정(君子亭)　　374
　금강나루터의 : 공북루(拱北樓)　　　　　　381
　성안 높은 언덕에 솟아 있는 : 쌍수정(雙樹亭)　387
　전망 좋은 부소산 언덕의 : 사자루(泗沘樓)　392
　강변 바위 동산 위의 : 수북정(水北亭)　　397
　세속을 벗어나 우뚝 솟은 : 동백정(冬柏亭)　403

Ⅰ. 누정(樓亭)의 개관(槪觀)

1. 누정의 건립과 성격

 누정은 그 자체가 풍류의 고장이고, 산천의 아름다운 경관을 배경으로 자연과 더불어 삶을 같이하려는 지식인들의 정신적 공간이다.
 누정은 그것을 건립한 주체에 의하여 왕실, 관가, 불가, 유가, 사가로 나눌 수 있다. 왕실의 누정은 궁성 안에 위치하고, 관가의 누정은 성곽 위에, 또는 관아의 정문으로, 불가의 누정은 사찰 입구에, 유가에서는 향교의 정문, 서원에서는 정문으로 건립하였다.
 그리고 사가(私家) 누정 건립의 주체는 그 지방 유지였다. 그들이 창건하고 관리하고 경영하는 비교적 규모가 큰 건물이다. 그 구조는 마루바닥을 지면에서 한층 높게 지은 다락집이 대부분이며, 사방을 바라볼 수 있도록 벽이 없고 기둥만 있는 개방된 건물이며 여름철의 휴식처로 사용하기 편리하도록 마루바닥이 중심 공간으로 되어 있다. 건물에는 꼭 이름이 붙어 있으며 건물 안에는 창건기, 재건기,

중수기 등의 문장과 신인들이 남겨 놓은 현판시(懸板詩)가 있다.

누정은 마을에서 떨어져 있는 산 중턱이나 강, 언덕 또는 계곡에 위치하여 흐르는 강물소리, 맑고 깨끗한 백사장, 계곡의 자연 경관과 바람소리, 때로는 깎아지른 듯한 절벽 위에 세워서 멀고 가까운 경치를 한눈에 볼 수 있는 곳에 세워졌다.

이미 놓여 있는 자연형태를 그대로 받아들여 이용한 반면에 인공적인 연못을 만들고 그 중앙 언덕에 정자를 세워서 연못과 주변의 공간과 조화를 이룰 수 있도록 배려한 것도 있다. 특히 해변의 언덕에 세워진 누정은 해안의 백사장과 파란 해안선, 그리고 그 위를 나는 갈매기, 아침바다를 붉게 물들이는 해돋이 등 자연이 베풀어주는 혜택을 만끽하고 있다. 누정의 위치는 결국 자연 환경을 중심으로 건립되었으며, 자연과의 조화 또는 자연숭배에서 자연 친화에 이르기까지의 전통을 고스란히 유지하고 있다.

2. 누정의 유형

누정 건물의 유형은 일정한 형태는 아니다. 대체로 정사각형이나 장방형 위주로 건축되었고 때로는 육각 또는 팔작도 있으며 경우에 따라서는 티(T)자형도 있다. 크기 규모는 정면 3칸, 측면 2칸 구조가 일반적 형태다.

누정과 관계되는 건축물에는 누(樓), 정(亭), 각(閣), 당(堂), 대(臺) 등 다양한 명칭이 있다. 그러나 그 차이를 확연하게 구별할 수는 없다.

고려 중엽의 문장가인 이규보(李奎報 : 1168~1241)는 「사륜정기」(四輪亭記)에서 유형에 대한 구별을 시도하였다.

> 나무 판자를 쌓는 것을 대(臺)라 하고, 겹으로 난간을 한 것을 사(榭)라 하였으며, 집 위에 집을 지은 것을 누(樓)라 하고, 사방이 탁 트고 텅 비고, 높고 전망이 좋은 것을 정자……
>
> 柴板築謂之臺, 複欄檻謂之榭, 構屋於屋, 謂之樓, 作豁然, 虛敞者, 謂之亭 (徐居正 : 『東文選』 66卷)

누각과 정자에 대한 구분은 현재의 누정 구조와 별로 차이가 없다.

누는 현재 2층 모양으로 된 건물이며 일층은 흙바닥을 그대로 두고 2층에 마루바닥을 깔았다. 이에 비하면 정자는 평면에 기둥을 세우고 사방의 벽은 세우지 않고 탁 트이게 만들었다. 경우에 따라서는 마루바닥 중앙이나 한쪽 구석에 온돌방을 설치하는 것도 있다.

누각과 정자는 명칭상 구분되어 있으나 기능이나 형태상 확실하게 구분할 수는 없다. 누각은 긴 누하주(樓下柱) 건축이며 외견상 2층 구조로 계단을 통하여 올라가면 바로 마루 구조가 있다. 이에 비하면 정자는 단층 마루 구조로 되어 있다.

누정은 주로 기와지붕으로 되어 있으며 정자는 누각보다 규모가 작은 것이 일반적이다. 그러나 강원도 인제의 합각정, 충남 사천의 동백정, 화순의 영벽정, 춘천의 소양정은 형태상 누각의 구조로 되어 있으면서 정자라는 명칭을 사용하였다. 반대로 경남 사천의 수양루와 합천의 함벽루는 정자의 형태이면서 누각이란 명칭을 사용하였다.

 대(臺)는 본래 건물의 이름이 아니고, 흙을 높이 쌓아올린다던지 나지막한 언덕을 깎아서 평평하게 하여 주위의 아름다운 경관을 조망할 수 있게 만들었다. 그리고 이런 곳에 건물을 지어야 자연과 더욱 친화할 수 있다는 생각에 주변 경관과 어울리는 건물을 세우게 되었다. 대라 하면 언덕을 말하는 것이 아니고, 거기에 있는 건물을 가리키는 경우가 대부분이다. 강릉의 경포대, 양양의 의상대, 하조대가 바로 그러한 건물이다.

 누정이나 대의 명칭 외에 대전에 있는 옥류각, 영천의 조양각 등 각(閣)이라는 명칭, 전주의 한벽당, 대전의 쌍청당 등 당(堂)이라는 명칭, 담양의 명옥헌, 울진의 해월헌 등 헌(軒)이라는 명칭이 붙은 건물도 있다. 이 건물들은 형태에 다소 차이가 있으나 마루로 구성되었다는 점에서는 그 형태가 누정과 별로 다르지 않다.

3. 누정의 기능

 조선조 초기 세조의 정권 찬탈과 연산군의 폭정으로 인한 두 차례의 사화, 그리고 기묘사화와 을사사화 등 네 차례에 걸친 사화들로 정객들은 정치적 위치에 위기감을 느끼고 정치적인 중앙무대를 떠나 향리에 내려와서 정착하면서 자신들의 주거 공간과는 다른 공간을 찾아 아름다운 자연 속에 누정을 건립하게 되었다.

 이렇게 세운 누정의 가장 중요한 기능은 아름다운 자연환경 속에서 그 경치를 구경하면서 술자리를 마련하여 음풍농월(吟風弄月)하거나 때로는 마을 사람들의 집회나 교습소 등으로 활용하는 데 있었다.

고려조의 이규보는 「사륜정기」에서 벌써 누정에 대한 이와 같은 진미를 맛보고 있었음을 알 수 있다.

> 여름에 손님들과 함께 동산에다 자리를 깔고 누워서 자기도 하고, 혹은 앉아서 술을 마시며, 바둑을 두고, 거문고 타고, 뜻에 맞는 대로 하다가 날이 저물면 파하니, 이것이 한가한 사람의 즐거움이다.
>
> 夏之日 與客席園中 或臥而睡 或坐而酌 圍碁彈琴 惟意所適 窮日而罷 是閑者之樂也 (徐居正:『東文選』66卷記)

휴식, 음주, 거문고 탄주는 누정에서의 풍류생활에 대한 참모습을 그대로 보여 주었다.

조선조의 정자 기능은 바로 이 고려조의 그것을 계승하였음이 분명하다. 거문고 탄주는 매우 수준 높은 놀이이며 당시 지식인들의 삶의 단면을 여실이 보여 주고 있다.

누정의 또 다른 기능은 강학(講學)과 향약(鄕約), 동계(洞契) 등 여러 가지 집회가 열리는 곳이었다. 강학은 서당과 같은 것으로 후진들에게 학문을 전수하는 일이다. 마루방 한 가운데나 구석에 온돌방을 만들어 놓고 추운 겨울에 대비한 교실의 구실을 하였다. 정사(精舍)도 이와 비슷한 용도로 사용하였으니 서로 구별하기 힘들다.

향약과 동계는 유림들이 윤리도덕과 미풍양속의 실현뿐만 아니라 향촌이나 마을 사람들의 단합과 상부상조의 정신을 함양하는 공동체의 회합 장소로 이용되었다.

19세기까지는 계급사회가 아직 그대로 유지되던 시기여서 누정은 양반들의 전유물이 되었다. 그러나 20세기에 들면서 누정은 대중에게도 개방되어 자유스러운 공간이 되었다. 그리고 선비들이 즐기던 풍류는 거의 없어졌다. 누정은 창건당시의 목적과는 달리 지금은 여름철의 휴식처나 관광 명소로 남게 되었다.

20세기에 들면서 기존의 누정들은 세월의 무게를 이기지 못하여 거의 퇴락의 길을 걷게 되었다. 그러나 8·15해방 이후 문화재를 보호해야 한다는 국민적인 공감대가 형성되어 재건과 증수에 대한 노력과 의식이 확산되어 대부분의 누정은 새 모습으로 서있게 되었다. 그러나 일부 위치를 옮기거나 형태를 변화시켜서 옛 모습을 볼 수 없게 된 것이 있어 매우 안타까운 생각이 든다.

4. 누정과 시작(詩作)

유명한 누정의 조건은 역사가 오래되고, 건물의 규모가 크고, 당대의 지식인들의 왕래가 빈번하였고 남겨 놓은 누정시(樓亭詩)가 많은 것이어야 된다. 그리고 창건 당시의 누정시를 비롯하여 후대 인물들의 차운(次韻)시까지 현판(懸板)되어야 한다. 이것뿐만 아니라 이들의 작품은 하나의 문집(文集)으로 남아서 후세에 전하여 시적 교류의 실상을 알게 되어야 한다.

누정시의 제작은 누정 경영자와의 시적인 인연이나 교우 관계에서 이루어진다. 이때 교류 인물은 2·3명에서 수십 명의 동호인이 모여서 작시 풍류를 즐긴다. 이들은 누정 주인과 동등한 지식인이며 시 짓는 일에 관심은 물론 대등한 실력이 있어야 한다. 앞에서 언급한 이규보의 「사륜정기」에서는 함께 풍류를 즐기는 인물을 6명으로 제한하고 각각 맡은 바 그 역할까지 명시하였다.

> 이른바 여섯 사람이란 누구인가 하면 거문고 타는 자 한 사람, 노래하는 자 한 사람, 시에 능한 중이 한 사람, 바둑 두는 자 두 사람, 주인까지 여섯이다. 사람을 한정시켜 앉은 것은 그 뜻이 같음을 보인 것이다.
>
> 所謂六人者誰 琴者一人 歌者一人 僧之能詩者一人 碁者二人 幷主人而六也 限人而坐 示同志也 (徐居正:『東文選』66卷記)

정자의 주인은 혼자가 아니다. 풍류를 즐길 수 있는 6인의 친구와 함께 있다. 이들은 교양, 취미, 지식수준이 비슷한 상류계급의 사람들이다. 승려 한 사람만 시에 능한 것이 아니다. 여섯 사람이 함께 시회(詩會)를 열고 있다.

조선조에 들면서 누정을 무대로 전개된 시작 풍류는 바로 고려조에서 전승된 것임을 쉽게 알 수 있다. 누정을 무대로 작시(作詩) 풍류를 즐기던 사람을 따로 누정시인이라 칭하고 그 사람들이 남겨놓은 시를 누정제영(樓亭題詠)이라 한다. 누정제영이 제작된 계기는 앞에서 언급한 바와 같이 누정 주인과 사귀어 놀면서 제영하는 경우가 대부분이며, 유람이나 탐방의 경우에도 누정시가 이루어질 수 있다. 누적의 현장에서 선작(先作)의 원운(原韻)에 맞추어 차운(次韻) 시를 제작하여 서로 주고받거나 아니면 단독으로 작시하는 경우도 있다. 때로는 누정 건립 준공 기념일, 재건이나 중수(重修), 동계(洞

契)나 종회(宗會) 등에서 시회가 열리면서 공동으로 참여하여 시작을 남겨 놓을 때도 있다. 명승지를 찾아다니는 방랑시인이 누정에 걸려 있는 시를 보고 차운하여 남겨 놓은 경우도 있다.

누정은 조선조의 사대사화(四大士禍)와 독재 정권의 전횡(專橫) 등으로 정치적 혼란이 가중되었을 때 대의명분(大義名分)을 목숨처럼 여기던 사람들이 중앙무대를 떠나 자기 고향에 와서 정착하면서 그들의 안식처이며 사교장인 누정을 많이 건립하였다. 비단 이들뿐만 아니라 지방 유지들도 이들을 본받아 누정 건립에 앞장서서 지방의 명소가 되는 예도 많았다.

자연 친화의 환경 속에서 뜻을 같이 하는 친구들과 술자리를 베풀고 풍류를 즐기면서 많은 제영 시작을 남겨서 누정문학이라는 특수한 장르를 형성하였다. 다른 한편으로는 후진들에게 지식을 전달하는 학문의 고장 역할도 하였다. 이 밖에 누정은 마을의 동회와 문중의 종회 등 지역 문화 발전에도 크게 기여하였다.

5. 누정의 역사

누정과 시인과의 관계를 밝히려면 먼저 포석정에 대한 언급이 있어야 한다. 창건 연대는 통일신라 때로 추정된다. 지금은 수구(水溝)만 남아 있고 정자는 없다. 그러나 기와와 초석이 발견되어 포석정의 흔적은 찾을 수 있다.

경주시에서 남으로 약 4km, 경주 남산 계곡에서 흘러 들어오는 입구에 거북 모양의 큰 돌이 있고, 그 입에서 물이 나오도록 만들어졌다고 하나 지금은 없다. 지금 남아있는 곡수(曲水)터의 규모는 폭이 약 35cm, 깊이 평균 26cm, 전체 길이는 약 10m, 화강암으로 전복 형태의 물길로 되어 있다.

포석정의 기능은 단순한 궁중 연회장이 아니다. 김대문(金大問)의 『화랑세기』(花郎世紀)에는 포석사(鮑石祠)라고 되어 있다. 선왕이나 국가적인 유공자를 모신 사당으로 매해 음력 3월 3일에는 동쪽으로 흐르는 물에 몸을 깨끗이 씻고, 이곳에서 왕실이나 국가의 안녕을 비는 제사를 올리고 그 뒤풀이로 잔치를 베풀었다. 그 중의 하나가 유상곡수[1](流觴曲水) 행사다. 곡수에 잔을 띄어 자기 앞에 오기 전에 시를 지었다. 포석사가 포석정으로 부르게 된 시기는 알 수 없다. 포석정은 단순한 놀이 공간이 아니었다. 국가적인 성스러운 의식이 거행된 성지(聖地)였다. 그것이 후대에 와서 유상곡수만 남게 되었다.

신라 경애왕이 927년에 이곳에서 잔치를 베풀고 놀다가 후백제의 견훤의 습격을 받아 잡히게 돼 스스로 목숨을 끊었다고 하니 신라의 비극의 역사를 간직하고 있는 곳이다.

유상곡수 행사는 중국에서 시작되었다. 중국 진나라 목제(穆帝)의 영화(永和) 9년(353) 3월 3일에 계연[2](禊宴)이란 행사가 있었다. 우리나라에도 잘 알려진 서예가 왕희지(王羲之)가 그 당시 유명한 인사 41명과 절강성(浙江省) 회계산(會稽山) 북쪽에 있는 난정(蘭亭)에 모여 곡수(曲水)에 잔을 띄워 계연을 베풀면서 시를 지어 읊었다는 기록이 있다. 포석정의 유상곡수는 바로 이 난정의 옛일을 이어받은

---

1) 유상곡수(流觴曲水) : 굽어 꺾어 흐르는 물에 술잔을 띄어 그 잔이 자기 앞에 오기 전에 시를 짓는 일.
2) 계연(禊宴) : 물가에서 행하는 요사(妖邪)를 떨어버리기 위한 제사 때에 행하는 잔치.

것이다. 지금 창덕궁 소요정에도 유상곡수 터가 남아있다. 누정과 시인과의 관계를 극명하게 보여주는 증거라고 할 수 있다.

우리나라에서의 누정 건립이 시작된 연대는 삼국시대부터였다. 『삼국사기』의 기록에 의하면 백제 동성왕(東城王) 22년(500) 봄에 다음과 같은 행사가 있었다.

> 임류각(臨流閣)을 궁성 동쪽에 세웠는데 높이가 다섯 길이나 되었고, 또 연못을 파서 이상한 새들을 기르게 하므로… 5월에 한재(旱災)가 들었으나 왕은 신하들과 임류각에서 잔치를 베풀고 밤새도록 환락하였다.
>
> 起臨流閣於宮東 高五尺 又穿池養寄禽…五月 旱 王與左右 宴臨流閣 終夜極歡 (『三國史記』 卷26)

그 후대의 무왕(武王) 37년(636) 8월에 군신을 망해루에 모아 잔치를 베풀었다.

> 秋八月 燕群臣於望海樓 (『三國史記』 卷27)

삼국시대의 누정은 왕실 소유의 구조물이며 임금과 신하가 잔치를 베풀고 서로 즐기는 곳으로 되어 있다.

고려시대에는 전반적으로 많은 누정이 세워졌고 초기에는 삼국시대를 계승하여 왕실이나 관영(官營)의 건물이었고, 중기 이후 말기에는 사가(私家)의 누정이 많이 건립되었다. 『동문선』(東文選)에는 이규보(李奎報)의 「능파정기」(凌波亭記), 「사륜정기」(四輪亭記), 안축(安軸)의 「취운정기」(翠雲亭記), 이제현(李齊賢)의 「운금정기」(雲錦亭記) 등

20여 개의 누정기가 실려 있어 당시의 누정이 수적으로 많이 분포되어 있었음을 짐작할 수 있다.

조선시대에는 왕궁, 관아, 성곽, 향교, 사찰, 서당 등 공적인 누정도 있었으나 사적인 누정이 압도적으로 많았다.

중앙무대에서 벼슬살이를 하던 정객들이 독단정치와 사대사화(四大士禍)의 거센 물결에 휩쓸려 관외(關外)로 추방되거나 아니면 치사(致仕)하여 향리에 와서 정착하면서 자신들의 안식처이며 사교장인 누정을 건립하게 되었다. 이를 본받아 지방 유지들도 나름대로 그들의 실정에 맞는 누정을 세워서 그 수가 증가하게 되었다.

6. 누정과 시인의 풍류

누정이 풍류의 공간이라는 전제에서 우선 풍류란 어떤 것인지 그 개념부터 살펴보기로 한다.

풍류에 대한 개념이 아직 분명하게 정립되지 않고 있다. 그럼에도 우리는 '풍류객', '풍류남아', '풍류를 아는 사람', 반대로 '풍류를 모르는 사람'이라는 표현을 쉽게 쓰고 있다.

사전적 의미는 '속된 일을 떠나서 풍치가 있고 멋지게 노는 일', '풍격이 우아한 것', '운치 있는 일', 그리고 '풍류놀이'라 하면 '시도 짓고, 노래도 하고, 술도 마시며 춤을 추고하는 놀이'로 되어 있다.

결국 풍류는 자연에 대한 친화를 통하여 마음을 정화(淨化)하고 그런 가운데 시적, 음악적, 연희적 요소를 포함한 복합된 개념이라고 할 수 있다.

그러나 풍류는 그 개념이 시대에 따라서 변질되면서 오늘에 이르렀음을 알 수 있다.

역사상 풍류라는 용어가 문헌상 처음 사용된 시기에 대하여 연구가들의 공통적 견해는 신라말엽 최치원의 「난랑비서문」(鸞郎碑序文)을 그 예로 든다. 이 글은 『삼국사기』 진흥왕 37년(576) 봄에 화랑제도 설치에 대한 기사에서 그 글의 일부가 인용되었다.

> 나라에는 현묘(玄妙)한 도가 있다. 이를 풍류라고 하는데 이 교를 설치한 근원은 선사(仙史)에 상세히 실려 있거니와, 실로 이것은 삼교(三敎)를 포함한 것으로 모든 민중과 접촉하여 이들을 교화하였다.
>
> 國有玄妙之道　曰風流　設敎之源　備詳仙史　實乃包含三敎　接化群生……(『三國史記』 眞興王 37年條)

그러나 이 글만으로 '현묘지도'나 '풍류'의 개념이 파악되지 않는다. 풍류가 유교, 불교, 선교(도교)를 포함한다고 하였으니 이 삼교의 본질을 파악하면 어느 정도 그 개념을 알 수 있을 것이다.

유교의 본질은 먼저 자신을 수양한 후 나아가서 남을 지도하는 일(修己治人)과 자기를 버리고 인간 본연의 예(禮)로 돌아가는 일(克己復禮)이며, 불교에서는 아집을 버리고 부처의 자비심으로 돌아가는 일이다. 그리고 선교(도교)는 인위적인 것을 초월하여 자연법칙에 순응하여 사는 일이다. 이 삼교에서 공통적인 요소는 사리사욕을 버리고 순수한 마음으로 하느님과 하나가 되는 것을 추구하는 일이다. 현묘의 도나 풍류가 추구하는 근본 취지는 바로 이러한 정신에 있다. 아집을 버리고 대중과 접촉하여 그들을 사랑으로 교화하는 일이다. 풍류는 이와 같이 삼교의 본질을 모두 내포한 개념이다.

그리고 화랑의 가장 중요한 수양방식에 다음과 같은 것이 있다. 도의로서 서로 몸을 닦고(相磨以道義) 춤과 노래로서 서로 즐기고(相悅以歌樂), 명상과 대천을 찾아서 즐겁게 노니는 것(遊娛山川) 등이 있다. 먼저 인생의 생존적 가치를 높이고 그 토대 위에 자연과 친화하고 가무를 즐기는 것이 화랑의 삶의 방식이며 이것이 풍류로 발전되는 것이다.

제례와 가무와의 관계는 고조선 때부터 있었다. 『삼국지』(三國志) 「위지동이전」(魏志 東夷傳)에서 이에 대한 자세한 기록을 찾아 볼 수 있다.

> 마한에서는 매양 5월에 모종을 끝마치고 귀신에게 제사를 드렸다. 많은 사람들이 떼를 지어 노래 부르고 춤추며 술을 마시면서 밤낮을 쉬지 않았다.
>
> 馬韓 常以五月 下種訖 祭鬼神 群聚 歌舞 飮酒 晝夜無休 (『三國志』 魏志 東夷傳)

이렇게 종교의식이 있었고, 그 때에는 반드시 가무를 행했다는 사실을 알 수 있다. 이러한 행사가 삼국시대에 그대로 전승되어 예술은 종교 의식과 분리하여 생각할 수 없게 되었다.

고려시대에 들면서 팔관회(八關會)라는 불교의식이 있었다. 신라 진흥왕 때 시작되었다고 하나 고려 태조가 삼국을 통일하면서 팔관회의 중요성을 인정하고 관등회(觀燈會)와 함께 국가적인 행사로 격상시켰다.

"고려 태조가 예전에 팔관회를 베풀고 여러 신하와 더불어 서로 사이좋게 지냈다."3) 사이좋게 놀았다는 것은 가무와 연희를 베풀고 즐겁게 놀았다는 것을 의미한다. 예종이 "신사 년에 팔관회를 열고 왕이 잡희를 관람하고 고려 개국 공신 김락(金樂)과 신숭겸(申崇謙)의 우상을 보고 감탄하여 시를 지었다.4)

이와 같은 사실에 근거하면 고려 초기에는 제례와 가무가 함께 진행되었으며 이 사실은 신라의 방식을 그대로 전승한 것이다.

팔관회는 국가적인 제례이며, 이를 통하여 신과 인간을 하나로 묶고, 그 행사에서 파생되는 잡희는 임금과 신하를 화합으로 이끄는 매개의 구실을 한다. 이와 같은 사실이 바로 고려시대의 풍류라고 할 수 있다. 팔관회는 조선시대에 들면서 유교의 힘에 의하여 그 힘이 점점 쇠약하였다.

조선시대의 풍류의 모습은 전대에 비하여 다양한 의미를 지닌다. 먼저 김시습(金時習)의 『금오신화』(金鰲新話)에 나오는 풍류는 어떤 뜻으로 사용되었을까

> 남녀의 사랑에는 익숙지 못하나
> 술 따르고 나직이 시 읊으니 서로들 즐겁네
> 스스로 기쁨은 잘못 찾아 봉래섬에 들었으니
> 여기 신선 세계에서 풍류도를 만났구나

---

3) 太祖常設八關會 與君臣交歡 (『壯節公申先生實記』 卷 1)
4) 辛巳設八關會 王觀雜戲 有國初功臣 金樂 申崇謙 偶像 王感歎 賦詩 (『高麗史』 卷 14:35)

殢雨尤雲雖未慣　淺斟低唱相怡愉
　　自喜誤入蓬萊島　對此仙府風流徒5)

　신세계에서 풍류도를 만났음은 바로 풍류도가 선인(仙人)임을 입증하는 것이다. 이것은 신라에서 화랑을 풍류도 또는 선인이라고 하였다. 이와 같은 신라시대의 개념이 조선조 초기의 시인인 김시습에게 고스란히 전승되었다.

　　홍진에 뭇친 분네 이 내 생애 엇더한고
　　넷 사람 풍류랄 미찰가 못 미찰가
　　천지간 남자 몸이 날만한 이 하건마난
　　산림에 뭇쳐 이셔 지락을 모랄건가6)

　여기서 "옛 사람의 풍류"는 속세를 벗어나서 자연에 몰입하여 인생을 즐기던 지극히 낙천적인 사람의 풍류를 뜻한다. 풍류의 본질로 가장 뚜렷하게 떠오르는 자연친화적인 요소가 분명하게 표현되어 있다. 자연에 몰입하여 자기를 잊어버리는 망아(忘我)의 경지에 들어가서 거기서 사물의 본질에 접근하여 그것과 하나가 되는 경지, 즉 자연 친화에서 자연과의 합일의 상태에 도달하는 것이 풍류일 것이다.

　　재수명성(才秀名成)하니 달인의 쾌사이거늘
　　주경야독(晝耕夜讀)하니 은자(隱者)의 지취(志趣)로다

---

5) 金時習 : 『金鰲新話』・萬福寺樗蒲記
6) 丁克仁 : 『賞春曲』, 金聖培, 『歌辭文學全集』

이 밖에 시주(詩酒)풍류는 일민(逸民)이라 하노라

　작자미상의 시조다. "은자"와 "일민"이란 용어에서 속세를 벗어나서 초야에 묻혀 사는 생활상을 엿볼 수 있다. 이것은 자연애호적 태도이며 나아가서 자연과의 교감이며 떠나온 고향으로의 회귀(回歸)를 의미한다. 화자의 '주경야독'에서 최소한의 식생활은 자신이 해결하고, 이런 가운데 부단히 학문에 정진하고 있으며, 때로는 자연과 마주앉아 시를 쓰는 풍류도 잊지 않고 있다. 인간과 자연, 그리고 그 속에서 빚어진 문학은 바로 풍류 자체라고 할 수 있다.

　　　운대(雲臺)상 학발노선(鶴髮老仙) 풍류 사종(師宗) 그가 누구더냐
　　　금일장(琴一張) 가일곡(歌一曲)에 영락(永樂) 천년(千年) 하단 말인가
　　　사안(謝安)의 휴기(携妓) 동산(東山)이야 말하여 무엇하리오

　신원 미상인 호석균(扈錫均)의 시조다. 등장인물이나 지명이 모두 중국으로 되어 있다. 백발의 늙은 신선인 후한(後漢) 때 장도릉(張道陵)은 거문고에 노래를 실어 부르면서 길이 천수를 즐겼고, 진(晋)나라의 은사인 사안(謝安)은 동산에 은거하면서 기생을 데리고 놀았다는 내용으로 두 인물 모두 은사(隱士)들이다. 장소는 둘 다 산속이며, 산수의 진경 속에서 세상일을 모두 잊어버리고 거문고와 기생과 즐기는 것으로 모두 풍류 생활에 해당한다.
　『춘향전』에서 이도령이 과거 시험장에 들어갔을 때 상황을 다음과 같이 서술하였다.

… 서책을 품에 품고 장중에 들어가 좌우를 둘러보니 억조창생 허다 선비 일시에 숙배한다. 어악 풍류 청아성에 앵무새가 춤을 춘다.

"어악 풍류 청아성"은 궁중 장악원(掌樂院)의 음악을 뜻하는 것으로 여기서의 풍류는 연주하는 음악만을 말한다.

의유당(意幽堂) 김씨의 『동명일기』에 "풍류를 딴 배에 실어 우리 탄 뱃머리에 달고 일시에 연주하니…" 이 글에서는 풍류는 악기와 악대를 함께 지칭하는 것이니, 결국 그 당시 풍류란 오직 음악을 포함한 개념이었다.

조선시대의 풍류는 전(前)시대의 국가적인 또는 종교적인 행사와는 완전히 분리되어 선비들의 집단이나 개인적인 생활에서 전개되었다.

풍치 좋은 명산대천을 찾아 시문을 짓고 술을 마시며 가무를 즐기는 것이 기본적이며 필수적인 풍류 요소가 되었다. 누정에서 전개되는 풍류는 먼저 풍광 좋은 자연 속에 들어가 그 외관에 대한 감상으로 시작된다. 그리고 자연과 함께 호흡하면서 자연에 대한 신비한 생명을 감지하고 자신의 동반자로 인식하고 자연과의 친화뿐만 아니라 물아일체의 경지에 들어간다. 바로 이런 것을 풍류라 하며 선비들은 생활의 중요한 영역으로 생각하였다.

누정에는 주인이 혼자 찾아오거나 아니면 친구를 초청하여 아름다운 자연을 함께 감상하면서 즉흥적으로 시를 짓고 거문고를 타고 노래도 부르고, 때로는 그림도 그리는 것이 이 공간에서 벌어지는 풍류이다. 이렇게 다양한 잔치가 벌어지는 가운데에서도 시인들은 즉흥적인 감흥을 시로 형상화한다. 누정에서의 작시야 말로 누정에서의 가장 값진 풍류이며 이것이 또한 중요한 기능의 하나가 된다.

Ⅱ. 누정시인들의 작품세계

  우리나라는 삼국시대부터 누정을 건립하였으며 건립과 경영의 주체에 따라 여러 가지로 그 성격을 구분할 수 있다.
  궁성을 중심으로 세운 왕가 누정, 중앙이나 지방 관아의 문루, 성곽의 성루 등은 관아의 누각에 해당된다. 사찰의 문루, 고루, 종루 등은 불가의 문루이며, 유가의 향교 문루, 서원의 문루도 있다. 그리고 향리의 지방관이 자신의 치적으로, 낙향한 사대부와 지방유지 등이 세운 사가의 누정으로 분류할 수 있다.
  그러나 이 글에서는 사가의 누정만을 대상으로 이를 경영하던 인물, 누정을 무대로 출입하던 시인의 시작품을 연구 대상으로 한다.
  누정의 선정은 건립 연대가 오래되고 저명인사들의 누정시가 많은 누정에 무게를 실었으며 1900년 이전에 건립된 누정으로 한정하고, 편의상 관동지방, 영서지방, 기호(畿湖)지방 등으로 지역을 구분하여 연구를 진행하게 된다.

관동지방(영동지방)

◎ 강릉권(관동팔경 · 기타)

　관동지방 또는 영동지방은 본래 대관령은 중심으로 그 동쪽 지방을, 또는 태백산맥 동쪽의 땅을 의미하지만 널리 강원도 전체를 지칭한다. 『택리지』[7](擇里志)에서는 "강원도는 철령에서 남쪽으로 태백산까지는 등마루 산줄기가 가로 뻗쳐서 하늘 끝까지 그름이 닿는 듯하다."고 하여 험준한 산맥임을 밝혔다. 이 지방은 태백산맥이 해안선을 따라 질주하고, 그 아래는 청정해역으로 우리나라에서 가장 아름다운 경관을 자랑하는 곳이다. 이러한 천혜(天惠)의 승경(勝景)을 놓칠세라 해안선 바위 위에는 어김없이 누정이 세워져 있다. 금강산에서부터 강릉, 울진, 평해에 이르는 긴 거리에 여덟 곳을 선정하여 누정을 세워 놓고 관동팔경이라 하였다.

---

7) 『택리지(擇里志)』: 1714년(숙종 40)에 이중환(李重煥)이 지은 인문지리서. 우리나라 전역의 지형, 풍토, 풍속, 교통으로부터 각 지방의 고사·인문에 이르기까지 자세히 기록하였다.

일찍이 고려 후기의 학자 안축(安軸)[8]이 강원도 안렴사가 되어 돌아가는 길에 관동지방의 자연과 누정 등 아름다운 경치를 「관동별곡」이란 작품에 담았다. 이 작품의 첫머리에 "바다는 천겹이요, 산은 만겹이니 관동의 별천지로다." 이렇게 시작하여 금강산에서 동해의 해안선을 따라 가면서 아름다운 경치를 기암괴석(奇巖怪石)이라고 한마디 말로 압축하여 언급하였다.

  조선조 1580년(선조 13)에 송강 정철(鄭澈)[9]도 「관동별곡」이란 기행가사를 남겼다. 이 작품은 관동팔경을 모두 유람하고 산수풍경과 관동팔경, 그 지방의 고사(故事), 풍속 등을 읊었다. 송강이 유람한 관동팔경은 한결같이 누정(樓亭)이 중심이었다. 그가 유람한 누정의 순서에 따라 누정시 연구를 진행하겠다.

---

[8] 안축 (安軸 : 1282~1348) 고려 후기의 학자. 충혜왕 때 강릉지방의 안렴사(按廉使)가 되었다. 「관동별곡」, 「죽계별곡」 등 경기체가를 남겼다.
[9] 정철 (鄭澈 : 1536~1593) 조선조 선조 때 문신. 호는 송강(松江). 명종 17년에 문과에 급제. 여러 관직에 올랐으나 당쟁에 휘말려 귀양살이로 마쳤다. 「관동별곡」을 위시하여 몇 편의 가사작품은 그를 국문학사상 가사문학의 제1인자의 자리에 오르게 하였다. 『송강집(松江集)』이 있다.

공교한 조물주의 솜씨 : 총석정(叢石亭)

― 강원도 통천군 북쪽 20리에 위치

　이 지대는 휴전선 북쪽에 위치하여 답사가 불가능하였다. 여러 문헌을 참고로 조사한 결과를 놓고 답사 기록에 대치하겠다.
　『연려실기술』10)·『택리지』·『해동산천록』11) 등에는 총석정의 전반적 형태가 자세하게 기록되어 있다. 내용이 대동소이하여 『연려실기술』속의 기록을 살펴보겠다.

　　가로 뻗은 봉우리가 갑자기 바다로 뻗어 섬과 같다. 바닷가 언덕
　　낭떠러지에 줄지은 돌들이 빗살과 같이 정연하게 늘어섰고, 수십
　　개의 돌기둥이 언덕 곁에 모여 섰는데 언덕에서 10여 보 떨어진
　　곳에는 또 네 개의 돌기둥이 따로 떨어져 물 가운데 섰다. 돌은 모

---

10) 『연려실기술』(燃藜室記述) : 이긍익(李肯翊 : 1736~1806)의 저서. 조선왕조의 역대 사실을 여러 책에서 뽑아 엮은 역사서. 저자는 영·정조 때 실학을 제창, 고증학과 학자이다.
11) 『해동산천록』(海東山川錄)은 송남수(宋柟壽 : 1537~1626)의 저서. 유람 기행문. 외직과 내직을 두루 거치다가 정유재란 때 벼슬을 그만두고 대전에 내려와서 유유자적한 생활을 하였다. 이 책은 공직에 있으면서 8도 절승지를 유람, 산천을 비롯하여 누정까지 그 승경을 그대로 기록, 명사들의 시까지 수록하였다.

두 6면으로 되어 있다. 줄지어 선돌이 수백 개가 돌기둥을 이루었는데, 기둥도 또한 6면이다… 사선봉 북쪽 해안에는 돌 모양이 또 틀리니… 이 돌은 모두 사면인데 혹 5면도 있으며 기괴하고 이상하게 생겼다. 총석정은 가로 지른 봉우리 위에서 돌기둥을 마주 굽어보고 있다. (『연려실기술 별집』 16권)

총석정이란 이름은 바다로 쑥 내민 봉우리 꼭대기에 정자가 세워진 데서 유래하였다. 이 정자가 세워진 뒤로부터 이 일대와 기암들을 모두 총석정이란 말로 통틀어 일컫게 되었다. 이 글은 독자로 하여금 실경에 접한 느낌을 줄 정도로 사실적이다. 직유법·의인법을 적절히 구사한 표현법은 마치 산수진경화를 감상하는 기분이다.

『택리지』에서도 비슷한 표현법을 사용하였으나 상상력을 박진감 있게 구사한 점은 조금 다르다.

파도와 더불어 서로 씹히고 먹히면서 마치 사람이 만든 것 같다. 조물주가 물건을 만든 솜씨는 참으로 기이하고도 공교롭다. 이곳은 천하에 기이한 경치니, 반드시 천하에 둘도 없는 곳이다. (『택리지』·복거총론)

총석정이 천하에 기이한 경치라고 극찬하였다. 총석정이란 정자가 있었다는 근거는 앞에 인용한 이긍익의 글에서 확인되었다. 『해동지도』(海東地圖)에 의하면 총석정과 함께 환선정(喚仙亭)도 좌우에 있었음을 알 수 있다. 그러나 최근에 소개한 총석정 사진에서는 정자가 보이지 않는다. 퇴락(頹落)한 것을 재건하지 않고 방치된 것으로 생각된다. 조선조 영조 때 화가인 겸재 정선[12]의 『풍악도첩』에는 매향비(埋香碑)와 함께 총석정이 있었고, 멀리 오른편에 환선정(喚仙亭)

도 있었음을 알 수 있다.

안축은 앞에서 언급한 『관동별곡』 외에 칠언배율(七言排律)을 남겼다.

총석정의 시운(詩韻)을 따라서

안 축(安軸)

천 가닥의 괴상한 돌은 기이한 봉우리를 이루었고
푸른 벼랑에 오르는 안개비는 수묵 같이 짙구나
고래 같은 물결이 바다에서 일어나니 눈서리 가득하고
신기루가 공중에 뜨니 누각이 겹쳐 보이네
글자가 낡아 모호한 것은 옛날의 비석이고
울퉁불퉁 여윈 뿌리는 어느 시대 소나무인가
바닷가 낚시터에 삿갓 쓰고 앉아 서로 절하는 듯
달빛 아래 신선을 부르면 만날 것도 한데
한탄하여 바라보니 신선 무리는 벌써 비속에 사라지고
속된 무리 보기 싫어 구름따라 갔나 보네
어찌하면 정자 앞에 갈매기와 백로의 짝이 되어
인간 세상 티끌 발자국을 쓸어버릴 수 있겠는가

千條怪石成奇峰　蒼崖烟霏水墨濃　鯨濤起海雪霜漲　蜃氣浮空樓閣重
模糊字沒太古碣　瘦瘦根蟠何代松　磯邊篛笠坐相捐　月下羽衣招可逢
悵望仙徒已雨散　厭看俗子如雲從　若爲亭前伴鷗鷺　掃却人間塵土蹤[13]

---

12) 정선 (鄭歚 : 1666~1759) 호는 겸재(謙齋). 영조 때 화가. 중국 화풍을 모방하지 않고, 독자의 기법으로 국내의 명승고적을 두루 찾아 진경화를 그려서 우리나라 고유의 산수화풍을 세웠다.
13) 安軸 : 次叢石亭詩韻 · 『謹齋集』 1:11

총석정(정선 : 『풍악도첩』에서)

  총석정의 기괴한 실물 형태에서 시작하여 바다와 하늘을 망라하여 그 자연 환경이 수묵화처럼 아름다움에 감탄하였다.
  5행에서 "글자가 낡았다" 함은 풍우에 시달린 비석이 마모된 상태이며, 어떤 비석인지 분명하지 않으나 매향비(埋香碑)가 아닌지? 6행은 앙상하게 질서 없이 노출된 소나무 뿌리를 통하여 세월이 많이 흘렀음을 표현한 것이다. 결국 세월은 만물을 쇠퇴의 길로 인도함을 보여준다.
  화자는 시의 후반부터 총석정을 중심으로 낚시하는 풍류스러운 인물의 등장과 함께 그 신령스러운 정경에 빠져 들어 간다. 신선과 인간들이 사는 속세를 대비하면서 순진 무후한 갈매기와 백로의 짝이 되어 더러운 인간 세상을 정화하고 싶다는 굳은 의지를 담았다.

공교한 조물주의 솜씨 : 총석정(叢石亭)

속세와 다른 별천지에 대한 동경에 사로잡힌 것이다.

총석정

신천(辛蔵)

깎아지른 듯 높이 솟은 사선봉
갠날 좋고 비와도 진귀하니 농암이 잘 맞는구나
저 멀리 긴 하늘에 흰 물결이 닿았고
한쪽에서는 지는 해에 푸른 산이 겹겹이라
백로는 물가에서 붉은 여뀌풀을 밟고 서 있고
원숭이와 학은 바위 위에서 푸른 소나무를 잡고 있네
가을달 봄바람은 아직도 옛날 그대로인데
선인은 멀리 떠나 지금 만나기 어려워라
여러해 버려두어 길손들이 탄식하더니
하루에 작업하여 백성들이 즐겨 따랐네
지난 일 알고자 이끼 낀 비석을 닦으니
표면에는 수묵의 희미한 자취 아직도 보이네

叢叢壁立四仙峯　晴好雨奇宜淡濃　一面長天白浪接　一邊落照靑山重
鷺鷥汀畔踏紅蓼　猿鶴岩頭抐翠松　秋月春風尙依舊　霓裳鳳蓋今難逢
幾年荒廢客歎息　一日経營民悅蹤　欲掃苔碑問往事　上有水墨稀微蹤
(辛蔵:叢石亭·『東文選』卷18)

총석정에 대한 실체 묘사는 단 한 줄에만 한정하고 나머지는 전부 주변의 절묘하고 아름다운 환경에 대하여 읊었다.

둘째 줄 시구는 중국 송나라 때 소동파(蘇東坡) 시인의 「호상에서 마시는데 처음에는 개이고 뒤에는 비가 오다」(飮湖上初晴後雨二首)라는 제목의 시에 "개인날 서호는 마땅히 좋고(晴方好), 비오는 날 서호 또한 진귀한 아름다움이라"(雨亦奇)하였고, 이어서 "엷은 화장(淡粧) 짙은 화장(濃沫)이 어느 때나 풍미가 있다"(摠相宜)고 하여 서호의 아름다움을 이렇게 미인인 서시14)(西施)에 견주어 표현하였다.

소동파는 복수(複數)의 시점을 설정하여 자연의 아름다움을 묘사하였다. 대상을 다른 조건에 놓고, 그 다양한 모습에 미를 발견한다.

화자는 소동파가 서호를 찬양한 시에 촉발되어 총석정의 아름다움도 그와 동등하다는 것을 보여 주었다.

긴 하늘, 흰 물결, 지는 해, 푸른 산 등 시야에 들어오는 대상물을 전부 한 곳에 모아서 총석정 주변의 경관이 뛰어남을 동양의 수묵화처럼 아름답게 표현하였다.

특히, 백로와 원숭이와 학에 대한 의인법은 뛰어난 표현이다. 가을과 봄을 동일한 시간에 놓고, 세월의 순환법칙에는 변화가 없는데 그 시절 여기서 놀던 사선(四仙)은 이미 떠나서 만날 수 없음을 아쉬워하였다. 총석정 주변은 오랫동안 방치하여 황폐하게 되어 길손들의 마음을 아프게 하였으나, 근래 새로 작업하여 주변을 정화하니 사람이 많아졌음을 다행으로 생각하였다. 오랜 풍상에 마모된 이끼 낀 비석15)을 닦으니 수묵의 자취가 남아 있다고 하였으나 비석의

---

14) 서시(西施) 중국 춘추시대 월나라의 절세의 미녀. 원수를 갚기 위하여 월나라 임금 구천(句踐)은 서시를 오(吳)나라 왕 부차(夫差)에게 보내어 화의를 청하였다. 그 후 서시에게 빠진 부차를 쳐서 구천은 회계(會稽)에서의 수치를 씻었다.
15) 단서암 꼭대기에 비석을 세운 흔적이 있는데 매향비(埋香碑) 터다. 불공에 쓰

내용에 대하여 언급한 문헌이 없어서 그 내용을 짐작할 수 없다.
 시적 화자는 자연과 인생, 역사와 고사를 광범위하게 작품 속에 적절히 배합하여 뛰어난 표현의 솜씨가 마치 한 폭의 산수화에 접하는 느낌을 주었고, 시점을 이동하여 상대화하면서 대상의 다양한 자태를 보려는 의도를 역력히 보여 주었다.

는 향나무를 묻은 기념비이다. 1309년에 강릉 존무사 김천호가 삼일포에 향목(香木)을 묻은 것을 기념하기 위하여 세운 비석이며, 19세기부터 비문을 읽을 수 없게 되었으나 스님들은 왕왕히 물속에서 향목을 꺼내 불공에 썼다고 전한다. 아마 이 비석을 말하는 것 같다.

신라의 사선이 놀던 곳 : 삼일포(三日浦)·사선정(四仙亭)

— 강원도 고성군 북방 7.8리에 위치

　삼일포는 총석정과 함께 관동팔경중의 하나이며, 천연(天然)의 호수이다. 『택리지』에서는 "산수의 경치가 훌륭한 곳으로 강원도 영동을 첫째로 꼽아야 마땅하다. 그 중 여섯 호수는 거의 인간 세상에 있는 것 같지 않다. 고성의 삼일포, 강릉의 경포대, 흡곡의 시중대, 간성의 화담과 영랑호, 양양의 청초호는 거울을 열어 놓은 경대와 같다. 이 중에 삼일포는 맑고 묘한 가운데, 화려하며, 그윽하고 고요한 가운데 명랑하고 숙녀가 곱게 단장한 것 같아서 사랑스럽고도 공경할만하다"(『택리지』·산수)고 하여 삼일포의 아름다움을 미사여구로 소신대로 표현하였다.

　삼일포의 주의 환경은 겹쳐진 산봉우리와 포개진 멧부리로 둘려싸였는데 그 가운데 36봉이 있다. 호수 중앙에 소가 누워 있는 모양이라 하여 이름이 와우(臥牛)섬이다. 지금은 유람선을 타고 찾아갈 수 있으며, 서쪽으로 가면 호수 위에 길쭉한 바위들이 머리를 내민 작고 나직한 돌섬이 있다. 단서암·사선암·무선대라고 한다. 단서암에 있는 '영랑도남석행'(永郞徒南石行)이란 여섯 글자의 붉은 글씨는 20C초까지는 남석(南石) 두 자만 보였다고 한다. 단서암 북쪽에는 물 위에 내민 작은 섬이 있는데 이것이 사선도이며 이 섬에 사선정이 있다. 정자는 1326년에 강릉 존무사(存撫使) 박숙정(朴淑貞)이 세웠고 1584년(선조17)에 군수 김한(金僴)이 중수하였고, 1584년(선조17)에 권세태(權世泰)가 중수기를 썼다. 그 후 중수를 거듭하였으나 자세한 내력은 알 수 없다. 지금은 다만 단풍각(삼일포 기슭에 삼층으로 된 휴식처 겸 전망대가 있고, 간단한 식사도 할 수 있다.)에서 볼 수 있는 자그마한 정자가 하나 보인다.

> 산과 호수가 맑고 그윽하여 솔과 돌이 기괴하다. 작은 섬이 있는데, 푸른 솔이 비탈지고 구부러져 있다. 긴 소나무 수십 구루가 있고 뿌리가 바위 사이로 꿰맨 것처럼 되어 비틀어지고 꼬부라지고 짙음과 묽음이 있다. 소나무 아래에 정자가 있으니 사선정이라 한다. 옛날 사선(四仙)이 여기서 놀면서 3일 동안 돌아가지 않아서 삼일포라는 이름이 붙게 되었다. (『택리지』·산수)

사선정은 물이 깊어서 배가 아니면 건너지 못하며 이 정자는 옛날 영랑(永郞)·술랑(述郞)·남석랑(南石郞)·안상(安詳) 등 네 신선이 놀던 곳이라 한다. 이 네 사람은 벗이 되어 벼슬을 하지 않고 산수에서 놀았다는데 세상에서는 그들이 도(道)를 깨쳐 신선이 되었다고 한다.

정선의 산수화를 보면 그 당시 사선정의 구조는 돌기둥 넷을 높이 세우고 그 위에 목주(木柱)를 짧게 올려 기와지붕을 덮은 단순한 건축 양식이었다.

삼일포 사선정 시운을 따라서

이곡(李穀)16)

좋은 경치 어찌하여 크게 모을 수 있었던가
이 호수 백이(伯夷)의 절개처럼 맑구나
물에 하늘이 내려 비치니 마음이 맑고 푸르며
산은 가을 하늘로 인하여 더욱 밝네
구름 사이 붉고 높은 빛이 보이는 듯하고
때때로 달빛 아래서 옥피리 소리 들리네
신선의 쓴 글 보이지 않으니 오히려 옛스럽고
신선의 자취를 대하니 세상 물정 말하기 부끄럽네

勝景安能集大成　此湖應似伯夷淸　水涵天宇澄心碧　山倚秋空刮眼明
如見雲間絳節影　時聞月下玉簫聲　丹書斷了還依舊　羞對仙蹤說世情
(李穀：三日浦四仙亭詩韻・『稼亭集』卷19 律詩)

　삼일포 가운데 섬에 있는 사선정을 중심으로 그 주위의 아름다운 정경을 칠언율시 형식으로 읊었다. 사선정의 주위 환경은 좋은 경치만 한 곳에 모아 놓은 것처럼 수려하고 그 깨끗함은 중국 은(殷)나라의 지사 백이의 강인하고 깨끗한 지조에 비유하였다. 자연과 인심을 대조하여 비교한 특수한 표현수법을 사용하였다. 가을 하늘을 배경으로 서 있는 산의 아름다움과 달밤의 피리소리는 사선정의 자연환경을 더욱 아름답게 만들었다.

---

16) 이곡(李穀 1298~1351) 고려 말 학자. 호는 가정(稼亭). 이색(李穡)의 아버지. 고려 충렬・충선・충숙 삼대의 실록 편찬. 『가정집』 20권이 있다.

삼일포와 사선정(정선 : 『풍악도첩』에서)

바위에 붉은 글씨를 새긴 사선에 생각을 옮겨서 도를 깨쳐 신선이 된 그들의 자취를 보니, 속세의 물정에 대해 말하기 부끄럽게 생각하는 것은 화자 자신이 속세의 사람이기 때문일 것이다.

삼일포17)

강회백(姜淮伯)

푸른 바다는 서쪽 언덕 호수 앞에 있고
절문 앞의 고래같은 물결과 그 세력이 서로 이어졌네
산사의 범종소리는 삼천 세계에 울리고
별천지의 생황과 피리소리는 구천에서 내려오네
돌 위에 새긴 붉은 글씨 어제 일 같은데
바위 위의 스님은 멋대로 세월을 보내네
난간에 기대어 동에서 떠오는 달을 찾으니
일찌기 물결 속을 비치면서 몇 번이나 돌았는가

滄海西厓湖水前　寺門鯨波勢相連　上方鐘梵飄三界　別洞笙簫下九天
石上丹書如作日　岩頭白足任流年　靠欄問訊東來月　曾照波心幾回圓
(三日浦 : 姜淮伯)

  바다와 산사(山寺) 주변의 물결과 절에서 들려오는 범종소리와 피리소리 등 호수 주변의 정경을 동적인 면만을 부각시키면서 거기에 대한 자신의 애정을 함께 실었다.
  시의 후반부부터 전설 속의 네 신선과 참선하는 스님, 달빛을 기다리는 화자가 등장한다. 날마다 물결 속을 비친 달을 기다리면서 세월이 흘러감을 생각하고 따라서 자기의 인생도 세월 따라 부질없

---

17) 강회백(姜淮伯 : 1356~1402) 고려 말의 명신. 호는 통정(通亭). 공민왕 때 세자의 스승과 대사헌을 지냈으며 인품이 총명하였다. 이성계 일파인 조준, 정도전 등과 반목. 조선이 건국되자 진양으로 귀양.

이 흘러감을 아쉽게 생각하는 화자의 정서가 담겨 있다.

삼일포

조용(趙庸)18)

금강산 아래에서 비를 맞으며 지나가노라니
흰 바위는 구름에 들어가 있고 산은 봉우리가 없네
다시 산 동쪽 몽천사에 묵고 있으니
야반에 소나무에는 바람이 솔솔 불어오네.

金剛山下雨中過 白石入雲山無頭 更宿山東夢泉寺 松風半夜鳴颼颼
(趙庸 : 三日浦)

칠언 칠구(七言絶句)의 짧은 형식의 시다. 화자는 길손이며 금강산에서 비를 만났다. 지나가면서 산봉우리가 흰 구름에 덮인 모습을 가장 절묘한 필치로 묘사하였다. 그리고 결구는 역시 고향을 떠난 나그네로 향수에 젖어 잠을 이룰 수 없는 심정을 절실하게 잘 구사하였다.

떠도는 나그네의 시적 안목은 청자의 동감을 끌기에 충분하며 매우 절제된 시다.

송강은 총석정에서 유람을 끝내고 다음 목적지인 삼일포로 떠난다.

---

18) 조용(趙庸 : ?~1424) 조선 초기 학자. 고려 공민왕 때 문과에 급제. 조선조에서 대사성을 지냈다. 경사(經史)에 정통. 성리학에 밝았다.

고성을란 저만큼 두고 삼일포를 찾아가니
단서는 완연하되 사선은 어디 간니
예 사흘 머믄 후에 어디 가서 또 머믄고
선유담 영랑호 거기나 가 있는가.[19]

 송강 역시 다른 시인들과 마찬가지로 바위에 새긴 사선들의 붉은 글씨에 관심을 가졌다. 천여 년이 지난 지금도 그들의 글씨를 분명하게 판독할 수 있음을 보고 그들을 회상한다. 삼일포라는 용어가 그들이 3일 동안 머물었다는 데서 유래한 것도 알고 그 후의 그들의 행방을 찾으려 하나 알 길이 없음을 아쉬워한다.
 삼일포 일대는 신라 때 네 화랑에 대한 전설로 가득 차 있다. 호수명, 산봉우리명, 정자명에 이르기까지 전부 사선(四仙)과 관계되는 이름들이다.
 이곳을 찾은 시인들은 약속이나 한 것처럼 네 화랑과 바위에 새겨진 붉은 글씨에 대하여 빼놓지 않고 나름대로 자신들의 시의 소재로 활용하였다.

---

19)「關東別曲」(鄭澈)

노송과 끝없는 수평선이 열린 : 청간정(淸澗亭)
— 강원도 고성군 토성면 청간리(강원도 유형문화재 제 32호)

송강은 금강산을 뒤로 하고 동해의 해안선을 따라, 휴전선 남쪽으로 내려온다. 첫 번째 만난 정자가 청간정이며, 이것 역시 관동팔경의 하나다. 송강과 안축 두 사람은 「관동별곡」이란 같은 이름의 작품을 남겼다. 그러나 두 분은 약속이나 한 것처럼 이곳을 그냥 지나서 낙산의 의상대를 찾아 떠났다.

동쪽은 바다요, 서쪽은 태백산맥이 도로와 평행하여 남북을 달리고 있다. 동해는 서해에 비해 조수가 없음으로 물이 탁하지 않고 늘 푸른 바다를 유지하고 있다. 시야를 가리는 장애물은 이곳에는 없어서 늘 일망무제의 수평선을 볼 수 있다.

간성읍에서 속초 방향으로 8km 내려오면 길 왼쪽에 그 윗 모습이 눈에 들어온다. 해송 숲으로 나 있는 계단에 오르면 시원스럽게 뚫린 푸른 수평선이 끝없이 펼쳐 있고, 발아래에는 하얀 파도가 밀려온다. 왼쪽에는 백사장이 해안을 따라 길게 열려 있다. 머리를 서쪽으로 돌리면 설악산 신선봉이 부르면 대답할 만큼 가까이에 있다. 정자는 이 산의 연봉에서 시작하여 흘러오는 청간천 하구 언덕에 있다.

바닷물과 맞대어 있고, 기암괴석 위에는 늙은 소나무가 해풍에 시달려 똑바로 서 있지 못한 것이 도리어 운치가 있다. 천 길이의 벼랑 아래에는 돌들이 어지럽게 여기저기에 멋대로 꽂혀 있고, 끝없이 하얗게 뻗은 모래 벌에 하얀 갈매기들이 모였다가 다시 어지럽게 날아가는 풍경은 한 폭의 그림이다. 때로는 성난 파도가 바위를 때리면 물방울이 눈처럼 날아서 사방에 흩어진다.

이 지대는 오랫동안 군사 경비 지역으로 민간인 출입이 금지되어 있었다. 지금은 개방이 되었으나 옆에는 아직도 철조망이 남아 있어서 갑자기 긴장되었다.

정자의 구조는 2층 누각 식으로 되어 있으며 8작 기와지붕이 12개의 긴 주초석으로 받쳐 있다. 정면 3칸, 측면 2칸의 단청 건물이다. 해돋이와 달뜨는 광경이 천하일품이라 하나 시간이 맞지 않아서 보지 못하였다.

창건 연대는 지금까지 조선조 중종 15년(1520)에 중수한 기록을 중심으로 그 이전으로 추측하였으나 고려 명종(1170~1197) 때 김극기(金克己)의 제영(題詠)시의 발견으로 고려 중엽 경으로 추정된다. 그 후 현종 10년(1669)에 중수, 갑신정변(1884) 때 소실, 방치된 것을 고종 21년(1884)에 재건, 6·25전쟁 때 붕괴, 1953년에 중수, 1981년 5월에 현재의 건물로 재건되었다. 올라가는 계단과 주차장까지 만들어서 주변을 정화하여 관광 명소로서의 모습을 갖추었다.

청간정이란 지금의 현판은 당시 이승만 대통령이 썼고, 최규하 대통령의 7언 2행의 시가 지금 걸려 있다. "큰 산과 바다가 서로 잘 어울리는 옛 누각에 오르니 여기가 과연 관동에서 뛰어난 경관이구나"20) 아름다운 경광에 감동하였으나 하고 싶은 말을 못 다한 느낌을 준다.

지금은 볼 수 없으나 양사언의 글씨와 정철의 시, 그리고 숙종의 어제시가 있었다 한다.

청간정

김극기(金克己)21)

높은 누대에 푸른 연기가 걷히고
난간에 엎드려 지나가는 새를 엿 보네
가을도 아닌데 서늘한 기운이 짙고
더위를 당하였는데도 여름 기세가 적네.
매미 소리는 늦게 부는 바람소리를 누르고
까마귀 그림자는 지는 햇빛에 번득이네.
술잔을 들고 하늘을 노려보니
아득하게 먼 푸른 하늘이 작아 보이네.

危樓碧烟抄 伏檻窺過鳥 未秋爽氣多 當炎威夏少 蟬聲碎晩吹 鴉影翻殘照 含盃送白眼 萬里靑天小 『海東山川錄』

---

20) 嶽海相調古樓上 果是關東秀逸景 (崔圭夏)
21) 김극기(金克己) : 고려 명종 때 학자. 호는 노봉(老峰). 문장에 조예가 깊고, 한림에 올랐으나 곧 죽었다. 고려말에 간행된 『삼한시귀감』(三韓詩龜鑑)에 김극기의 본집이 150권이 전한다.

청간정

  화자는 한여름 이 정자에 올랐으나 지대가 높고 시원한 해풍과 소나무 그늘 때문에 가을과 같은 서늘한 기운을 느꼈다. 자연에 대한 소재를 많이 끌어들여 오히려 시 전체가 동적인 인상을 강하게 풍긴다.
  화자의 자세가 특이하다. 대개 높은 곳에 올라오면 먼 경치부터 바라보는 것이 정상인데 난간에 엎드려서 아래를 보는 자세다. 쳐다보는 것이 아니고 굽어보고 있다. 정자는 바로 낭떠러지 위에 있고, 그 밑에는 하얀 모래, 하얀 갈매기, 하얀 파도가 3박자를 동시에 연출하는 백색의 향연이 벌어지는 곳이다. 엎드려서 내려다보는 경치에 도취된다. 그러나 화자도 어쩔 수 없이 푸른 하늘을 쳐다보고 광활한 바다 때문에 하늘이 작게 느껴진다고 하였다.
  남다른 시점을 통한 작품 세계가 인상적이다.

청간정

정추(鄭樞)22)

한번 칠한 것처럼 검은 기운이 하늘을 가로지르고
넓은 바다는 눈 밑에서 사라지네.
처음에는 산이 안개를 숨겼나 의심하고
점점 물결이 공중에 뜨는 것을 알았네
새들은 바다의 광대한 속에 사라졌고
용은 깊고 넓은 물 속에서 우네
긴 돛대를 누가 빌려 볼 것인가
만리에 바람이나 타기를 원하노라

一抹橫天黑 滄溟眼底窮 始疑山陰霧 漸認浪浮空 鳥絶鴻濛內
龍吟滉漾中 長帆誰見借 萬里願乘風 (『海東山川錄』)

청간정에 오른 화자는 아주 나쁜 기상 조건을 만난다. 하늘은 검은 구름으로 덮였고, 바다도 안개 속에 숨었고, 거센 파도는 공중에 치솟고, 새들도 숨어버렸고, 물속에 용들마저 신음하고 있다. 이러한 삼엄한 분위기에서 탈출하고 싶으나 긴 돛배도 탈 수 없으니 차라리 바람이나 타고 먼 곳으로 떠나고 싶다는 절박한 심정이다.
하늘과 바다, 바다 속, 심지어 바다새까지 모두 끌어들이면서 가장 나쁜 환경 조건을 유감없이 형상화하였다. 화자는 이런 분위기에

---

22) 정추(鄭樞) : 고려 말의 학자. 호는 원옹(圓翁). 공민왕 때 대사성. 시에 능하여 이름이 높았다.

서 탈출하기 위하여 바람을 타고 멀리 떠나고 싶다고 하였다.

  정자의 기능의 첫 조건이 아름다운 경치를 감상하는 데 있다. 그러나 이 화자에게는 그와는 정반대의 시야가 전개되었다. 긴장된 시선으로 사태를 응시하면서 탈출을 시도하나 자신이 없다. 정자의 특이한 환경 조건을 보여준 특징 있는 작품이다.

청간정

이식(李植)23)

하늘의 뜻인가 푸른 바다에는 밀물 썰물이 없고
방주 마냥 정자 하나 모래톱에 멈춰 있네
아침 해 솟기 전에 붉은 노을 창을 쏘고
푸른 파도 일렁이자 옷자락이 바람에 나부끼네.
동남동녀의 망루 거룻배가 순풍을 만나도
서왕모 선도복숭아 언제 따 먹으리
신선의 발자취를 만날 수 없는 서운함에
난간에 기대어 부질없이 백구의 날아감을 바라보네.

天敎滄海無潮汐 亭似方舟在渚涯 紅旭欲昇先射牖 碧波纔動已吹衣
童男樓艓遭風引 王母蟠桃著子遲 怊悵仙蹤不可接 倚闌空望百鷗飛
(『澤堂集』 5:10)

---

23) 이식(李植 : 1584~1647) 조선조 인조 때 명신. 호는 택당(澤堂). 1610년에 문과에 급제. 대사헌 때 실정(失政)을 논박. 수차례 좌천. 척화파로 청에 붙잡혀 갔으나 탈출. 장유(張維)와 더불어 당대의 일류의 문장가. 저서에 『택당집』(澤堂集)이 있다.

화자는 정자 주변의 정적인 분위기 묘사에서 시작하여 점차로 서서히 동적인 상태로 시선을 이동시킨다. 외형적 시각에서 심리적 내면세계로 들면서 전설 속의 서왕모의 장수복숭아를 희구하나 뜻대로 되지 않는다. 할 수 없이 하늘을 나는 백구에게 마음을 실어 보낸다. 화자의 이상향 추구의 단면을 보여 주었다.

외부 세계에 대하여 시점을 이동하면서 나중에는 자신에게 돌아와서 이상향을 희구한다. 실현이 불가능함을 깨닫고 자유스럽게 날아다니는 백구에게 희망을 실어 본다.

동남동녀 : 진시왕이 방사(方士) 서시(徐市)에게 동남동녀 3천명을 이끌고 바다 속으로 들어가서 삼신산을 찾아 선약을 구하도록 한 전설 (사기 : 진시왕 본기)

선도복숭아 : 성왕모가 한무제를 찾아 복숭아를 먹게 하였는데 무제가 그 씨를 땅에 심으려 하자 서왕모가 웃으면서 "그 복숭아는 3천년에 한번 열매를 맺는데 중국은 땅이 척박하여 심어도 자라지 않은 것이라고" 말했다는 전설 (한무제 내전)

청간정 자리에 있는 만경대

양사언(楊士彦)24)

하늘에서 신선스러운 학이 아름다운 누대에 내려오니
먼데 하늘은 밝고 맑은 기운을 걷어들이네
푸른 바다의 파도는 은하수처럼 떨어지고
흰 구름 하늘에서 옥산에 들어와 떠 있네
늦은 봄 도리는 모두 아름다운 꽃술을 열고
오랜 세월 자란 큰 소나무는 검은 머리네
자하주 가득 부어 한바탕 취하니
세상에서 한가롭게 시름 일으킬 여지가 없네

九霄笙鶴下珠樓　萬里空明灝氣收　青海水從銀漢落　白雲天入玉山浮
長春桃李皆瓊蘂　千歲喬松盡黑頭　滿酌紫霞留一醉　世間無地起閑愁
(楊士彦 : 萬景臺)

　양사언은 산수가 수려한 강원도 지방 고을의 지방관을 자원하여 무려 여덟 고을에 선정을 베풀었다. 당대의 명필답게 금강산 만폭동 바위의 "봉래풍악원화동천"(蓬萊楓岳元化洞天)을 비롯하여 동해 무릉계곡 강바닥의 흰 암석에 "무릉선원 중대천석두타동천"(武陵仙源 中臺泉石頭陀洞天)이라고 새긴 큰 글자는 500년 가까이 지난 지금에도

---

24) 양사언 (楊士彦 : 1517~1584) 조선조 중기의 문관. 당대의 명필. 호는 봉래(蓬萊). 1546년(명종1)에 문과에 급제. 산수가 수려한 강원도 지방의 지방관을 자원하여 역임. 40년 다스린 고을이 여덟 군데가 되었으나 청백리로 일관하였다. 시풍은 천의무봉하고 기발하였다. 글씨는 해서(楷書)·초서(草書) 다 같이 명필이었다.『봉래집』(蓬萊集)이 있다.

뚜렷하게 볼 수 있다. 비단 이뿐만 아니라 명미한 곳에는 어김없이 암석에 글씨를 써서 후세 사람에게 큰 기쁨을 안겨 주는 인물이다.

하늘에서 학이 누정에 내려오고 맑고 밝은 기운이 감도는 정자 주변의 아름답고 맑은 분위기로부터 형상화하였다. 시선을 바다와 흰 구름에 옮겨서 파도가 마치 은하수처럼 떨어지고 흰 구름은 산마루에 떠돌고 있는 모습은 정자에서 쳐다보는 원경이다. 다음은 다시 복숭아와 배꽃이 금방 피기 시작하여 아름다움과 오랜 세월 비바람에 시달려서 늙어가는 큰 소나무와 대조하면서 세월의 무상함을 느낀다. 술을 가득 부어 마시고 신선세계에서 잠이 드니 이 세상에서 한가롭게 시름이나 하면서 살 필요가 있겠는가. 정자 주변의 수려한 자연에서 마음껏 즐기면 그만이라고 생각하였다.

동해의 해안 절승지 : 의상대(義湘臺)

— 강원도 양양군 강현면 천진리

　청간정을 지나 해안선을 따라 남으로 내려오면 속초시가 있고 여기서 불과 12km 정도의 거리에 유명한 낙산사가 있다. 그리고 그 절 경내 언덕에 동해 일출로 명성이 높은 의상대가 있다.
　남한의 금강산이라고 말하는 설악산은 관광 명소로서 계절에 관계없이 관광객이 몰려든다. 이 명산을 찾아온 사람들은 빼놓지 않고 들르는 곳이 바로 이 낙산사이며 의상대이다.
　낙산사는 국도에서 300m 정도 들어가는 지점에 있다. 절 입구에는 세조가 이곳에 들러 사찰을 중수하고 축성한 아치형 문이 이채롭게 서 있다. 이 문을 들어가면 맨 먼저 만나는 것이 사천왕이다. 불법을 호우하고 마귀를 굴복시키는 일을 맡고 있다. 여기를 지나면 낙산사 경내에 들어간다. 얼마 안 되는 해양 사찰 중의 하나다. 절도 크지만 환경도 깨끗하며 절의 중심인 원통보전(圓通宝殿)은 법당으로 매우 우아하다. 신라의 명승 의상대사가 676년에 창건하였다고 하니 1300여 년이 지났다. 이 절을 지나 바다 쪽으로 산길을 조금

의상대

걸어가면 낭떠러지 위에 관동팔경의 명소인 의상대가 있다. 주위에는 노송이 해안을 뒤덮고 있어 바다와 잘 조화된 경관을 볼 수 있다. 낙산사를 창건한 의상대사가 좌선하던 곳이다. 당시 이 절의 주지였던 김만옹(金晩翁) 스님이 대사를 기념하기 위하여 1925년에 정자를 지었다. 1936년 폭풍으로 문어진 것을 다음해에 재건하고 1975년에 재중건하였다. 육각형 정자로 아담하고 자그마하다. 계단 4개를 밝고 오르면 한없이 넓은 바다가 하늘과 이어진다. 난간이 높아서 집고 서서 경치를 구경할 수 있는 것도 이채롭다. 정자 바로 정면에 노송 한 그루가 높이 뻗어 있는 것도 이 정자의 볼거리다.

의상대의 일출은 천하제일경으로 꼽는다. 관광객들은 여기에 매료되어 이곳을 찾는다. 그러나 대부분의 사람들은 늦잠 때문에 보지 못하고 아쉬운 마음으로 돌아선다.

안개를 만나니, 큰 파도가 6·7회 부딪치는 것을 보고 매우 기이하고 장함을 느꼈다.

의상대에서 해돋이를 기다리며

정범조25)

의상대 앞은 거울 인양 잔잔하나
바람이 파도를 몰아오면 갑자기 험준하네.
동쪽 바다에서 해돋는 것은 예사스런 일
큰 해가 다리 아래에서 뜨는 것은 드문 일일세

値氣霧　觀巨鯨六七擊水　甚奇壯：義相臺前鏡樣平　風驅銀屋忽崢嶸
扶桑出日尋常事　難得穹鯨脚下生　(鄭範祖:義相臺候日出·『海左集』 7:2)

화자는 해돋이를 기다리고 있었으나 보지 못해 해돋이에 대한 감격은 전혀 언급이 없다. 그러나 해 뜨기 전의 모습은 시간의 추이에 따라 실감 있게 형상화 하였다. 잔잔한 해면에 한번 바람이 휘몰아치면 산처럼 험준하다는 것과 다리 아래에서 해 뜨는 것을 만나기란 매우 어려운 일이라고 생각하였다. 해돋이는 좋은 기상 조건이 만드는 드라마틱한 행운이 아니면 누구나 만날 수 없는 것으로 화자는 큰 희망을 가지고 있지 않다. 바다의 습성과 기상조건의 조화만이 목적을 달성 할 수 있음을 시사하였다.

---

25) 정범조(鄭範祖) : 미상

의상대

박태관(朴泰觀)26)

높은 대에서 동 쪽을 바라보니 놀랍기도 해라
푸르고 아득한 바다가 만리나 이어졌네
알지 못하겠네 하늘과 땅이 어디가 끝인지
이 가운데 늘 해와 달이 돋는 것을 보네

高臺東望眼初驚　積水蒼茫萬里平　不識乾坤何處卷　常看日月此中生
(朴泰觀:義相臺・『江原道史』)

    화자는 지금 의상대에 올라 망망대해를 조망하고 있다. "하늘과 땅이 어디가 끝인지"의 한 마디에서 놀랍고 감격스러운 심정을 읽을 수 있다. 의상대 앞의 정경은 누가 보던지 공감할 수 있을 정도로 사실적이다. 화자는 필경 해돋이 장면을 보지 못한 것이 틀림없다. 거기에 대한 감탄이나 감격이 형상화되지 않고 있기 때문이다.

---

26) 박태관(朴泰觀) : 미상

의상대

석수초(釋守初)27)

벼랑에 기댄 천년의 나무
허공에 솟은 백척의 누대
신승은 떠나 자취마저 없는데
구름 밖에는 학만 오락가락하네

倚壁千年樹 凌虛百尺臺 神僧去無跡 雲外鶴徘徊 (釋守初:義相臺. 『江原道史』)

기·승(제1·2)구에시는 의상대와 그 주위에 서 있는 해송에 대하여 의인법과 과장법을 구사하면서 그 분위기를 실감나게 표현하였다. 전·결(제3·4)구에서는 의상대에 암자를 짓고 좌정했던 의상대사를 추상하나 만날 수 없는 외로운 심정을 학을 통하여 외적 객관적 사물에서 내적 심리적 묘사에 옮겨 가면서 절제되고 조용한 분위기를 창출하는데 성공한 작품이다.

특히, 전·결구는 당나라의 유명한 시인 최호(崔顥)의 「황학루」를 읽었다는 흔적이 보인다. "옛 선인은 이미 황학을 타고 떠났고 이곳에는 다만 황학루만 남았다. 황학이 한번 떠나 다시 돌아오지 않고 흰 구름만 영원토록 유유히 흐르는구나…"28) 양자강의 경치를 보면

---

27) 석수초(釋守初): 미상
28) 昔人已乘白雲去 此地空余黃鶴樓 黃鶴一去不復返 白雲千載空悠悠··· (崔顥:黃鶴樓)

서 고향을 생각한 시다.

화자는 황학루의 선인을 등장시키고, 백운을 학으로 대치하여 시적 정서까지 비슷하게 접근시켰으나 모방의 경지를 넘어서 새로운 시를 창출하였다.

    이화는 벌써 지고 접동새 슬피 울제
    낙산 동반으로 의상대에 올라 앉아
    일출을 보려고 밤 중 쯤에 일어나니
    상운이 짙게 끼는 등 육룡이 떠받치는 등
    바다를 떠날 때는 만국이 눈부시더니
    천중에 치오르니 호발을 헤리로다
    아마도 먹구름이 근처에 머물까 걱정된다.
    시선은 어디 가고 해타만 남았으니
    천지간 장한 소식 자서하기도 하구나 (정철 :『관동별곡』)

관동팔경 중에서 대부분이 일출을 볼 수 있는 조건이 갖추어지고 있으나 송강은 이 의상대에서만이 일출에 대한 감격을 맛보았다. 밤중에 일어날 정도로 해돋이에 대한 기대 심리가 크다. 뜨기 직전의 하늘과 바다가 함께 연출하는 장엄하고도 감격스러운 정경을 과장법에 의거하여 그림처럼 보여 주었다. 공중에 솟은 밝고 아름다운 태양에 먹구름이 머물러 있을 것을 걱정하면서 이태백의 시를 상기하였다.

    … 모두 다 뜬 구름이 되어 해를 가리니
    장안이 보이지 않아 사람들을 근심스럽게 하네

登金陵鳳凰臺 (李白의 七言律詩 尾聯)

이 시는 이태백의 「금릉 봉황대에 올라서」라는 칠언율시의 미련 (제7·8구)에 해당하는 부분이다. 여기서 뜬 구름은 임금의 총명을 어둡게 하는 간신, '해'는 임금, '사람'은 이태백이 자신을 의미한다.

송강은 바로 이 시구를 인용하면서 임금에 대한 연군의 정을 간접적으로 나타내었다. 그리고 작품만 남겨 놓고 행방이 묘연한 이태백을 추모하였다.

의상대에서 바다 쪽으로 걸어가면 왼쪽 절벽 위에 홍련암(紅蓮庵)이란 유명한 암자가 있다. 일명 보덕굴(普德窟), 또는 관음굴이라고도 불리는 신비스러운 암자다. 이 암자는 의상대사가 관음보살의 진신(眞身)을 만난 장소에 지었다고 한다. 곧게 선 두 바위 틈새 위에 가로 질러 세워진 암자이며, 넓은 마루 중간쯤에 널판으로 가리어져 있는 구멍이 하나 있다. 사방 한 자 정도의 나무판자를 들면 바로 아래에 파도가 암벽에 부딪치는 우뢰 같은 소리가 들린다. 굴속에는 용이 살고 있다는 전설이 전한다.

낙산사의 또 하나의 명물을 빼놓을 수 없다. 신선봉에 봉안된 해수관음상이다. 1977년에 건립된 현대식 석상으로 받침대 높이만 해도 2.8m이며, 불상 높이는 16m의 거대한 입상이다. 찾아오는 사람은 누구든지 감탄하지 않을 수 없을 정도로 장대하다.

신선세계로 비유한 : 경포대(鏡浦臺)

— 강원도 강릉시 저동리 (강원도 유형문화재 제6호)

강릉은 영동지방의 정치·경제·문화·교육의 중심지일 뿐만 아니라 자연환경이 수려하여 관광·휴양 도시로 연중 관광객이 끊이지 않는다. 1975년 영동고속도로와 1979년에 동해고속화도로가 개통되면서 전국적인 관광지가 되었다.

영동고속도로를 달리면서 대관령 산마루에 서니 강릉시가 한 눈에 들어온다. 그 옛날 이 곳에서 강릉의 친정어머니를 생각하며 지은 신사임당의 시가 떠올랐다.

대관령 넘어 친정을 바라보며

신사임당(申師任堂)

늙으신 어머님은 강릉에 계시고
서울을 향해 홀로 떠나는 괴로운 심정

머리를 돌려 북평을 바라볼 때
흰 구름 날아가는 그 아래 저녁 산만 푸르네

慈親鶴髮在臨瀛　身向長安獨去情　回首北坪時一望　白雲飛下暮山靑
(申師任堂 : 踰大關嶺望親庭)

 20년 긴 세월 친정에서 살다가 시집으로 떠나면서 친정에 홀로 두고 온 어머니에 대한 걱정과 근심이 잔잔하게 깔려 있는 가운데 효심이 짙게 드러난다. '흰 구름'은 친정집으로 떠나는 자신일 수도 있고, 푸른 산은 자기 고향산천이며 어머니의 장수를 기원하는 바람이기도 하다. 흰색과 푸른 색상은 순결하고 아름답고 변함이 없는 영원을 상징한다. 산마루에서 강릉을 향해 500m 정도의 지점에 이 「사친비」(思親碑)가 서 있다.
 대관령에서 강릉을 향해 20km 정도 내려가면 동해고속도로와 속초로 가는 인터체인지에 이르게 된다. 강릉의 도심지에서 다시 북쪽으로 6km 가면 먼저 거울 같은 수면이 시야에 들어온다. 유명한 경포호다. 이 호반의 서쪽 언덕에 경포대가 있다.
 이 누각은 신라 사선(四仙)이 놀던 방해정(放海亭) 뒷산 인월사(印月寺) 터에 1326년(충숙13)에 강원도 안렴사(按廉使) 박숙(朴淑)이 창건한 것을 1508년(중종 13)에 강릉부사 한급(韓汲)이 지금 자리에 옮겨지었다. 1626년(인조 4)에 강릉부사 이명준(李命俊)이 크게 중건하였고, 인조 때 우의정이였던 장유(張維)가 지은 「중수기」에는 태조와 세조가 여기에 올라 사면 경치에 찬사를 보냈다고 한다. 임진왜란으로 허물어진 것을 재건, 1873년(고종 10)에 강릉부사 이직현(李稷鉉)

이 중건하였다.

 현판은 헌종 때 한성판윤을 지낸 이익회(李翊會)가 썼으며, 이 밖에 유한지(兪漢芝)가 쓴 전자체 현판과 제일강산(第一江山)이라는 편액이 걸려 있다. '제일'이란 두 자와 '강산'이란 두 자의 필치가 다르다.『강릉지』(江陵誌)에 의하면「죽계지웅필」(竹溪之雄筆)이란 기록에서 죽계는 박숙의 호이니 그가 이 누각을 창건하면서 '제일'이라고 쓴 것으로 추측되며, '강산'이란 두 글씨는『강릉지』에 이조 중기의 대명필인 양사언(楊士彦)의 필치로 기록되어 있다. 이 사람은 강원도 지방의 여덟 고을 군수를 지내면서 '제일'이란 편액이 아무래도 미흡하게 여겨져서 '강산' 두 글자를 첨가한 것으로 보고 있다.

 1966년에 새로 단청이 이루어져서 새집이 되니 길손들의 사랑을 온 몸에 받게 되었다. 건물의 구조는 정면 5칸, 측면 5칸의 팔작지붕이다. 내부는 낮은 계단식 바닥으로 되어 있다. 이는 달을 감상하기 위해 배려한 것이다. 예전에는 내부에 온방과 냉방이 있었는데 감사 박명준(朴命俊)이 사객(使客)들이 오래 머물지 못하게 하기 위하여 철거하였다고 한다. 주위에는 노송과 벚나무가 길손들을 맞이하고 있다.

 이 누대에서 바라보는 호수에 대하여『신증동국여지승람』에는 다음과 같은 기록이 있다.

> 경포는 강릉부 동북쪽 15리에 있다. 포(浦)의 둘레가 20리이고, 물이 깨끗하여 거울 같다. 깊지도 얕지도 않아, 겨우 사람의 어깨가 잠길만하며, 사방과 복판이 꼭 같다. 서쪽 언덕에는 봉우리가 있고 봉우리 위에는 누대가 있으며, 누대 가에 선약을 만들던 돌절구가

있다.
　포 동쪽 입구에 판교가 있는데 강문교(江門橋)라 한다. 다리 밖은 죽도(竹島)이며, 섬 북쪽에는 5리가 되는 백사장이 있다. 사장 밖은 창해 만 리인데 해돋이를 바로 볼 수 있어, 가장 기이한 경치다.[29]

　경포의 규모와 상태, 그리고 주위의 자연환경을 자세하게 기록하였다. 그러나 호수에 대한 역사나 전설, 그리고 고사(故事)에 대한 언급이 없다.
　전설에 의하면 이 호수는 그 이전에는 육지였으며, 어떤 부자가 살았다고 한다. 어느 날 중이 와서 시주를 요구하자 부자가 인분을 주었는데 살던 곳이 갑자기 꺼져 내려 호수가 되고, 쌓여 있던 곡식은 모두 자잘한 조개로 변하였다고 한다. (『택리지』)
　호수 남쪽 언덕에는 옛 판서 심언광(沈彦光 : 조선 중기 때 문신)이 살던 곳이다. 조정에서 벼슬로 있을 때 앉은 자리 옆에다 늘 이 호수의 경치를 그려 두고 감상하였다고 한다. 지금 경포대 누각 안 벽에는 경호계(鏡湖契) 12인의 연작시가 걸려 있는데 그 중 7명이 심씨다. 심언광의 후손들이 이곳에 살고 있음을 단적으로 증명한다.
　이 누각의 창건 당시 박숙(朴淑)은 이때 마침 강원도 안렴사로 부임한 안축(安軸)에게 발기문(發起文)을 부탁하였다. 안축은 한번 유람한 뒤에 짓기로 하고 주위의 경치를 두루 살핀 다음, 대에 올라 그 자세한 것을 상고하고 누각 위에서 썼다. 안축은 「경포신정기」(鏡浦新亭記)와 함께 칠언율시 한 수도 남겼다.

---

[29] 『신증동국여지승람』(新增東國輿地勝覽 44卷)

경포에 배 띄우고

안축(安軸)

비 개니 강마을에는 가을 기운이 가득한데
조각배 띄워 시골 정취 풀어보네
지대가 선계라 세속 티끌 이르지 못하고
사람이 거울 속에서 노니 그림 그리기 어렵네
안개 낀 물결 위에 때때로 갈매기 날고
모랫길 노새는 더디게도 걸어가네
뱃사공에게 이르노니 노를 빨리 젓지 말게나
깊은 밤 외로운 달 떠오르기를 기다리네.

雨晴秋氣滿江城　來泛扁舟放野情　地入壺中塵不到　人遊鏡裏畫難成
烟波白鳥時時過　沙路靑驢緩緩行　爲報長年休疾棹　待看孤月夜深明
(安軸 : 鏡浦泛舟.『謹齋集』1:32)

화자는 지금 가을이 깊어가는 경포대에 배를 띄우고 그곳의 정취에 빠져 있다. "지대가 항아리 속"은 별천지인 신선계를, "티끌 오지(이르지)못한다"는 세속적인 곳이 아니라는 뜻으로 표현 솜씨가 비범하다. 호수에 비친 사람을 거울 속의 사람으로, 그 그림자가 거꾸로 비친 모습을 "그림 그리기 어려워라"와 같은 표현으로 그 기교가 뛰어남을 알 수 있다. 하늘의 백구와 지상의 노새를 등장시켜서 그 동작의 빠름과 느림을 대조하는 수법도 특이하다. "더디 가는 노새"와 "노를 빨리 젓지 말라"는 표현은 화자가 아름다운 자연을 천천히 그리고 마음껏 감상하겠다는 심정을 대변한 것이다.

경포대

 이 시에서의 전반적인 감상은 호수와 지상, 그리고 천상에 이르기까지 시점을 이동하면서 분위기를 자연스럽고도 아름답게 그려내었을 뿐만 아니라 이곳을 신선들이 살고 있는 별천지로 상정하고 그곳에 심취된 화자의 애정을 읽을 수 있다.

경포대를 기리면서

조하망(曺夏望)30)

열둘 붉은 난간에서는 맑고 고운 피리소리 들리고
개인 가을 아름다운 나무는 그윽한 향기를 풍기네
오랜 세월 바다는 넓은데 진시왕의 동자는 보이지 않고
미인의 한 곡조 노래에 호수는 빛나네
꽃다운 풀 좋은 시절에 지는 해를 만나니
꿈에 찾아온 미인을 어두움이 가로 막네
늙은 어부는 영주곡을 부르고
배는 강문의 옛 판교를 지나네

조하망 현판시

十二朱欄碧玉簫 秋晴琪樹暗香飄 千年海濶秦童遠
一曲湖明越女嬌 芳草佳期當落日 美人歸夢隔層霄
漁翁猶唱瀛洲曲 船過江門舊板橋 (曺夏望：頌鏡浦臺)

---

30) 조하망(曺夏望：1682~1747) 영조 때 문관. 호는 서주(西州). 1736년 강릉부사가 되어 경포대를 중수하고 상량문을 썼다. 영월부사를 마지막으로 사직하였다. 문집에 『이계집』(耳溪集)이 있다.

조하망은 강릉부사가 되어 경포대를 중수할 때 쓴 상량문(上樑文)으로 유명하다. 이 시는 그때 지은 것으로 지금 경포대 내부 벽에 걸려 있다.

화자는 지금 경포에서 배를 타고 유람하고 있다. 호수 주변의 분위기를 "맑고 고운 피리 소리", "그윽한 향기 풍기고", "꽃다운 좋은 시절", "미인의 노래" 등 아름다운 모습만 나열하여 호수가의 분위기에 대하여 애정을 가지고 더욱 실감나게 그렸다. 객관적 상관물에 대한 화자의 아름다운 정서가 그래도 반영된 작품이다.

호수 너머 넓은 바다를 보고 진시왕이 불사약을 얻기 위해 보낸 동남동녀(童男童女)에 대한 전설을 떠올리면서 "동자는 보이지 않고"라고 하였으니 화자의 아이러니컬한 심정을 토로하였다.

미녀들과의 뱃놀이는 밤까지 이어졌다. 늙은 어부의 노래를 들으면서 강문의 옛 판교를 빠져 나갔다.

특별히 특색 있는 시는 아니나 타고 있는 배의 이동에 따라 기행문 식으로 형상화하였다. 평범한 가운데 정감이 가는 작품이다.

경포대

심영경(沈英慶)

열두 난간 푸르고 아름다운 경포대
큰 바다 봄 풍경이 호수 속에 열렸네
푸른 물결 출렁거려 깊이도 알 수 없고
흰 물새 쌍쌍이 멋대로 오락가락 하네
먼 길 떠나는 신선의 피리소리 구름 밖에서 들리고

철 따라 찾아오는 길손들의 술잔에는 달이 드네
동쪽으로 나는 황학이 내 뜻 알고서
호수 위를 맴돌며 일부러 가기를 서두르지 않네

十二欄干碧玉臺 大瀛春色鏡中開 綠波澹澹無深淺
白鳥雙雙自去來 萬里歸仙雲外笛 四時遊子月中盃
東飛黃鶴知吾意 湖上徘徊故不催 (沈英慶 : 鏡浦臺)

　　심영경의 내력은 삼척부사를 지냈다는 것 외에 별로 알려지지 않으나 앞에서 언급한 옛 판서 심언광의 후손으로 생각된다.
　　이 시는 지금 앞에서 언급한 조하망의 시와 함께 경포대 안에 걸려있는 시로 1875년에 지었다고 되어 있다.
　　12난간은 규모가 큰 건물이라는 것을 그렇게 표현한 것이다. 구태여 푸른 누각이라 한 것은 색채감을 통하여 아름다움을 나타낸 것이다. 푸른 물결이 출렁거리는 호수에 반영된 주위의 아름다운 정경에 매료되었다.
　　호수 위로 시선을 옮기니 흰 물새들이 쌍쌍이 멋대로 노니는 풍경에서 자유스러운 분위기를 감지한다.
　　시 전반부에서는 경포대를 중심으로 그 앞에 펼쳐진 시각적인 아름다운 자연 환경을 읊었으나 후반부에서는 자신의 심리적인 내면 세계로 파고들어 상상의 날개를 마음대로 펼쳐 본다.
　　"신선의 피리소리"는 동해에 삼신산이 있어 신선들이 살고 있다는 전설을 토대로 그곳은 속세가 아닌 별천지로 자각한다. 술잔에 있는 달은 경포대를 중심으로 전해오는 다섯 개의 달 중의 하나다.
　　떠나기 싫어서 이곳에 오래 머물고 싶은 마음 간절한데, 동쪽으로 나는 황학도 자기의 주위를 맴돌면서 떠나기를 싫어하니 아마 자신의 마음을 잘 아는 것 같아서 스스로 위안을 받는 기분이다.

경포대 오른편에는 최근에 아름다운 공원을 조성하였다. 거기서 주목되는 것은 경포대에 대한 제영시를 청록색의 아름다운 돌에 한시와 함께 번역시를 동시에 새겨 시비를 세워 시민들이 쉽게 감상할 수 있게 배려하였다.

『택리지』에는 최전(崔澱)이 스무 살 때 경포대에 올라 지은 시를 소개하였다.

경포대 위에서 읊은 시

최전(崔澱)

성경에 한번 드니 삼천년이라
은빛 바다 아득한데 물은 맑고도 얕네
오늘 난생 소리 쓸쓸히 들려 오는데
벽도화 아래에는 사람도 뵈지 않네

蓬壺一入三千年 銀海茫茫水淸淺 鸞笙今日獨飛來
碧桃花下無人見 (崔澱：臺上題詩·『擇里志』山水篇)

이 시에 대하여 『택리지』의 저자는 "고금의 절창으로 속기가 한 점도 없으니 이는 신선의 말이다"라고 평하였다. 말 그대로 화자는 경포대 주변을 신선 세계로 상정(想定)하고 표현에 있어서 신선과 관계되는 시어를 많이 사용하였다. 첫 시구에서 "선경"은 선계의 삼신산(三神山)의 하나인 봉래산(蓬萊山)을 의미하며 지세가 항아리 모양으로 생겨서 나온 말이다. 결국 신선 세계에 들어오면 삼천년을 장수할 수 있다는 뜻이 된다. 제 3구의 "난생"(鸞笙)도 난새 모양의 피리이며 이것을 불면서 신선 세계로 날아들어 간다는 것이니 결국 신선 세계인 경포대로 찾아왔다는 것이다. 제 4구의 "벽도화"(碧桃花)도 신선이 먹는 과실이다. "사람이 뵈지 않는다."에서 사람은 속세 인간을 말하는 것으로 뵈지 않는다는 것은 신선만 살고 있는 곳이라는 뜻이다.

화자는 처음부터 끝까지 속세의 경포대 일대를 철저하게 신선들만이 살고 있는 이른바 이백(李白)의 "별유천지비인간"(別有天地非人間) 세계로 형상화하였다.

정송강은 낙산사 의상대에서 강릉 경포대로 이동하였다.

   사양(斜陽) 현산(峴山)에 철쭉꽃을 짓밟으며
   우개지륜(羽蓋之輪)이 경포로 내려가니
   십리 빙환(氷紈)을 다리고 다시 다려
   장송 울창한 속에 싫도록 펴쳤으니
   물결도 잔잔하기도 잔잔하구나 모래를 헤리로다
   고주(孤舟) 해람(解纜)하여 정자 위에 오르니
   강문교(江門橋) 넘은 곁에 대양이 여기로다
   조용하구나 이 기상 넓고 아득하구나 저 경계
   여기보다 갖춘 곳이 또 어디 있단 말인고
   홍장(紅粧) 고사(古事)를 전한다 하리로다

우개지륜(귀인이 타는 수레)을 타고 경포에 도착하여 첫 눈에 들어온 것이 비단결 같은 수면이었다. 얼음과 같이 희고 깨끗한 비단을 정성스럽게 다린 것 같다는 비유는 잔잔한 물결도 없는 평온한 수면을 절묘하게 표현한 것으로 그 솜씨 매우 뛰어났다.

배에서의 유람이 끝나고 정자 위에서 강문고 밖에 펼쳐진 동해의 넓고 아득한 수평선을 바라보고 모든 것이 다 갖추어진 절승지가 여기라는데 감탄한다.

경포 북쪽 끝 가운데 홍장암(紅粧岩)이란 바위가 있다. 정송강은 이 바위에 대한 고사에 관심을 보였다.

홍장은 조선 초의 명기(名技)다. 강원도 안렴사 박신(朴信)이 홍장을 매우 사랑했다. 이를 안 강릉부사 조운흘(趙云仡)이 거짓으로 박신에게 홍장이 죽었다고 알리고는 그를 경포호로 유인하여 선녀처럼 꾸민 홍장과 만나게 하여 놀려 주었다는 이야기가 『동인시화』(東人詩話)에 전한다.

정송강은 경포대의 해돋이나 달맞이에 대하여 일언반구도 언급이 없다. 경포대에는 가을이면 5개의 달을 동시에 볼 수 있다고 전한다. 하늘의 달, 바다의 달, 경포의 달, 술잔의 달, 임의 눈동자에 비친 달이 바로 그것이다.

강릉은 계절과 관계없이 관광객이 찾아오는 고장이다. 경포대를 중심으로 좌우에 강릉을 대표할 만한 굵직한 문화 유적이 많다.

경포대 왼쪽 언덕에는 신사임당의 석상과 정송강의 「관동별곡」의 가사가 새겨진 시비가 있다.

강릉시청으로부터 동쪽으로 5km의 거리, 경포대에서 동쪽 가까운 곳에 초당마을이 있다. 거기에는 허엽(許燁 : 허균의 부친)의 시비와

허균(許筠)과 허난설헌(許蘭雪軒) 남매의 생가가 있으며, 강원도 교육연구원 입구에는 이 남매의 시비가 있다. 지금은 향토음식인 초당두부마을로 바뀌었으며 원조음식점을 놓고 경쟁이 치열하다. 경포대에서 조금 남쪽 지점에 조선시대 건축물의 전형이라 할 수 있는 선교장(船橋莊)이 있고, 다시 남쪽으로 1km 쯤 위치에 조선시대 대표적인 유학자 이율곡(李栗谷)이 태어난 오죽헌(烏竹軒 : 보물 제165호)과 율곡기념관이 있으며 거기에는 율곡 어머니 신사임당의 글씨와 그림, 그리고 율곡과 그 일가의 유품들이 전시되어 있다. 이렇게 전국에서 가장 볼거리가 많은 고장이 바로 강릉이다.

절벽 위의 높은 누각 : 죽서루(竹西樓)
― 강원도 삼척시 성내동 (보물 제213호)

  삼척시는 강원도 동남부에 위치하고 있으며 서쪽은 태백산맥이 병풍처럼 둘러 있고, 동쪽은 한없이 펼쳐진 동해가 있다. 산지가 많은 반면에 평야는 적다. 산이 높으면 계곡은 깊은 법이다.
  강원도 전체가 풍광(風光)이 명미(明媚)하나 그 중에서도 이 삼척 지대는 더욱 그러하다. 어느 곳에서나 자리 잡고 앉아 있으면 시선이 가는 곳마다 넉넉한 아름다움이 시원스럽게 가슴에 들어온다.
  삼척시 중앙을 가르는 오십천(五十川) 절벽 위에 죽서루라는 유명한 누각이 있다. 도계읍 구산리에서 발원하여 오십 굽이를 돌아 흐른다 하여 오십천이라고 부르는 이 강물은 이 누각 앞에서 굽이쳐 흐르면서 깊은 못을 만들었다. 그리고 동해를 흘러들어 하구(河口)에는 농경지와 주택가가 조성되어 있다.
  누각의 좌측에는 괴석군이 있고, 석벽 위에는 450년 전에 죽서루의 관광을 위해 심었다는 괴화나무가 있다.
  이 누각은 풍치가 좋은 절벽 위에 세우기 위해 자연암반을 초석으로 이용하였다. 누각 아래층은 17개의 기둥으로 되어 있으며 그 중 9개의 기둥은 자연암반에 세웠고, 나머지 8개는 석초(石楚) 위에 기둥을 세웠다. 그리고 17개 기둥의 길이가 모두 다르다. 이렇게 자연을 훼손하지 않고 암반 위에 그대로 기둥을 맞추어 세워서 모든 기둥이 각각 다른 점이 특색이다. 2층은 20개 기둥으로 되어 있다. 정면 7칸, 측면 2칸의 팔작지붕이다.

누각에서 바라보면 높고 낮은 연봉들이 병풍처럼 둘려 있고, 굽어보면 오십천이 마치 누각을 찾아오는 것처럼 흘러 들어오면서 누각 앞에서 꺾어져 깊은 못을 만들고 다시 동해로 흘러간다. 누각은 오십천과 어울러 풍광이 우수하여 관동제일루(關東第一樓)라는 찬사를 받았으나 지금은 시가지의 중심에 서게 되어 수려한 옛 모습을 잃어가고 있다. 오십천 강 언덕도 시민공원으로 정지 작업이 잘 되어 밑에서 누각을 쳐다보게 되어 있다. 관동팔경이 모두 바다 경치를 볼 수 있는 위치에 자리 잡고 있으나 이 누각만은 예외다.

숙종과 정조가 이 누각에 올라서 누각 위에서 경색을 관람하고 내린 시와 이승휴(李承休)와 율곡(栗谷) 등 많은 선비들의 시액(詩額)이 걸려 있다.

이 누각에는 전해 내려오는 전설이 있다. 나물 캐던 기녀 죽죽선녀(竹竹仙女)가 낚시터를 찾다가 오십천 아래로 떨어지는 이승휴(李承休)를 구하여 둘이 사랑을 시작했다는 이야기가 전한다.

죽서루라는 이름은 당시 동쪽에 죽장사(竹藏寺)라는 절과 죽죽선녀의 집이 있었는데 죽서루는 그 서쪽에 위치하여 생긴 이름이라고 한다.

이 누각의 창건 연대에 대하여 두 가지 주장이 있다. 고려 원종 7

죽서루

년 이승휴의 「죽서루기」가 남아 있어 그 이전으로 추측하는 주장과 충렬왕 1년(1275) 이승휴가 창건하였다는 두 번째 주장이 그것인데 어느 것이 사실인지 판정할 수 없다. 그 후 조선조 태종 3년에 부사 김효손(金孝孫)이 크게 중수하였고 이어서 성종, 숙종 때에 또 그 이후에도 여러 차례 중수를 거듭하였다.

누각의 정면 간판인 죽서루와 함께 관동제일루(關東第一樓)란 판액이 걸려 있다. 이는 1711년(숙종 37) 5월에 숙종 자신이 이곳을 돌아보고 부사 이성조(李聖肇)에게 휘호를 쓰게 하였다고 전한다. 이밖에 제일계정(第一溪亭)이란 글씨는 1662년(현종 3)에 부사 허목(許穆)이 썼다. 해선유희지소(海仙遊戱之所)는 1837년(현종 37)에 부사 이규현이 이 누각의 특출한 경치를 칭송하여 쓴 이름이다.

죽서루 경내에는 「송강 정철 가사터」라는 길쭉한 모양의 시비

(詩碑)가 서 있다. 송강은 경포대를 떠나 이곳에 와서 누각 위에서 읊은 기행가사가 있어서 그것을 기념하기 위하여 세운 문학비이다.

> 진주관 죽서루 오십천 나린 물이
> 태백산 그림자를 동해로 담아가니
> 차라리 한강의 목멱에 대고 싶구나
> 왕정이 유한하고 풍경이 싫지 않으니
> 그윽한 회포도 많기도 많구나
> 나그네의 설움도 둘 데 없다. (정철 : 『관동별곡』)

 죽서루에 올라온 송강의 눈에 제일 먼저 들어온 것은 누각 쪽으로 흘러들어오는 오십천이었다. "태백산 그림자를 동해로 담아가니"는 의인적 표현이며 명문이다. 동해로 흘러가지 말고 차라리 서울의 목멱산(지금의 남산)에 도달하게 하고 싶다는 심정은 서울의 임금을 생각한 것으로 연군(戀君)의 정과 함께 충성심을 나타내었다. "왕정의 유한"은 이 아름다운 풍경에 오래도록 심취하고 싶으나 관리로서의 제한된 여정을 아쉬워하였을 뿐만 아니라 나그네로서의 설움도 가눌 길이 없었다. 그만큼 누각에 대한 애착이 특별했음을 짐작할 수 있다.
 이 누정에는 앞에서 언급한 조선조 숙종과 정조의 직접적인 행차가 있었고 거기에 찬양시까지 남겼다.

죽서루

숙종대왕(肅宗大王)

우뚝 솟은 절벽 위에 백척의 높은 누각
아침 구름 저녁 달이 그림자를 담아 맑게 흐르네
출렁이는 물결 속에 고기는 떴다 잠기고
일 없이 난간에 기대어 백구와 친하게 지내네

砷兀層崖百尺樓 朝雲夕月影淸流 潾潾波裏魚遊沒
無事凭欄狎白鷗 (肅宗大王)

　기구(起句)에서는 높이 솟은 누각의 위용을, 승구(承句)와 전구(轉句)에서는 오십천에 투영된 아름다운 정경과 물속에서 자유롭게 유영하는 물고기에 시선을 보냈다. 결구(結句)에서는 자유스럽게 비상하는 백구를 통해 자연과의 친화를 희구하였다. 화자는 누각과 강물을 대조시키면서 주위 환경의 아름다움을 부각시켰다. 물속의 고기와 하늘의 백구와 같은 동적인 분위기 속에서도 마음은 차분하고 한가하니 결국 자연과의 합일을 희구하였다.

안집사 병부진시랑 자사를 모시고
진주부 서루에 올라 판상운에 차운하여

이승휴(李承休)31)

반공에 솟은 고은 누정 가파른 산을 타고 서 있고
구름자락을 막아 가리면서 기둥들은 춤추네
푸른 바위에 비스듬히 기대어 백조 보려고 머리 쳐들고
붉은 난간에서 굽어보며 고기를 셈하네
산은 들을 에워싸니 둥글게 경계를 이루고
고을은 높은 다락으로 따로 유명해졌네
문득 벼슬을 내놓고 편안히 노년을 보내고자
미력이나 임금의 현명을 돕게 되기를 바란다

半空金碧駕崢嶸 掩映雲端舞棟楹 斜倚翠嵓看鵠擧
俯臨丹襤數魚行 山圍平野圓成界 縣爲高樓別有名
便欲投簪聊送老 庶將熒(?) 燭助君明 (李承休:陪安集使兵部陳侍
郞子俟 登眞珠府西樓次板上韻·『動安居士集行錄』2)

죽서루 내부에 걸려 있는 이승휴의 칠언율시이다. 일설에서는 죽서루 창설자라고 한다. 고려 말의 학자로 말년에는 벼슬을 사양하고 외가가 있는 삼척으로 돌아와 은거하면서 그 유명한『제왕운기』(帝

---

31) 이승휴(李承休 : 1224~1301) 고려 말기 학자. 호는 동안거사(動安居士). 고종 때 등과하였으나 출세에는 뜻이 없어 강원도 삼척 두타산 구동(口洞)에 가서 어머니를 모시고 농사 지으며 학문 연구. 서장관이 되어 원(元)나라에 가서 문명(文名)을 떨쳤다. 한 때 사림승지(詞林承旨)가 되었으나 물러나 다시 삼척으로 가서 은퇴. 『제왕운기』(帝王韻紀)를 저술. 『동안거사집』(動安居士集)이 있다.

王韻紀)라는 역사서를 저술하였다. 죽서루뿐만 아니라 동해의 천은사와 삼화사에는 지금도 그의 유적이 남아 있다. 죽죽선녀와의 사랑에 대한 전설과 함께 「죽서루기」(竹西樓記) 등, 이 누각과 깊은 인연이 있다.

시의 전반부는 죽서루에 대한 여러 모습을 의인화하였다. "산을 타고", "막아 가리며", "기둥들이 춤을 추고", "바위에 기대서", "고기를 셈하네". "머리를 쳐들고" 등은 모두 누각을 중심으로 전개되는 여러 모습을 동적인 양상으로 구체화하였다. 한편, 누각을 둘러싼 주위 환경 때문에 이 고을이 유명해졌다고 화자는 생각하였다.

이 시의 중심 주제는 미련(尾聯)에 있다. "벼슬을 내놓고 노년을 보내고 싶다"고 말한 화자의 깊은 속에는 누각 주변의 절경에 심취되었다는 사실과 자연 친회의 절실한 소망이 깔려 있다.

끝 시구에서 군왕의 총명을 위해 미력을 바치겠다는 결의는 충성심에 대한 적극적인 소망을 표상한 것이다. 이는 당나라 시인 이백(李白)이 "모두 다 뜬 구름이 되어 해를 가리니 장안이 보이지 않아 사람을 근심스럽게 하네"라고 한 시에서 간신들이 임금의 총명을 흐리게 할까 걱정된다는 이백의 뜻을 이 시의 화자는 적극적으로 차용(借用)하였다. 송강이 「관동별곡」에서 "아마도 지나가는 구름이 근처에 머물러 있을까봐 두렵다"고 한 표현도 이백의 이 시구를 그대로 인용한 것이다. 위에 언급한 세 사람의 시구들은 한결같이 군왕의 총명을 걱정한 것으로 결국 충성심을 형상화하였다는 점에서는 동일하다.

삼척 죽서루 운에 차운하여

정추(鄭樞)

죽서루 처마 그림자 맑은 내에 출렁거리고
깊은 못 위에 산빛이 작은 다락에 어울리네
좋은 시절에 멀리 와서 노니 감개가 그지없어
석양에 떠나가려다 다시 머무르게 되었네
일찍이 들었노라 길손이 황학을 타고 떠난 일
지금은 백구를 가까이 하는 사람 없음을 한탄하네
언덕의 복숭아꽃에 봄은 다시 저물었는데
뿔피리소리는 옛 진주(삼척) 땅에 울려퍼지네

竹西簷影漾淸流 潭上山光可小樓 佳節遠遊多感慨
斜陽欲去更遲留 曾聞有客騎黃鶴 今恨無人狎白鷗
挾岸桃花春又老 角聲吹徹古眞州 (鄭樞:次三陟竹西樓韻·『東文選』卷16)

오십천에 반영된 누각과 산 빛의 아름다운 조화에 먼저 시선을 보낸다. 정해진 여정(旅程)을 늦출 정도로 누각 주변의 경승(景勝)에 도취되었다. 옛 선인은 이미 "황학을 타고 떠났고"에서 "선인"은 중국 호북성 양자강 기슭에 있는 황학루(黃鶴樓)에 얽힌 전설 속의 인물이다. 중국 당나라 때 유명한 시인 최호(崔顥)의「황학루」라는 시가 있다. 화자는 여기 죽서루에 올라서 중국의 유명한 시「황학루」가 생각났다.

지금 저 많은 백구마저 좋아하는 사람이 없으니 정서가 메마른 당시의 사람들을 원망하였다. 화자는 이곳에서 가는 봄을 아쉬워하면서도 누각 일대에 퍼져 흐르는 뿔피리 소리에 위안을 얻는다.

대개의 작품들이 전반부에서는 대부분 누각 주변의 실경(實景) 묘사에 일관하는데 비하여 이 시는 수련 두 줄에만 실상을 그렸고 나머지는 전부 화자의 감회(感懷)를 읊었다. 그만큼 화자는 시적 정서가 유달리 풍부함을 감지할 수 있다.

죽서루 시에 차운하여

이이(李珥)32)

누가 이 깊숙한 곳에 화려한 누각을 세웠는가
바위가 낡고 세월이 오래되어 연대를 알 수 없네
들 밖엔 푸른 연기 산봉우리에 떠오르고
모래가엔 한 줄기 흐르는 찬물이 맑다
시 짓는 사람이란 본래 그윽한 정취가 많거니
청정한 경계에서 어찌 나그네의 시름 자아내는가
언제일까 모든 인연이 오래 끌어 만나 뵐 때가
푸른 벼랑 서쪽 경계에서 조는 갈매기를 희롱하네

誰將天奧敞華樓 石老星移不記秋 野外千鬟浮遠岫
沙邊一帶湛寒流 騷人自是多幽情 淸境何須惹客愁

---

32) 이이(李珥 : 1536~1584) 조선조 중기의 대학자. 호는 율곡(栗谷). 신사임당의 아들. 과거 때마다 장원을 하여 구도장원(九度壯元)이란 칭호를 받았다. 대사헌. 호조판서 대제학. 병조판서 등을 역임. 그의 사상을 기발리승일도설(氣發理乘一途說)로 대표하며, 학문뿐만 아니라 경세가(経世家)로서도 큰 업적을 남겼다. 저서에 『율곡전서』(栗谷全書)가 있다.

會撥萬緣携篋簞 碧崖西畔弄眠鷗 (李栗谷 : 次町四西樓韻・『栗谷全書 拾遺』卷1:40)

    이 시는 죽서루 안에 걸려 있다. 오랜 역사와 재난 속에서 노후 또는 소실되는 운명을 막을 길이 없었던 모양이다. 우리나라에서 현재 서예계의 명인인 김충현(金忠顯)의 글씨로 새로 만들어 누각 안에 걸어 놓은 작품이다.

    수련(首聯:1・2行)은 누각의 화려함과 역사가 오래됨을 찬양하였고, 함련(頷聯:3・4行)은 "들 밖"과 "모래톱"을 대비시키면서 누각의 입지조건이 수려함에 감탄한다. 경련(頸聯:5・6行)에서는 시인이란 남달리 정조와 흥취가 많은 것을 인정하면서 이렇게 절승지(絶勝地)에 와서 어찌하여 나그네의 설움을 자아낼 수 있단 말인가 반문하여 본다. 미련(尾聯:7・8行)에서는 명미(明媚)한 자연과 다시 만날 수 있는 인연을 믿고 갈매기를 희롱할 만한 넉넉하고 여유 있는 마음을 가져 본다.

    시의 전반은 수려한 누각의 자연환경을 찬양하였고, 후반에서는 화자가 여유 있고 차분하게 자연과의 친화를 희구하는 정서를 나타내었다.

망망대해의 광활한 전망 : 망양정(望洋亭)

— 경북 울진군 금남면 산토리 둔산동

　울진은 경상북도 북단에 위치하고 있으며 서부는 태백산맥을 중심으로 여러 산봉우리들이 남북으로 길게 뻗어 있다. 82km나 되는 긴 해안선이 있어 늘 푸르고 맑은 동해를 전망할 수 있다. 울진읍 남쪽 동해로 흐르는 왕피천(王避川) 하구의 바닷가 언덕 위에 망양정이 있다. 관동팔경 중 가장 뛰어난 경치를 자랑하고 있으며 끝없이 펼쳐진 수평선 너머에 해가 뜨고, 밤이면 달이 뜨는 장관을 볼 수 있다. 거기에 금상첨화 격으로 고기 배를 따라 어지럽게 춤추는 갈매기가 있어 한 폭의 그림 같은 정경을 연출한다.
　조선조 숙종 임금은 강원도 관찰사에게 관동팔경을 그림으로 그려 오라고 하고, 그것을 보고 팔경을 두루 감상한 뒤에 그 중에서 망양정을 가장 수려하다고 하며 「관동제일루」(關東第一樓)라는 친필 편액을 내렸다고 한다.
　정자의 창건 연대는 분명하지 않으나 고려말경으로 추정된다. 창건 당시에는 현 위치보다 15km 쯤 아래쪽인 기성면 망양리의 현종산(懸鐘山) 기슭에 세웠다.

> 정자의 조금 북쪽에 8칸을 지으니 이름을 영휘원(迎暉院)이라 한다. 벼랑을 따라 내려가면 또 바위가 우뚝 솟아 그 위에 7·8명이 앉을 만하며 그 아래는 땅이 보이지 않을 정도이니 이름을 임의대(臨漪臺)라 한다. 북쪽을 바라보면 백 보 쯤 밖에 위험한 사다리가 구름을 의지하여 그 위로 사람 가는 것이 공중에 있는 것 같으니 이름을 조도잔(鳥道棧)이라 한다. 지나는 모든 사람들의 유람 관광하는 즐거움이 이 이상 없다. (『신증동국여지승람』 제45권)

이 글은 망양정을 옮겨 세우기 이전의 주변 건물과 산골짜기에 높이 건너질러 놓은 다리의 높고도 위험한 모습과 그러면서도 관광하는 즐거움이 이 이상 없다고 하였다.

> 가까이 가서 보면 고운 모래가 희게 펼쳐지고 해당화는 붉게 번득이는데, 고기들은 떼 지어 물결사이에서 희롱하고, 해당화는 덩굴이 뻗어 돌 틈새에 났다. 옷깃을 헤치고 한번 오르면 유유히 바다 기운과 더불어 놀아서 그 끝 간 곳을 모르며, 양양하게 조물주와 더불어 함께하여 그 다함을 알지 못하는 것 같다. (『신증동국여지승람』 제45권)

정자 주변의 정경에서 이번에는 시선을 바다가로 옮겨서 해안의 흰 모래와 붉은 꽃이 핀 행당화에 주목한다. 이 밖에 충망한 바다 기운에 도취되어 "다함을 알시 못 하겠다"고 하였다. 이 정자는 여러 번 중수하였다. 1471년(성종 2)에 평해군수 채신보(蔡申保)가,

망양정

1518년(중종 13)에 안렴사(安廉使) 윤희인(尹希人)이, 1590년(선조 23)에는 평해군수 고경조(高敬祖)가 각각 중수하였다. 1690년(숙종 16)에는 숙종대왕이 안원군(眼原君)편으로 편액을 보내 와서 건물에 걸었다. 1858년(철종 9)에 울진현령 이희호(李熙虎)가 지금 자리에 옮겨 세웠다. 전해 오는 바에 의하면 울진에는 관동팔경 중 한 곳의 명소도 없는데, 평해에는 관동팔경이 두 곳이 있으니 그 하나를 나뉘어 달라 하여 옮겨 온 것이라 한다.

그 후 정자가 퇴락한 것을 1958년에 울진군수 및 울진교육청과 군내 유지들이 정성을 모아 단청으로 낙성하였다. 1995년에 정자가 15도 쯤 기울어진 것을 군의 보조로 재건하여 오늘에 이르고 있다. 망양정의 현판은 군수 이태영(李台榮)의 글씨다.

이 정자의 서쪽에는 지하금강으로 불리는 성류굴이란 관광명소가 있고, 정자 아래 왕피천이 흘러내리는 지점에는 망양해수욕장이 있어 수십만 인파가 몰려들고 있다.

답사 결과 월송정에 비해 건물 전체는 견고하게 보이나 명성에 비해 여유도 없고 안정감도 덜하다. 그러나 처마 밑과 기둥의 장치는 매우 이색적이다. 주위에는 소나무가 너무 커서 정자의 지붕을 가리고 있고 정면도 소나무 때문에 정자의 바로 앞이 가려서 먼 바다만이 전망할 수 있고, 다만 서북쪽에 있는 해수욕장의 백사장 일부만 눈에 들어온다. 정자 주변의 불필요하게 성장한 나무는 전지(剪枝)가 필요하며 사방이 탁 트인 환경이 요구된다.

지금은 정자 내부에 걸려 있는 시는 한편도 없다. 부득이 문헌을 통하여 찾아볼 수 밖에 없게 되었다.

> 천근을 못내 보아 망양정에 오르니
> 바다 밖은 하늘이니 하늘 밖은 무엇인가
> 가득이나 노한 고래 누가 놀라게 하였건대
> 불거니 뿜거니 어지럽게 구는구나
> 은산을 꺾어내어 육합에 내린 듯
> 오월의 장천에 백설은 무슨 일인가
> 어느덧 밤이 드니 풍랑이 정하거늘
> 부상(扶桑) 지척에 명월을 기다리니
> 서광(瑞光) 천장이 뵈는 듯 숨는구나
> 주렴을 다시 걷고 옥계를 다시 쓸며
> 계명성 돋도록 곧게 앉아 바라보니
> 백련화 한 가지를 누가 보내었는가
> 이리 좋은 세계 남에게 모두 뵈고 싶구나 (정철 : 『관동별곡』)

죽서루를 떠난 송강은 오랜 기행에서 마지막 귀착지인 이곳에 오면서 도중에 나그네의 설움을 느낀다. 그러나 신선 세계를 동경하는 욕망을 버리지 못하고 망양정을 찾아 나선다. 하늘 끝이 보이지 않아서 높은 곳에서 좀 더 광활한 바다를 바라보기 위하여 망양정에 오른다. 끝없는 지평선을 바라보면서 "하늘 밖에는 무엇이 있는가" 자문한다. "은산을 꺾어내어 육합에 내리는 듯"에서는 은유법과 과장법을 교묘하게 배합하여 표현의 우수성을 보여 주었다. 정성을 다하여 맞이한 달이 떠오른다. 달을 "백련화"로 미화하였다. 송강은 의상대에서 해돋이를, 망양정에서 달맞이를 했다. 두 가지 상황에서 그는 무한한 감격을 받았고 거기에 대하여 표현의 묘미를 보여 주었다.

망양정

숙종대왕(肅宗大王)

여러 골짜기 겹겹이 구불구불 열리고
놀란 파도 큰 물결은 하늘에 닿아 있네
지금 이 바다를 술로 만들 수 있다면
어찌 한갓 삼백 잔만 마실 수 있으리오

列壑重重逶迤開 驚濤巨浪接天來 如今此海變成酒
奚但只傾三百盃 (肅宗:望洋亭)

관동팔경을 두루 유람한 숙종은 이 망양정에 관하여 각별한 감회를 느끼고 사액(賜額)과 시운을 남겼다.

처음에는 정자에 올라 태백준령 골짜기의 모습을 통하여 주변의 경관부터 살피고 시선을 산에서 바다로 옮겨서 놀란 파도가 하늘에 닿았다는 과장법과 함께 그 바다를 술로 변하게 할 수 있다면 어찌 삼백 잔만 마시겠는가 하고 영웅호걸다운 기개를 마음껏 펼쳐 보였다. "삼백 잔"이란 수 단위는 당나라 시인 이태백의 시에 자주 등장한다. "한번 마시게 되면 삼백 잔은 되어야 한다"(會須一飮三百杯 : 將進酒), "맛있는 술 삼백 잔"(美酒三百杯 : 月下獨酌) 등과 같이 사용한 용어를 빌어서 애주가의 호방한 기상을 나타내었다.

망양정에 올라 달을 구경하다

김시습(金時習)33)

십리라 모래밭에서 큰 바다를 바라보니
멀고 넓은 바다 위 하늘에 달이 떠오르네
신선들 세계라 인간 세상과는 막혀 있고
사람들은 물 위에 뜬 하나의 마름잎과 이웃하여 사네

十里沙平望大洋 海天遙闊月蒼蒼 蓬山正與塵寰隔
人在浮菱一葉傍 (金時習 : 登望洋亭看月・梅月堂集 13:14)

---

33) 김시습(金時習 : 1434~1493) 호가 많으나 보통 동봉(東峰)・매월당(梅月堂)으로 부른다. 3세에 한시를 짓고, 5세에 중용・대학에 통함으로 신동이라 불렸다. 세종임금 앞에서 시를 지어 감탄케 하고, 명주 50필을 받았다. 21세 때 절에서 독서하던 중 세조가 왕위를 찬탈했다는 소식을 듣고 비분강개하여 중이 되어서 일생을 은자로 살았다. 경주 금오산에 살면서 우리 나라 최초의 소설집인 『금오신화』(金鰲新話)를 지었다. 『매월당집(梅月堂集)』이 있다.

기구(起句)와 승구(承句)에서는 고대하던 달이 떠오르는 광경을 보고 감회에 잠긴다. 전구(轉句)에서는 달이 뜨는 장대한 모습을 보고 신선이 사는 세계로 미화하고 그것과 속세 인간과 대비하여 자기를 포함하여 인생이 허무함을 자각한다. "마름잎"은 바람 부는 대로 물결치는 대로 연약하고 정처없이 떠도는 무력한 인생을 비유한 시어다.

망양정

이산해(李山海)34)

아득히 높은 정자 앞이 탁 트였고
거울 같이 평평하고 깨끗한 바다를 내려다보네
아침이면 바다 구름이 그림을 그리고
밤이면 산 위의 달이 등불을 걸어 놓은 듯
삼천리 강토를 두루 다니다가
예전처럼 높은 곳에 올랐네
속세와의 인연은 이미 다 던져 버렸으니
이로부터 신선술이나 배워 보련다

縹緲危亭敞 平臨鏡面澄 海雲朝作畵 山月夜懸燈 踏盡三千界 依然九萬登 塵緣已抛擲 從此學飛騰 (李山海 : 望洋亭・『鵝溪遺稿』)

화자는 지금 망양정에서 넓고 깨끗한 바다를 내려다보고 있다. 3·4구에서는 아침의 해돋이와 밤의 달맞이 광경을 대조법과 의인

---

34) 이산해(李山海 : 1539~1609) 조선시대 대신. 호는 아계(鵝溪). 시호는 문충(文忠). 벼슬은 1578년(선조 11)에 대사간(大司諫), 1590년과 1600년에 두 번 영의정 벼슬에 올랐다. 저서에 『아계유고』(鵝溪遺稿)가 있다.

법을 구사하면서 자연이 베풀어 주는 무한한 경관에 감탄한다. 미련(尾聯) 부분에서는 정자 주변의 정경을 속세가 아닌 신선세계를 설정하면서 화자는 명실 공히 신선이 되기 위하여 신선술을 배우겠다는 의지를 표명하였다.

이 화자뿐만 아니라 동해의 정자를 찾은 길손들은 한결같이 이 지방의 명미한 정취에 도취되어 신선세계로 상정한 예가 한둘이 아니었다. 이들은 동해안의 누정을 이상과 동경의 명소로 정자의 주변을 인식하였다.

이산해는 이 시 외에 「망양정기」를 썼으며 이 정자와는 깊은 인연이 있었다.

「망양정기」의 전반에서는 정자에 올라 망망대해를 바라보고 기(氣)와 문장과의 관계를 피력하였고, "기는 반드시 본원을 길러야 하고, 문장을 혼후(混厚)하고 심원해야 된다"고 주장하고 끝부분에서는 다음과 같이 호연지기로 기교를 부렸다.

> 한 호리병에 텁텁한 막걸리를 자작해 마시며 취해 창안(蒼顔) 백발로 정자 위에 쓰러져 누우니 천지가 일개 이부자리이고, 창해가 일개 도랑이고, 고금이 일개 순간이라 시비니 영욕이니 희비니 하는 따위는 남김없이 융해되고 세척되어 저 홍몽(鴻濛)한 혼돈의 세계에서 조물주와 서로 만나게 되니 그 또한 통쾌하였다. (이산해 : 「망양정기」)

끝없이 펼쳐진 망망대해를 보고 느낀 것은 인간 세상을 상대로 마음대로 호기를 부리면서 결국은 용서와 대화합으로 호연지기를 기르면 조물주와 만나게 되니 통쾌하다는 심정을 피력하였다.

소나무 숲에 우뚝 솟은 : 월송정(越松亭)

— 울진군 평해읍 월송리

　울진군은 지금 경상북도에 편입되어 있지만 1914년의 지방제도 개편 이전에는 강원도에 속해 있었고, 평해군은 울진군에 편입되어 평해면으로 되었다. 지금 경상북도에 편입되어 있으면서 관동팔경에 소속되어 있는 것은 이 때문이었다. 평해면은 1980년에 면에서 읍으로 승격되었다.

　읍의 서쪽 경계를 따라 낮은 산맥이 연속되었고, 동쪽으로 갈수록 점차 낮아진다. 읍의 중앙부를 남대천이 흐르고, 북쪽에는 면의 경계를 따라 황보천이 흐른다. 이 두 하천의 하류지대에 있는 평해시와 월송리 일대에는 다소 넓은 평야가 형성되어 있고, 국도 7호선인 고속화도로가 동해안을 따라 남북으로 관통하고 있다. 중요 관광명소로는 월송정과 학곡리의 영천굴이 있으며 이들은 백암온천·덕구온천·불영계곡·성류굴 등의 인접 관광자원들과 함께 동해안의 명승지로 각광을 받고 있다.

　이산해(李山海)는 「월송정기」(越松亭記)에서 먼저 정자의 명칭에 대한 유래를 설명하고, 다음에는 정자 주변의 환경이 수려함과 특성을 그의 특유의 표현방법으로 미화하였다.

> 아! 이 정자가 세워진 이래로 이곳을 오간 길손이 그 얼마이며, 이곳을 유람한 문사(文士)가 그 얼마나 되었으랴, 그 중에서도 기생을 끼고 가무를 즐기면서 술에 취하였던 사람들도 있었고, 붓을 잡고 먹을 놀려 경물을 대하고 비장하게 시를 읊조리며 떠날 줄 몰랐던 사람들도 있었을 것이며, 호산(湖山)의 즐거움에 자적(自適)했던 사람들도 강호에서 임금을 근심하고 애태웠던 사람들도 있었을 것이다.… 그런데 나는 왕래하고 유람하는 길손도 문사도 아니며 바로 한 정자의 구름과 연기, 그리고 자연을 독차지한 주인이 된 사람이다. 나를 주인으로 임영해 준 이는 하늘이며 조물주이다.… 내 작디 작은 한몸은 흡사 천지 사이의 하루살이요, 창해에 떠다니는 좁쌀 한통 격이니 이 정자를 좋아하고 아끼어 손이 되고 중인이 되는 날이 그 얼마나 될지 알 수 없거니와 정자의 시종과 성쇠는 마땅히 조물주에게 물어 보아야 할 것이다. (『아계유고』 3:22)

이 「월송정기」에서 처음에는 정자 주변 환경의 명미(明媚)한 특성에 대하여 언급하고, 다음에는 이곳을 오가는 길손들의 여러 행각(行脚)을 눈앞에 보는 듯이 표현하였다. 자기를 이 정자의 주인으로 임명한 사람은 바로 조물주라고 허세를 부린다.

그러나 아름답고 장대한 자연 앞에 좌절하면서 정자의 길손이 되는 날도 이제 얼마나 될 것인가 반문한다. 결국 인생의 무상과 허무를 확인한다.

세상에 전하기를 성종대왕이 화가들에게 명하여 팔도의 정자와 명승들을 그려 오게 하였는데 오직 영흥(永興)의 용흥각(龍興閣)과 월송정이 으뜸으로 뽑혔으나 사람들이 그 차례를 정하기 어렵더니 임금께서 "용홍각의 연꽃과 버들은 두 절기뿐이라, 월송정을 제일로 하라"하였다고 한다.

월송정은 1326년(충숙왕 13)에 존무사(存撫使) 박숙(朴淑)이 창건하였다.

이곡(李穀)은 「동유기」(東遊記)에서 "이날 평해군에 도착하여 군에서 5리 되는 곳에 이르면 소나무 일만 그루 속의 정자를 월송정이라 하고 사선이 놀고 지나갔다 하여 그 이름이 생긴 것이다. 북은 철령이고 남은 평해가 끝으로 1200여 리이다. 평해 남쪽은 경상도의 경계이다."(「가정집」, 5:4)35) 강원도가 강릉도였고, 평해군은 경상도의 경계에 있었다는 사실과 소나무가 만 그루의 울창한 지대이며, 사선이 유람하던 유적지임을 알 수 있다.

정자의 창건 당시에는 문루(門樓) 형태로 되어 있었으며 왜군의 침입을 살피고 울릉도 일대까지 바다를 지키는 경비를 장악하던 망루(望樓)이며, 월송진성(越松鎭城)의 성문 구실도 겸하였던 것 같다. 정자 아래에는 월송 만호(越松萬戶)가 살았던 관청과 관사인 듯한 기와집들이 있었다. 그러나 지금은 그 흔적도 없고 정자만 외롭게 서 있다.

왜군의 침입이 줄어들자 중종반정(中宗反正)의 공신이었던 박원종(朴元宗)이 관찰사로 와서 이곳에 정자를 중건하였다. 1933년에 지방 유지들이 중건, 일제말기에 왜군이 미군의 공격 목표가 된다 하여

---

35) 是日到平海 未至郡五里 有松萬株 其中有亭子曰 越松 四仙之遊偶 於此 故名焉 北自鐵嶺 南盡平海 盖一千二百餘里也 平海以南則慶尙道之界 (李穀 : 稼亭集 5:4 東遊記)

월송정

헐어 버렸다. 1969년에 제일교포로 구성된 금강회(金剛會)가 2층 철근 콘크리트(concrete)로 개축하였으나 명승지의 건물로 적합하지 않다하여 1977년에 철거하였다. 1980년에 울진군에서 8천만 원으로 고려시대 양식을 본 따서 지금의 건물로 완공하였다. 월송정의 현판은 최규하(崔圭夏) 전 대통령이 친필로 썼다.

「월송정 입구」라고 쓴 푯말이 서 있는 곳에서 하차하여 얼마를 걸어 들어가니 노송 가로수가 아주 일품이었다. 그 왼편에 「평해황씨 시조제단」이란 돌 표석이 서있고 그 안에는 새로 만들어 놓은 듯한 기와집들이 적당하게 배열되어 있고, 기와지붕으로 된 울타리가 둘러 있다. 바닷가 쪽을 향해 좀 더 걸어 들어가면 경숭모문(敬崇慕門)이라고 쓴 소슬대문이 서있고 안에는 숭덕사(崇德祠)라는 건물이 있다. 규모가 매우 큰 하나의 제단이라고 할 수 있다. 이곳을 지나니 언덕 위에 동해를 향해 서있는 월송정이 시야에 들어온다. 넓고 여유 있는 환경과 잔디밭, 노송이 멋진 모습으로 서있다. 그렇게 가파르지 않은 계단을 밟으면서 올라가니 첫눈에 끝없이 전개되는 수평선이 아득하게 보인다. 단청도 알맞고 점잖다. 초석 위에 원기둥을 세워서 만든 2층 정자다. 2층 바닥은 마루를 깔았으며 사방에는 난간을 둘렀다. 겹처마에 팔작지붕이다. 건물 밖에는 이은상(李殷相)이 지은 「월송정중건비」가 서있다. 오석(烏石)으로 된 표면에는 명필인 김충현(金忠顯)의 글씨로 새겨졌다. 정자 내부에는 안축(安軸)의 제영(題詠)이 큰 목판에 번역시까지 함께 걸어 놓았다. 주위에도 몇 수 제영이 있었으나 이 시를 가장 소중하게 대우하는 것 같았다.

월송정

정종대왕(正宗大王)

정자를 둘러싼 송백은 푸르고 푸른데
깊게 갈라진 나무껍질 세월이 오래되었네
넓고 넓은 푸른 바다는 쉼없이 출렁이는데
돛단배 무수히 지는 햇빛을 받았네

環亭松柏大蒼蒼 皮甲嶙峋歲月長 浩蕩滄溟不盡流
帆檣無數帶斜陽 (正祖大王 : 越松亭)

숙종과 정종 임금은 망양정과 이곳을 직접 유람하고 각각 한 수

씩 시편을 남겼다. 망양정에서는 숙종이 시를 소개하였기 때문에 여기서는 정종대왕의 시를 감상하겠다.

이 정종대왕의 시는 전반부에서는 정자 주변에 있는 노송을 소재로 깊게 갈라진 껍질에서 오랜 세월을 견디면서 웅장하게 성장한 노송을 찬미하였고, 시의 후반부에서는 넓은 바다를 소재로 그 위에 떠 있는 돛단배에 시선을 옮겨서 저녁 햇빛을 받아 아름답고 평화스러운 모습에 감동한다. 바다와 소나무는 이곳을 찾아 시작품을 남긴 시인들의 공통적인 소재가 되어 있다.

월송정 시운에 차운하여

안축(安軸)

세월이 가니 옛 사람은 없고 물만 동으로 흐르네
천년의 남은 씨앗 정자 소나무에 있네
이끼는 정들어 애교처럼 떼어버리기 어렵고
다만 대나무는 마음대로 양식을 찧을 수 있네
그 아래에서 선인들은 풍류를 같이 하고
나무꾼은 용을 잡은 일 배우지 말게 하라
센머리 되어 다시 지난날 놀던 자취 찾으니
도리어 젊고 젊었던 그 옛 모습을 아쉬워하네

事去人非水自東　千金遺種在亭松　女蘿情合膠難解　弟竹心親粟可春
有底仙郞同煮鶴　莫令樵父學屠龍　二毛重到曾遊地　却羨蒼蒼昔日容
(安軸 : 次越松亭詩韻, 『謹齋集』 1:26)

화자는 젊었을 때 이곳을 유람하였고, 지금 백발이 되어 다시 찾아온 감회를 읊었다. 세월이 흘러 옛 사람은 보이지 않고 자연 현상만은 예나 지금이나 다름이 없음을 느낀다. 산천은 의구한데 인걸은 간 데 없다는 말을 실감한다. 시선은 정자 주변의 소나무에 머문다. 천년의 오랜 역사를 가진 씨앗이 소나무에 있었다는 것은 소나무의 소중함을 말하는 것이며, 줄기에 굳게 붙어 있는 이끼를 통하여 오랜 역사를 간직하고 있음을 증명한다. 소나무와 대나무 아래에서 사선(四仙)들이 풍류놀이를 한 역사적 사실과 나무꾼은 용을 잡은 일, 다시 말하면 나무를 베는 쓸데없는 기술을 배우지 말라는 것으로 함부로 도끼를 사용하지 말 것을 경고한다. 소나무의 존귀함과 그에 대한 애정이 지극함이 표출되었다. 늙어서 찾아온 지금 이때보다 젊었을 때 찾아왔던 그때가 좋았음을 회고하면서 지금은 아쉬운 마음에 사로잡힌다.

월송정 시운에 차운하여

이곡(李穀)

가을 바람에 옛 자취를 찾아 말머리를 동쪽으로 돌리니
울창하게 정자를 덮은 소나무 보기도 좋구나
몇 해를 간절하게 신선 세계 찾으러 했던가
천리길 떠나러 양식을 방아에 찧었네
도끼의 액을 피하여 오랜 세월 견디었고
재목은 궁전도 지을 수 있으니 기룡에게 비기겠네
난간에 기대어 나도 몰래 오래 깊이 읊었으나

졸렬한 붓으로 만분의 일도 형용하기 어려워라

訪古秋風馬首東　喜看鬱鬱陰亭松　幾年心爲尋眞切　千里糧因問道春
厄絶斧斤経漢魏　材堪廊廟擬夔龍　倚欄不覺沈吟久　拙筆難形萬一容
(李穀 : 次越松亭詩韻『稼亭集』20:2)

 시의 전반(前半)에서는 화자가 월송정 일대를 신선 세계로 상정(想定)하고, 이곳을 찾아오기 위한 준비 과정이 절실하게 반영되었다. 이와 같은 사실은 "간절하게 신선 세계를 찾으려 했던가", "양식을 방아에 찧었다" 등의 용어에서 알 수 있다.
 후반부에서는 나무꾼의 도끼를 피하여 건강하게 성장한 노송, 그리고 재목은 궁전도 지을 수 있을 정도로 장대함을 찬양하였다. 이러한 노송에 비하여 상대적으로 화자는 시 한수도 제대로 짓지 못하는 자신에 대하여 좌절한다.

이 가정 곡의 평해 월송정운에 차운하여

이달충(李達衷)36)

땅이 바다에 임하니 동쪽으로 더 나아가지 못하고
남으로 와 만 구루 소나무를 즐겁게 만났다
엉킨 이슬은 햇빛에 졸졸 흘러 떨어지고

---

36) 이달충 (李達衷 : ?~1385. 우왕 11) 고려 공민왕 때 유학자. 충숙왕 때 급제. 호부상서(戶部尙書). 밀직제학(密直提學) 역임. 계림부원군(溪林府院君)으로 봉함.『제정집』(霽亭集)이 있다.

바람 불자 잔잔하게 부서지는 파도소리
신선의 자취는 이미 초록과 함께 펼쳐 있고
웅장한 자태 속됨이 없으니 용이 부끄럽겠네
난간에 기대어 멋대로 오래 머물 뜻 있으나
아름다운 경치가 도리어 용납하지 않을 듯하네

地盡滄溟不復東　南來喜見萬株松　露凝日彩涓涓滴　風作濤聲細細春
仙跡已陳同卉木　雄姿不俗陋愧龍　倚欄縱有留連意　景勝還疑未肯容
(李達衷 : 次李稼亭穀平海越松亭韻・『霽亭集』附錄 4)

　예민한 관찰력에 의한 세부 묘사가 다른 시인과 다른 점이다. "엉킨 이슬이 햇빛을 받아 떨어지는" 모습, "잔잔하게 부서지는 파도소리", "초목과 함께 펼쳐진 신선의 자취" 등의 표현에서 시석 재능을 높이 평가할 수 있는 요건이 된다. 속됨이 없는 웅장한 자태는 용을 능가하고, 신선의 그 자취는 정자 주변에 널리 퍼져 남아 있어서 사람으로 하여금 경건한 마음을 자아낸다.
　화자의 소원은 신선의 자취가 남아 있는 이 아름다운 곳에서 오래 머물고 싶은 심정이나 자신의 소망을 용납하지 않을 것으로 생각하고 실망한다. 그 만큼 화자는 이 지대에 대한 애정이 절실하다.

월송정

성현(成俔)37)

끝없는 길이 동해와 나란히 이어지고
흰 모래밭에 구름같이 푸른 소나무 구늘이 비추었다.
소나무를 흔드는 곱고 투명한 그 소리 바람 결에 들려오고
놀란 파도 쉴새 없이 바닷가를 때리네
무력한 것이 어찌 고결한 품격을 범할 수 있으며
까마귀와 솔개도 끝내 규룡을 범하진 못했으리
만산의 도리들이 모두 속세에 떨어질 때
푸르고 푸르게 오래 옛 모습 그대로 지니고 있네

並海漫漫一路東　白沙如雲映蒼松　玲瓏虛籟迎風響　鴻洞驚濤拍岸春
螻蟻豈能侵玉骨　烏鳶終不犯虯龍　滿山桃李皆塵俗　獨也靑靑萬古容
(成俔 : 越松亭・『虛白堂詩文集』)

앞의 두 줄은 독자에게 직접 실경 산수화에 접하는 느낌을 준다. 3・4행에서는 바람과 파도를 대조하면서 그것들이 하고 있는 일을 통하여 자연의 아름다운 경치를 찬미하였다. 이 시의 후반부에서는 아무도 감이 침범할 수 없는 당당하고 고결한 풍채를 지닌 정자 주변의 노송을 찬미하는데 일관하였다.

"규룡을 범하진 못했으리"는 까마귀와 솔개 같은 뭇 새들도 규룡과 같은 소나무를 침범할 수 없었다는 뜻이며 소나무의 의연한 자

---

37) 성현(成俔 : 1439~1504) 호는 용재(慵齋). 1462년 과거에 급제. 대사헌・경상감사・예조판서를 역임. 『허백당시집』(虛白堂詩集), 『용재총화』(慵齋叢話), 『악학궤범』(樂學軌範) 등의 저서가 있다.

세를 형상화하였다.

  앞에서 설명한 세 편의 작품은 한결같이 동(東)·송(松)·용(舂)·용(龍)·용(容)자를 각운(脚韻)으로 남의 시에 차운하여 지은 시라는 점에서 공통점이 있다.

신선세계와 이어진 : 하조대(河趙臺)

— 강원도 양양군 현북면 하광정리(下光丁里)

　관동팔경과 동등하게 동해를 전망하는 수려한 위치에 있으면서 팔경 속에 들지 못한 하조대·만경대·연호정 세 누정을 기타 란을 만들어 별도로 다루게 되었다.
　양양군 중남부에 현북면 소재지가 있고, 그 하강정리에 하조대가 있다. 면의 서북쪽에 위치한 태백산맥의 지맥이 동쪽으로 급경사를 이루어 산지가 많고 계곡이 깊다. 남대천의 지류와 광정천이 면내를 통과하여 광정리를 중심으로 해안지대에는 구릉성 산지에 평야가 펼쳐 있다. 강릉·속초간의 국도가 해안선을 따라 면사무소를 통과하며 하광리에는 정자와 함께 하조대 해수욕장이 있다. 수심이 깊지 않고 경사가 완만하여 울창한 소나무 숲을 배경으로 약 4km의 백사장이 펼쳐 있다. 담수가 곳곳에 흐르며 남쪽으로 기암괴석의 바위섬들로 절경을 이룬다.
　예로부터 이곳을 한번 거친 이는 저절로 딴 사람이 되고, 10년이

하조대

지나도록 그 얼굴에는 자연의 기상이 서리어 있게 된다고 전할 정도로 경치가 수려하다.

전해 오는 말에 의하면 하씨 집안의 총각과 조씨 집안의 처녀 사이의 사랑 이야기에서 '하조대'라고 부르게 되었다고 하며, 한편에서는 고려 말엽 하륜(河崙)과 조준(趙俊) 두 사람이 숨어 살던 곳이라 하여 이런 이름이 생기게 되었다고 한다. 그러나 택당(澤堂) 이식(李植)이 「하조대」라는 시 제목 밑에 "하륜·조준이 함께 놀던 곳이며, 후인들이 이로 인하여 누대 이름이 생겼다"고 적어 있어 후자의 설이 신빙성이 있다.

정자의 창건 연대는 미상이나 정조 때 재건, 세월이 오래되어 퇴락한 것을 1939년 6월에 이 고장 기념사업으로 육모 정자를 지었다.

6·25전쟁 때 파괴, 이태판(李泰判)의 친필로 된 바위에 새긴 '하조대' 세 글자만 남았는데 그 후 다시 말끔하게 육모 정자로 재건하여 오늘에 이르렀다. 건물은 소규모이나 매우 아담하고, 겹처마 기와집에 계자 난간이 둘러 있다.

하조대

이식(李植)

하조대 이름이 시작된게 언제부터인가
뛰어난 경치와 함께 성씨까지 전해 오네
큰 파도와 싸우며 천 길 우뚝 솟은 누대
한굽이 돌 때마다 깊은 못에 모였네
처음엔 격류 속의 지주38)인가 의심하다가
상전벽해의 변천이 심함을 다시 깨달았네
상구씨가 이 즐거움을 물러준 뒤로부터
옛 자취의 풍광을 뒤쫓은 사람이 몇이나 될까

臺名河趙自何年　形勝兼將姓氏傳　員鼇千尋爭巨浪　灣洄一曲貯深淵
初疑砥柱當橫潰　更覺桑田閱變遷　從古爽鳩遺此樂　幾人陳迹逐風烟
(李植：河趙臺.『澤堂集』5:11)

수련(1·2행)에서는 하조대의 명칭의 유래와 주변의 아름다운 경

---

38) 지주(砥柱) : 중국 삼협에 있는 저주산이 황하의 급류 속에 버티고 서 있다는 지주중류의 고사에서 유래. 난국수습의 중책에 비유

치를 찬양하였다. 함련(3·4행) 이하는 정자 아래 큰 바위와 그 아래의 파도를 소재로 그 변화 과정을 예의 관찰하였다. 정자 밑 천 길이나 되는 바위에 부딪쳐서 소용돌이치면서 섬으로 혹은 깊은 못 모양을 만들면서 다시 흩어지는 변화무쌍한 파도를 응시하였다. 처음 터를 잡았던 상구(爽鳩)(처음부터 자리 잡고 살았던 사람에 비유)씨가 옛날부터 이 파도가 연출하는 모습을 보고 즐겼으며, 이 즐거움을 물려준 뒤에 바람과 안개 속에서 옛 자취를 찾는 사람이 몇이나 되었는가 반문한다. 아마도 거의 없을 것이다. 그러나 화자는 상대적으로 자연이 연출하는 관경에 대하여 무한한 관심과 애착을 느낀다.

하조대

이경석39)(李景奭)

말을 채찍질하여 높은 언덕에 올라 바라보니
피리 부는 소리 멈추고 바다 위엔 구름이 길게 깔렸네
취하여 고래들을 불러 일으키게 하니
높은 하늘에 눈을 뿜으며 석양에 춤추네

策馬登臨萬仞岡　笛聲吹捲海雲長　醉來欲喚群鯨起　噴雪層空舞夕陽
(李景奭 : 河趙臺)

---

39) 이경석(李景奭 : 1595~1671) 조선조 효종 때 재상. 호는 백헌(白軒). 1623년에 문과에 급제. 부제학 때 왕이 친히 삼전도비문(三田渡碑文) 쓰기를 권유하여 할 수 없이 써서 바치고 그 형에게 '문자 배운 것을 후회 한다'고 말하며 개탄하였다. 우의정에서 영의정으로 승진. 10년 동안 효종의 총애를 받았다. 문장과 글씨에 능하였다.

말을 채찍질할 정도로 마음이 조급하게 당도한 모습에서 화자의 이 곳에 대한 간절한 소망이 그대로 노출되었다. 피리소리와 바다 위 하늘 길에 이어진 구름에서 가까운 곳과 먼 곳이 잘 어울릴 뿐만 아니라 평화스럽고 아름다운 분위기가 잘 조화된 모습을 보여 주었다.

시의 후반부에서 분위기는 아주 달라진다. 수려한 자연 속에서 술에 취하여 파도를 바라보니 높은 하늘에 흰 눈처럼 뿜어 오르는 힘찬 파도가 저녁 햇빛을 받아 춤추는 모습을 화자는 미화법과 의인법을 활용하여 표현 수법의 우수성을 보여 주었다. 정적인 또는 동적인 분위기를 하나의 작품 속에 교묘하게 섞어서 시적 분위기에 변화를 시도하였다.

하조대

조위한(趙緯韓)40)

신선스런 누대는 아득한 신선세계와 이어졌고
두 사람의 옛 자취 낚시꾼에 물었노라
날이 저물어 홀로 누대에 올라 바다신을 불러서
바람 맞으며 길게 읊으니 산마을에 울리네
동남쪽 끝없이 열리니 큰 섬인 듯 헷갈리고

---

40) 조위한(趙緯韓 : ?~1649) : 인조 때 정치가. 호는 현곡(玄谷). 1609년(광해군 1)에 문과에 급제. 사도세자 아버지 김제남(金悌男)의 무옥에 연류 되어 체포. 인조반정 때 호당(湖堂)에 선출되었으며 이괄의 난과 정묘호란(1627)에 참전한 후 공조참판이 되었다. 『현곡집』(玄谷集)이 있다.

위 아래 모두 비었으니 천하가 바다에 가라앉은 듯
가련한 나는 아득한 한 알의 좁쌀과 같으니
어느 곳에 작은 몸 의지할지 모르겠네

仙臺縹緲接蓬壺 二子遐蹤問釣徒 落日獨登招海若 臨風長嘯響山都 東南無際迷封城 上下皆空沒宇區 憐我杳然如一粟 不知何處着微軀(趙 緯韓 : 『玄谷集』 7:11)

  화자는 먼저 이곳의 신선스러운 분위기임을 강조하고, 고려 말의 두 신하 하륜(河崙)과 조준(趙俊)의 은거지(隱居地)에서 유래하여 정자 명칭이 생긴 것에 관심을 보였다. 저녁 무렵에 정자에 올라 바다의 신의 힘을 빌어 바람을 맞으며 큰 소리로 시를 읊으니 온 마을에 울려 퍼졌다고 하며 호기스러운 기성을 마음껏 펼쳐 보였다.
  후반에서는 정자 주변의 장대한 자연 현상에 경탄하면서 마음은 자신에게로 돌아와 가련하고 창해의 좁쌀같이 미미한 존재임을 인식하고 의지할 곳 없는 무력한 자신을 비관하였다.
  의지할 곳 없는 자신이란 표현은 중국 송나라 시인 소동파(蘇東 坡)의 "하루살이 같은 목숨을 천지에 붙였으니 아득하니 창해의 한 알의 좁쌀과도 같으며, 내 생애의 잠시인 것을 슬퍼하고 긴 강의 무궁한 것이 부럽다"[41]에서 나오는 시상을 의식하고 쓴 시임을 알 수 있다.

---

41) … 寄蜉蝣於天地 渺滄海之一粟 哀吾生之須臾 羨長江之無窮 (蘇東坡 : 赤壁賦)

하조대를 읊음

윤증(尹拯)42)

기이한 봉우리 파도 속에 우뚝 솟아 있고
십리 소나무 사이 비를 무릅쓰고 찾아왔네
나그네가 하씨와 조씨를 어찌 알리오
바위에 기대어 부질없이 엄숙히 읊으며 세월 보내네

奇峰突兀入波心 十里松間冒雨尋 遊子何知河與趙 倚岩空復費莊吟
(尹拯 : 河趙臺口呼・『明齋遺稿』 2:8)

비오는 날 이곳에 찾아온 화자는 파도 속에 우뚝 솟은 봉우리를 발견한다. 이 시의 후반부에서는 하조대란 이름과 인연이 있는 두 사람은 알 수 없으나 바위에 기대어 시를 읊으며 세월을 보내는 자신이 멋스러운 나그네임을 자인한다.

---

42) 윤증(尹拯 : 1629~1711) 조선조 숙종 때 학자. 호는 명재(明齋). 벼슬에는 뜻이 없어 성리학을 전공하여 예학(禮學)에 밝았다. 소론이 권세를 잡자 이조판서와 우의정을 제수하였으나 거절. 『명재집』(明齋集)이 있다.

나뭇잎 스치는 가을 소리 : 만경대(萬景臺)

— 강원도 동해시 구미리

　동해시는 강원도 중남부 중앙부에 위치하며 동쪽은 동해, 서쪽은 태백산맥 분수령인 천옥산(天玉山 : 1,404m)과 두타산(頭陀山 : 1,353m) 등이 솟아 있어 높고 험하다. 동쪽 해안 그릉성 지대가 발달하여 농경지와 시가지로 이용되고 있다. 하천은 북부에서 마산천(馬山川), 남부에서 흐르는 전천(箭川)은 시의 남부로 흐르는 하천이며, 서쪽에서 흘러들어오는 삼화천(三和川)과 합류하여 동쪽으로 흐르면서 부평동과 송정동을 지나 동해로 흘러 들어간다. 임진왜란 때 두타산성이 함락되어 많은 전사자들의 유혈이 하천을 붉게 물들이고 화살이 물에 수없이 떠내려갔다 하여 화살 전(箭)자의 전천이라고 부르게 되었다고 한다.
　만경대는 이 전천 하류에 위치한 정자다. 척주(陟州) 팔경의 하나이며 정자 앞으로 내가 흐르고 북평 들과 넓은 동해를 한눈에 볼 수 있는 위치에 있다. 그러나 세월이 변하여 지금은 시커먼 연기를 하늘에 내뿜는 쌍룡시멘트 공장 때문에 전망이 막혀서 먼 서쪽 해안선만이 일부가 보일 뿐이다.

이 정자는 1613년(광해군 5)에 삼척지방의 유지인 김훈(金勳)이 동래부사를 지내고 고향에 돌아와서 신당동에 살면서 창건하였다. 1660년에 허목(許穆)이 이곳의 경치를 감상하고 감탄하여 정자의 이름을 만경대라고 하였다. 1786년(정조 10)에 유한전(兪漢雋)이 시를 읊고 현판하였다. 1872년(고종 9)에 군수 이돈상(李敦相)이 중건하고 현판을 썼다. 판서 김원식(金元植)이 상량문을 쓰고, 이남식(李南軾)이 「해상명구」(海上名區)란 글을 써서 현판하였고, 1943년에 김훈의 후손인 김형익(金炯益)·김대영(金大榮)이 석주(石柱)로 개조하여 중수하였다. 구조는 정면 3칸, 측면 2칸의 팔작지붕에 겹처마, 그리고 석재로 난간을 둘렀다. 석재 기둥이 너무 굵어서 균형이 잡히지 않고 거기에 비해 규모가 작아서 안온하고 여유 있는 고전적 아취는 찾아볼 수 없다. 건물이 그러할 뿐만 아니라 찾아오는 길마저 잡초가 무성하여 찾아오는 길손도 드물다. 정지 작업 흔적도 없으니 쓸쓸한 기분마저 들었다.

만경대란 명칭은 여러 곳에 있다. 외금강과 청간정 근처의 만경대가 대표적이고, 그 밖에 여러 고을에도 같은 이름의 누대가 있다. 제목만 보고 어느 누대의 제영인지 분간할 수 없다.

만경대에서

유한전(兪漢雋)43)

처음에는 청라지대라 불리었고
안개 개이니 곧 큰 바다가 열리네
옆에는 물이 돌아 흘러 풀 섬이 되고
치솟아 나온 곳에 담쟁의 정자가 있네
하나하나 죄다 지는 햇빛을 받고 있으며
평평하고 탁 트인 먼 들이네
일찍이 알았노라 많은 아름다움을 갖추고 있음을
나는 속세를 피해 살아갈 나이가 아닐세

始謂靑羅帶 烟開乃一溟 傍匯爲草嶼 厃出有蘿亭 ——含斜照 平平敵
遠坰 早知俱衆美 吾不歲三徑 (兪漢雋 : 題萬景臺)

 지금 만경대에는 이 유한전의 시만 현판 되어 있다. 1797년(정조 21)에 삼척부사로 부임하여 이 지방의 여러 곳에 자취를 남겼다. 무릉계곡의 반석 위에, 용추(龍湫)폭포의 이름 짓기와 바위에 새긴 글자가 지금도 선명하다.
 화자는 이 지대의 형성과정을 상상했다. 먼저 아름다운 지대라는 것을 전제로 물이 돌아 흘러서 풀이 무성한 섬이 되었고, 치솟아 나온 바위에는 담쟁이 넝쿨에 싸인 정자가 있었다고 하였다.

---

43) 유한전 (兪漢雋 : 1732~1811) 조선조 순조 때 학자. 호는 저암(著菴). 1779년(정조 3)에 군위현감. 1785년(정조 9)에 익산군수. 1796년(정조 20)에 삼척부사와 형조참의를 지냈다. 임학로(任學老)는 전후 백년에 유한전과 같은 문장가가 없었다고 격찬. 그림이 또한 뛰어났다. 『자저』(自著)라는 문집 29권이 있다.

만경대

 시선을 저물어 가는 햇빛을 받은 서북 방향의 넓은 들에 보내어 넉넉한 모습에 감탄한다. 일찍부터 이곳의 아름다움을 알고 있었으니 한 세상을 도피할 나이는 아니니 그럼에도 이곳에 오래 머물면서 수려한 광경을 마음껏 즐기고 싶은 심정이라고 감회를 읊었다.

만경대

허백(許伯)

산수로 둘러싸인 곳 고요하고 그윽한데

찾아와 앉았으니 마음이 곧 밝아지네
오경의 새벽 빛이 빈 마을에 먼저 비치고
나뭇잎 스치는 가을 소리 작은 누각에 가득하네
물결 쫓는 가벼운 갈매기는 머물 곳 알고
고달픈 새 숲속에 들어와 쉴 곳 얻었네
나는 지금껏 일에 골몰하여 무슨 일 이뤘나
동서를 오가며 몇 고을 살폈을 뿐이네

山水縈回境靜幽　坐來心迹便淸脩　五更曉色先虛閻　一葉秋聲滿小樓
逐浪輕鷗知所止　投林倦鳥得其休　吾今役役成何事　俯仰東西閱數州
(許伯 : 萬景臺)

광활한 바다와 거센 파도의 웅장한 변화의 모습을 표현한 것이 아니고 이 시의 화자는 비교적 조용한 회화성 묘사의 명수라고 할 수 있다. "새벽빛", "가을 소리", "갈매기", "고달픈 새" 등 정자 주변의 조용한 움직임을 통하여 예리한 관찰력과 묘사의 우수성을 보였다. 이러한 환경 속에서 화자는 자신의 위치를 찾는다. 지방관으로 미미한 업적을 남긴 것을 반성한다. 그리고 아름다운 대자연에서 보잘 것 없는 자신에 환멸한다.

만경대

오식(吳軾)

바람 맞으며 읊조리면서 높은 대에 오르니
어찌 원망하리 푸른 물결 세차게 흐름을

어찌하면 붕새처럼 구만리 하늘을 날아
동해를 한 잔 술로 볼 수 있으리오

臨風一嘯上高臺 何恨蒼波袞袞來 安得鵬搏九萬里 下看東海正如杯
(吳軾 : 萬景臺)

누대에 오르니 첫눈에 보이는 것이 세차게 요동치는 푸른 바다였다. 잔잔한 대해를 바랐으나 그렇다고 원망할 수도 없었다. 차라리 붕새처럼 구만리 높은 하늘에 날아올라 동해를 한잔 술로 내려다보았으면 좋겠다는 소망을 가져본다. 거센 물결을 일으키는 파도에 대항하여 과감하게 맞서고 싶으나 불가항력임을 자각한다. 제 힘을 생각지도 않은 사마귀가 원한을 풀기 위하여 자기 다리로 지나가는 수레바퀴를 막아보려는 어리석음을 깨달은 것이다.

만경대

조문수(曺文秀)[44]

푸른 바다 짓누르는 매우 높은 용감한 자태
누대에 올라 다시 가을 바람을 맞고 있네
넓고 아득한 세상에 생각은 끝없는데
넓은 바다 높은 하늘 달은 바로 그 가운데 있네

---

44) 조문수(曺文秀) 1590년에 태어나서 1624년에 문과에 급제. 감사와 하녕군(夏寧君)을 지냈다. 글씨를 잘 썼다.

直壓滄溟萬丈雄　登臨更値九秋風　茫茫浩浩無窮意　海闊天高月正中
(曺文秀 : 萬景臺)

　　화자는 만장이나 되는 매우 높은 누대 위에 올라 가을바람을 맞고 있다. "푸른 바다를 짓누르는"과 같은 활유법은 매우 우수한 표현이며, 바위가 크고 높다는 인상을 준다. 망망대해를 바라보니 "생각이 끝이 없다" 함은 가슴 벅찬 감격을 뜻한다. 이러한 심정은 낮에서 밤으로 이어지면서 마음이 진정된다. 비로소 차분한 마음으로 하늘과 바다 사이에 떠 있는 달을 발견한다. 시를 짓고 싶은 마음이 발동된 것이다.

연꽃 향기 다소곳한 : 연호정(蓮湖亭)

― 경북 울진군 울진읍 연지리

　울진 지방의 망양정과 월송정의 명성 때문에 이 연호정은 제대로 사랑을 받지 못하고 있다. 그러나 울진읍의 중심가 가까운 위치에 있어서 읍내 사람들의 휴식처로 사랑을 받고 있다. 바다와 지척에 있으면서 바다와는 무관하다. 삼척의 죽서루가 바다와 관계없이 오십천과 어울려 승지가 되어 있듯이 이 연호정은 연호를 전망할 수 있는 좋은 위치에 있다.
　연호정은 자연 호수인 연호의 북쪽 기슭 송림 속에 있다. 호수는 수심 약 2m, 둘레가 2km 정도다. 예전에는 훨씬 넓어서 가뭄에도 마르지 않았다고 한다.
　옛날에는 이곳이 고씨(高氏) 집단 거주 부락이었으나 이 마을의 땅이 꺼져 호수가 되었다고 한다. 그리하여 한 때는 고성(高性) 늪이라고 전해 내려왔다. 구한말까지만 해도 호수 주변이 지금의 울진읍 시내 중심부까지 미쳤다고 한다. 그러나 오랜 세월 토사가 밀려 와서 호수가 잠식되어 지금의 규모가 되었다고 한다.

1815년(순조 15)에 여기 호수가 언덕에 작은 죽루(竹樓)인 향원정(香遠亭)을 세웠는데 주위에는 무덤이 많아 찾는 사람이 적었다고 한다. 1889년에 울진 현령 박영선(朴永善)이 승지(勝地)가 황폐하여 비어 있음을 애석하게 여겨 호반의 북쪽 기슭에 정자를 세우고 향원정이란 편액을 걸었다. 세월이 흐르는 사이에 정자는 퇴락하고 주위에는 잡초가 무성하였다. 군수인 이기원(李起遠)이 다시 군내 유지들과 1922년 7월 16일에 동헌(東軒)의 객사(客舍) 건물을 옮겨 세우고 연호정이란 현판을 걸었다. 건축기(建築記)는 장규한(張奎漢)이 지었다. 1990년에 군 예산으로 호수의 토사를 준설하고 호수주변 정화와 아울러 산책로까지 조성하였고, 정자도 새롭게 면모를 다듬어 단장했다. 또한 정자 근처에는 군민체육관을 건립함으로써 군민들의 휴식처가 되었다.

호수 표면은 연잎으로 덮여 있으며 8월이면 시인묵객들이 연꽃을 감상하고, 호수에는 붕어·잉어·뱀장어·가물치 등의 어족들이 있어서 낚시꾼들이 즐겨 찾는 관광명소가 되었다.

1926년 7월 이곳 유림들이 시 모임을 갖고 그 때 지은 시를 남겨 놓았는데 장규형(張奎炯)·장주신(張柱臣)·남목영(南穆永) 등의 차운시가 하나의 현판에 연명되어 지금도 걸려 있다.

정자의 구조는 3칸이지만 매우 긴 구조로 되어 있으며 견고하게 보이나 기둥이 짧아서 기형적인 낮은 건물이 되었다. 팔작기와집에 겹처마 건물이며, 주위는 낮은 난간으로 둘려 있는 단층 마루방이다.

정자 뒤에는 노송과 잔디밭이 있고, 거기에는「명주군최공기적비」(溟州君崔公紀蹟碑)가 외롭게 서있다. 호수 주변 도로에는 지금 어린이들이 자전거를 타고 주위를 돌고 있고, 한담을 하며 여유 있게

연호정

걸어가는 산책객들도 보인다.

정자 안에는 현재 하나의 현판에 연명으로 된 연호정운(蓮湖亭韻)이란 공통된 제목으로 차운(次韻)시들이 걸려 있다. 이들 시의 공통된 각운(脚韻)은 정(亭)·성(醒)·정(汀)·청(靑)·정(停) 등 다섯 자로 되어 있다. 이들 시 중에서 몇 편 골라서 감상하겠다.

연호정을 노래함

남상규(南相奎)

연꽃 필 때 물속에는 새 정자가 비치고

깨지 않고 정자에 오르니 취기 가시네
맑게 개인 하늘의 구름은 발 속에서 걷히고
깊은 밤 맑은 빛 달은 물가에 있네
가슴 속 큰 포부는 시로 늙어 가는데
항주의 서호처럼 연호는 그림 속에 푸르네
유구한 지난 자취 그 누구에게 물어볼까
다만 한가롭게 구름만 오락가락 하네

蓮花秋水映新亭 不覺登臨醉眠醒 一天霽色雲收箔
五夜淸光月在汀 六丈胸襟詩上老 餘杭眉目畫中靑
悠悠往跡憑誰問 惟有閑雲任去停 (南相奎 : 蓮湖亭韻)

  연꽃이 핀 호수에 비친 정자의 아름다운 모습을 보고 취기마저 가실 정도로 도취되어 있다. 낮에는 맑게 갠 하늘, 밤에는 물가에 비친 달이 맑고 깨끗함에 감동한다. 시를 쓰고 싶은 간절한 소망을 가지고 있는 화자는 중국의 여항(지금의 항주)의 서호(西湖)를 닮은 연호를 아름답게 표현하였다.
  신선들이 놀던 옛 자취에 대하여 물어볼 사람이 없다 함은 극도의 고독을, 구름이 오락가락한다 함은 정처 없이 떠돌아다니는 자신에 대한 허무감을 대입한 것이다.

연호정을 노래함

장규형(張奎炯)

연꽃 핀 세계에서 정자에 올라 의지하니
짙은 안개바람이 단잠을 깨우네
즐거움을 아는 피라미는 잔물결 일으키고
기회를 놓친 고달픈 백로는 빈 물가에 서 있네
강산은 오랜 세월 흰 물 위에 떠 있고
정자는 빛을 삼키고 먼 산은 푸르다네
천제의 신선스런 쪽배는 어디 있는가
세상 근심 다 씻어 버리고 술잔을 들었다 멈췄다 하네

蓮花世界倚湖亭 濃沫風烟快眠醒 知樂鯈魚吹細浪
忘機倦鷺立虛汀 江山過劫浮泡白 臺榭呑光遠岫靑
太白仙舟安在否 塵愁一滌擧盂停 (張奎烟 : 蓮湖亭韻)

정자에 올라 연꽃의 아름답게 피어 있는 정경을 보면서 술을 마시고 잠이 들었으나 안개바람에 단잠이 깨게 된다. 시선을 연못에 옮기니 먼저 즐겁게 노는 피라미와 빈 물가에 서 있는 고달프고 외로운 백로가 눈에 들어온다. 화자는 상반된 삶을 대조시켜 놓고 백로를 외롭게 의지할 곳 없는 자신의 분신으로 생각한다.

화자는 어느 정도 거리를 두고 호수 주변의 자연을 관찰한다. 강산은 오랜 세월 물에 비치면서 파도 때문에 희게 보이고, 먼 산은 푸르름을 간직하고 있다 하였으니 흰색과 푸른색의 조화를 시도하면서 환경이 깨끗하고 싱싱함을 부각시켰다.

화자는 신선세계를 동경하다 불가능함을 깨닫고 도연명이 읊은 "근심을 잊는 물건"(忘憂物 : 飮酒) 즉 술을 마시면서 고달픈 인생을 달래본다.

연호정을 노래함

장주신(張柱臣)

가을물에 핀 연꽃이 저 정자 아래 떠 있고
호산의 맑은 기운에 나그네의 설움 사라지네
사람은 없고 푸른 벽의 옛 성곽만 있으며
아름다운 노는 빈 물가 땅에 꽂혀 있네
맑은 달 낮게 떠 섬돌 앞이 밝고
멀리 떨어져 있는 봉우리는 들 밖에 푸르네
아득하여 신선의 배는 보이지 않고
다만 찬 구름만 바닷가 섬에 머물러 있네

秋水蓮花泛彼岸 湖山爽氣客愁醒 翠壁無人餘古郭
玉桅在地起虛汀 低攀朗月階前白 遠斥孤峯野外靑
杳然不見仙槎跡 只有寒雲海島停 (張柱臣 : 蓮湖亭韻)

정자 주변의 아름다운 연꽃과 호산의 맑은 기운으로 근심 걱정이 사라질 정도로 매혹되었다. 눈에 비친 것은 빈 성곽과 빈 물가다. 조용하면서도 외롭고 쓸쓸한 느낌을 준다.

달빛의 흰색과 먼 데 산봉우리의 푸른색을 통하여 맑고 싱싱하고 변화가 없는 색채와 조화를 시도하였다.

　화자는 결국 신선 세계를 동경하지만 그것은 부질없는 일이 되고, 바닷가의 찬 구름처럼 외로움과 절망 속에 빠지고 만다.

연호정을 노래함

남목영(南穆永)

　　연꽃의 향기로운 빛이 아름다운 정자에 머물고
　　바다나라 신선의 배 탓으로 꿈이 문득 깨네
　　별천지 풍월은 오늘 저녁 유별이 밝고
　　경치 좋은 호수와 산이 그 물가에 있었네
　　낚시 걷어 올리고 누각에 돌아오니 한쌍의 백로는 더욱 희고
　　술병 싣고 물 건너는 한 마리 나귀가 푸르네
　　천년을 흘러도 쉬지 않은 저 물이 부럽고
　　인생이 짧음을 걱정하니 한탄스러울 뿐이네

　　蓮花香色玉亭亭　海國仙槎夢忽醒　別天風月多今夕
　　勝地湖山在其汀　捲釣歸樓雙鷺白　提壺渡水一驢靑
　　却羨千年流不逝　愁人短髮悵然停 (南穆永:蓮湖亭韻)

　연꽃 향기에 도취된 현실과 꿈에 신선의 배를 타고 떠난 이상세계가 교차되는 가운데 현실로 돌아온다. 별천지의 풍월과 아름다운 경치의 호산은 모두 화자의 눈에 비친 놓칠 수 없는 아름다운 자연이다. 자연 친화의 정서가 반영된 작품이다.

　"낚시를 감아올리고 누각에 돌아온다", "술병을 싣고 물을 건넌

다"는 은둔자의 한가롭고 유유자적한 생활 태도를 연상케 한다. "흰 백로"와 "푸른 나귀"는 흰색과 푸른색의 조화를 꾀하면서 그 이면에는 자연의 변화 없는 아름다움과 순수성이 강조되어 있다.

   천년을 변화 없이 흐르는 물을 생각하니 상대적으로 자신의 짧은 인생이 한탄스럽게 느껴진 것이다.

영서지방(嶺西地方)

◎ 춘천권

　영동(관동)지방은 대관령을 중심으로 해안 일대에 대한 명칭이지만 강원도 전역을 지칭한다. 태백산맥을 중심으로 동해안지대의 강릉권을 영동지방이라 하고 춘천권을 중심으로 태백산맥 서부지역을 영서지방이라고 부르는 것이 제대로 된 명칭이라 할 수 있다.

시정을 자극하는 : 소양정(昭陽亭)

— 강원도 춘천시 봉의산 기슭 (강원도 문화재 재료 제1호)

　강원도 도청 소재지인 춘천시는 강원도 서쪽 중앙에 위치하고 있다. 그 서쪽에는 소양강과 북한강이 합류하며 물이 맑아서 호반 도시라고 한다. 도시 중앙에는 봉의산(302m)이 솟아 있다. 소나무를 중심으로 잡목이 울창하며 산세가 수려하여 춘천 시민의 사랑을 받고 있는 공원이다. 춘천 시민의 휴식처이며 산책로, 또는 춘천 시내를 한 눈으로 내려다 볼 수 있는 전망대 구실을 하고 있다.
　이 소양강 중턱에는 소양정이 있어 여기서 굽어보는 강줄기는 옛 시인의 시정을 자극하기에 충분하였다.
　소양강은 이 정자 앞 절벽에 부딪혀서 왼쪽으로 약간 방향을 바꾸면서 서쪽으로부터 흘러 내려오는 북한강과 합류하여 넓은 강폭을 만들었다. 소양강 건너에는 수리봉과 오봉산이 이어져 있고, 두 산 사이를 뚫고 올라가면 소양강 댐을 만나게 된다. 먼 곳에서 흘러 내리는 소양강의 유유한 흐름은 참으로 아름답지만 정자 앞의 나지막한 산의 초목 때문에 바로 정면은 시야가 막혀서 좌우로 볼 수

밖에 없다.

정자 입구에는 역대 지방관들의 공적비가 즐비하게 서 있고, 정자 근처에는 「절기계심순절분」(節妓桂心殉節墳)이란 돌 비석이 눈에 들어온다.

조선조 정조 때 춘천 땅에 전계심(全桂心)이란 미인이 살았는데, 어미는 관노(官奴)였다. 그러나 그 딸은 사대부 집안 딸처럼 몸과 마음이 단정하였다. 김처인(金處仁)이란 부사가 계심을 소실로 삼았으나 호사다마로 단란한 가정에 먹구름이 끼어 부사가 다른 고을로 전근하게 되면서 적당한 시기에 부르겠다는 약속을 남기고 떠났다. 부사의 말을 믿고 소식이 오기만 기다렸지만 계심의 어머니는 딸을 서울의 기방에 팔아 넘긴다.

비록 기생의 몸이지만 절개만은 굳게 지키겠다고 다짐한 계심은 결국 미친 자의 폭력에 꺾이고 말았으며, 결국 음독자살을 하고 말았다.

이와 같은 사실이 부사의 꿈에 나타났다. 부사는 한양으로 달려가서 계심의 집에 당도하니 꿈에서 본대로 처참하게 죽어 있었다. 시체를 수습하고 그녀의 고향인 춘천으로 운구하여 봉의산 기슭에 장사를 지내 주었다. 그 후 순찰사는 그녀의 집에 정문(旌門)을 세우고, 군수는 비석을 세워 후세의 귀감이 되게 하였다.

이 계심의 비석을 지나자 곧 소양정이 나타난다. 건물은 2층 누각의 형식으로 된 정자다. 전하는 말에 의하면 삼한시대에 창건하였다고 한다. 처음에는 이락루(二樂樓)라고 불렸으며 지금의 위치보다 아래쪽 강변에 있었다. 1605년(선조 38)에 홍수로 유실 된 것을 1610년(광해군 2) 부사 윤희담(尹希聃)이 재건, 1647년(인조 25) 부사 엄황

소양정

(嚴愧)이 준수, 그 옆에 선몽낭(仙夢堂)이란 부속 건물이 있었으나 1777년(정조 1) 홍수로 유실, 소양정만 남았던 것을 부사 이동형(李東馨)이 복원, 순조 때 부사 윤왕국(尹王國)이 소양정으로 개칭, 6·25동란 때 전소, 1966년 본래 위치에서 봉의산에 옮겨서 중층 누각으로 다시 세웠다.

구조는 정면 4칸, 측면 2칸, 방형 초석 위에 원주를 세웠으며, 좌우 양측에 계단을 설치하여 오르게 되어 있다. 아자(亞字) 모양의 난간에 이익공(二翼工) 집으로 단청, 겹처마에 팔작지붕이다. 내부에는 중수기 하나와 연명으로 된 시현판이 하나 걸려 있다. 오랜 역사에 비해 초라한 모습이었다.

제1차 답사는 2003년 추석날이었다. 마을 사람들이 2층 마룻바닥에 앉아 술을 마시고 있었다. 2차 답사는 2003년 11월 29일, 정자에 올라가는 길을 확장 내지 정지작업을 하고 있었으며 거의 완성 단계였다.

현재 정자에는 네 사람의 시가 하나의 현판에 걸려 있다. 그 전에 있던 판액은 모두 소실되었고 지금의 현판시는 재건 후의 작품이다. 문헌에서 오래된 시부터 찾아 감상하여 보고자 한다.

소양강정 판상시

이직(李稷)45)

소양강물은 홰나무에 낀 연기 같고,
소양정 나무는 구름 낀 하늘에 빽빽이 서있네
땅줄기는 멀리 장백산맥에 이어져 굳세고
산의 모습은 난간 앞에서 절하는 듯하네
옛 춘천의 한창 왕성한 때를 생각하니
길손들은 어수선하게 앞 다투어 찾아왔네
번화한 행사는 지난 일이 되고
영원히 강물만 도도히 흘러가네.

昭陽江水疑槐烟　昭陽亭木參雲天　地脈遙連長白雄　山容拱揖欄干前
憶昔春城全盛時　遊人雜還爭先鞭　繁華行樂成往事　萬古滔滔唯逝川
(李稷:昭陽江亭板上韻『亨齋集』1:12)

---

45) 이직(李稷:1362~1431) 조선조 초기의 재상. 호는 형재(亨齋). 이조년(李兆年)의 증손. 1377년에 문과에 급제. 1414년에 우의정, 1424년(세조 6)에 영의정이 되었다. 문집에 『형재시집』(亨齋詩集)이 있다.

나무를 소재로 소양강과 소양정의 분위기를 읊었다. 땅줄기는 장백산맥에 이어졌고, 정자 앞에 절하는 듯이 여러 산들이 둘러 있는 모습을 의인법을 활용하여 뛰어난 솜씨를 보였다. 길손들이 앞 다투어 모여 들던 옛 춘천의 전성시절과 함께 지난날의 번화한 행사는 저 강물과 함께 흘러갔다고 회고하였다. 변하지 않고 강물은 도도히 흘러가는데 옛날에 이곳에서 즐기던 길손들의 행방은 알 수 없으니 인생에 대한 허무감에 사로잡히고 말았다.

소양정시(3수중 제1수)

김시습(金時習)

새는 멀리 하늘 밖으로 날아가고
시름도 한도 멈추지 않네
산은 수없이 북으로 향해 돌았고
강물은 저절로 서쪽으로 흘러가네
기러기 내려 앉은 모래톱은 멀기만 한데
배 돌아간 옛 언덕엔 어둠만 깃들었네
어느 때 속세의 속박을 벗어 던지고
흥에 겨워 이곳에서 다시 놀리

鳥外天將盡　愁邊恨不休　山多從北轉　江自向西流
雁下沙汀遠　舟廻古岸幽　何時抛世網　乘興此重游
(金時習:題昭陽亭第一首・『梅月堂詩集』14:12)

시름과 한이 많은 화자는 하늘을 나는 새처럼 자유의 몸이 되고 싶으나 뜻대로 되지 않음을 한탄한다. 누대를 중심으로 수리봉과 오봉산의 배경 산까지 포함하여 북쪽으로 울타리 모양으로 둘려 있고, 소양강과 북한강은 서쪽에서 합류하여 흘러간다. 산수에 대한 경관의 수려함을 읊었다.

동적인 것과 정적인 분위기를 교차하면서 변화를 시도하였다. "멀다", "어둡다" 등의 용어에서 화자의 수심이 반영되었음을 알 수 있다. 속세의 번뇌를 털어버리고 이곳을 다시 찾아 흥겹게 놀고 싶다는 표현은 수려한 경치를 앞에 놓고 제대로 즐기지 못한 자신을 안타깝게 생각하면서 다시 찾아와서 제대로 즐기고 싶다는 욕망을 버리지 못한다. 일생동안 방랑생활을 해온 시인이 마음을 정착시킬 수 없었던 처지기 때문에 수심에서 자유로울 수 없었으며 따라서 시도 자연히 어두운 분위기에서 벗어나지 못하였다. 아름다운 풍광에 자신의 비극적 삶을 투영한 화자는 그래도 포기하지 않고 후일을 기약한다.

소양정

김상헌(金尙憲)46)

삼월에 소양강 누대에 오르니
누대 앞의 아름다운 경치 놀기에 알맞네

---

46) 김상헌(金尙憲 : 1570~1652)은 조선조 중기 학자. 호는 청음(淸陰). 1569년(선조 9)에 문과에 급제. 인조 때 대사헌・예조판서를 지냈고, 효종 때 좌의정에 이르렀다. 병자호란 때 척화파(斥和派)로 청나라 심양(瀋陽)에 잡혀 가서 3년 동안이나 갇혀 있었다. 김상헌이 끝까지 청나라 관리들에게 굴복하지 않은 절개와 충절에 감동되어 본국에 돌려보냈다. 문집으로『청음집』(淸陰集)이 있다.

땅은 둘러 있고 하늘은 높아 등왕각 같고
물은 맑고 모래는 희니 기주와 같네
살구꽃 떨어지고 복숭아꽃 시들어도
왕손은 돌아오지 않고 향기로운 풀은 수심을 자아내네
취하여 기둥에 기대 길게 읊조리니
서산으로 지는 해 우두벌을 비추네

三月昭陽江上樓 樓前形勝最堪遊 地廻天高擬滕閣
渚淸沙白似夔州 杏花已落桃花老 王孫未歸芳草愁
酒酣倚柱發長嘯 西山落日射牛頭 (金尙憲 : 昭陽亭)

"누대 앞의 아름다운 경치 놀기에 알맞다"는 앞의 매월당 김시습의 시정과 판이한 표현이다. 누대의 자연적 환경을 중국의 등왕각(滕王閣)에 비유하였다. 등왕각은 중국 당나라 고조의 아들인 원영(元嬰)이 등왕(滕王)으로 봉해졌고 홍주자사(洪州刺史)로 있을 때 지은 누각이다. 산과 강과 호수에 둘러싸인 승지다. 화자는 춘천을 이곳과 비견하였다. 『고문진보』(古文眞寶)에 실려 있는 왕발(王勃)의 「등왕각서」에 의하면 "승지는 늘 어디서나 볼 수 있는 곳이 아니다."(嗚呼勝地不常) 화자는 등왕각 주변의 승지를 찬양하였다. 기주(夔州)는 중국의 장강 기슭에 있는 도시며 두보(杜甫)가 50세 후반에 이곳에 3년 가까이 살면서 작품을 남겼다. 절벽 사이로 장강이 흰 파도를 일으키며 흘러가는 곳이다. 「기주의 노래 10절」과 근처에 있는 유명한 백제성(白帝城)에 올라 읊은 시가 유명하다. 이백(李白)은 「발백제성」(發白帝城)이란 시를 남겼다. 화자는 지금 자기가 서 있는 소양정이 이들 등왕각이나 기주의 자연 환경과 비견할 수 있다는 취지에서 중국의 승지를 끌어 들였다. 실지 답사가 아닌 문헌을 통한 간접 체험에서 나온 발상이라고 생각된다.

살구꽃과 봉숭아꽃을 소재로 한 표현은 시간적 추이(推移)와 함께 표현의 기교가 엿보이는 대목이다. "왕손이 돌아오지 않는다." 함은 앞에서 언급한 왕발의 「등왕각」이란 시에 "정각 속에 있던 왕자는 지금 어느 곳에 있는가. 난간 밖의 장강은 부질없이 흘러가네"(閣中帝子今何在 檻外長江空自流)를 의식하고 쓴 것이다. 미련(마지막 두 줄)은 흥겨워 시를 읊으면서 서산에 지는 해를 쳐다보고서 인생의 무상함을 자각한다.

> 가노라 삼각산아 다시 보자 한강수야
> 고국산천을 떠나고자 하랴마는
> 시절이 하수상하니 올동말동 하여라

이 글은 김상헌이 서울을 떠나 심양(청나라 서울)으로 갈 때 남긴 시조다. 청나라에 잡혀 가면서 서울을 떠나는 비장(悲壯)한 심정을 읊은 시조로 인구에 회자되고 있다. 문집에 "올동말동 하여라"라고 읊었으나 3년만에 본국으로 돌아왔다.

소양정

박영철(朴榮喆)

푸른 절벽, 밝은 모래, 비 개인 하늘

거울 속의 경물은 정자 앞에 둘러 있네
강은 인제의 협곡 따라 도도히 흘러오고
넓은 벌 우두에는 안개만 아득하네
고깃배의 저녁노래 바람 속에 들려오는 한 곡조의 피리소리
맥국의 수도에 지나간 세월 천년이네
관청 일에서 틈내어 이곳에 올라
술잔 잡고 난간에 기대니 뜻은 강물처럼 아득하네

翠壁明沙雨過天 鏡中雲物繞亭前 江從麟峽溶溶水
野闊牛頭漠漠烟 漁艇暮歌風一笛 貊都往劫月千年
簿書暇日登臨地 抱酒倚欄意渺然 (朴榮喆 : 昭陽亭)

  하늘과 지상을 통하여 정자주변의 아름다운 정경을 묘사하였다. 인제(麟蹄) 협곡을 지나 흘러내리는 소양강, 그 하구의 우두벌 안개, 바람결에 들려오는 피리소리 등으로 정자 주변의 수려한 분위기를 더욱 정감 있게 읊었다. "맥국의 수도"는 고조선 때 춘천을 중심으로 강원도 지방에 있었던 나라의 수도이며, 지금도 춘천에는 그 유적이 남아 있다. "지나간 세월은 천년"이라는 용어는 맥국의 역사를 말한다.
  일에 쫓긴 바쁜 틈을 이용하여 정자에 올라 한잔 술을 마시며 벅찬 감격을 강물에 실어 보내는 풍류를 맛보고 있다.

두 강이 만나는 곳 : 합강정(合江亭)

— 인제군 인제읍 합강리

　서울에서 출발하여 팔당에서 양평을 지나 홍천에서 11시경에 휴식, 다시 떠난 지 20분 정도 지나니 아름다운 경관이 전개되기 시작한다. 소양로를 끼고 돌면서 가는 도중에 때마침 9월도 중순이 되니 코스모스가 길 양쪽에서 길손을 반갑게 맞이한다. 가다가 길가 100평 정도의 평지에는 코스모스 밭이라고 표현할 정도로 지천으로 피어 있다. 바람에 한들거리는 모습은 마치 수줍은 처녀의 몸짓처럼 청순한데 매료된다. 한번 보고 스치기에는 너무 아쉽다. 한참 서서 감상하면서 다시 길을 재촉하였다.
　고개 마루를 넘으니 인제읍이 한눈에 들어온다. 군 외 중앙에 위치한 이곳은 험준한 산에 둘러싸여 있고, 소양강 연안에 약간의 평지가 주민들의 생활 터전으로 되어 있다. 주요 산업은 농업과 임업이며 토종꿀·약초·버섯 등의 특산물이 있다.
　합강정은 서화천(瑞和川)과 한계천(寒溪川)이 원통에서 합류한다 하여 붙인 이름이다. 우수기에는 내린천(內麟川) 물이 합강 지점에

합강정

와서 그 수류 방향을 원통쪽으로 100m 쯤 흘러와서 합강 지점으로 역류하는 일이 일어난다고 한다. 매우 특이한 현상이다. 물고기가 서식하여 낚시꾼들이 찾아오기도 한다.

이 정자는 1676년에 금부도사를 역임한 바 있는 현감 이세억(李世億)이 재임시에 전망이 좋은 합강리에 세웠다. 당시는 지금보다 아래에 위치한 국도변이었다. 그 뒤 여러 차례 화재로 타버린 것을 1971년 10월에 군수 주우영(朱雨英)이 중수하고 주변을 정화하였다.

강원도 중앙지로 조선시대에는 국가적인 제례가 거행되며, 강원도 26 지역의 지사와 군수 등이 모두 모여 왕실과 국가의 안녕을 비는 제사가 있었다. 지금도 전통을 이어 합강제가 열리고 있으며 그때마다 민속놀이·체육행사·문화제전 등 주민이 모두 참여하는 한바탕 축제가 열린다고 한다.

2002년 9월 16일에 방문하였을 때에는 정자는 이전 복원이 거의 끝날 무렵이어서 마지막 정지작업이 진행 중이었다. 2층 누각 형식에 팔작지붕, 단청을 입힌 우아한 건축물이 되었다. 정자의 현판은 확대하여 제작중이라 하니 지금은 이름 없는 정자에 불과하다.

정자에서 좌측으로 30m 정도의 거리에 시인 박인환

시인 박인환(朴寅煥)의 시비

(朴寅煥)의 시비가 하얀 돌에 현대식 조형으로 서 있고, 뒷면에는 그의 대표작인 「세월이 가면」이 음각되어 있다. 1950년대 모더니즘 시인이었던 그의 생가는 전쟁 때 흔적도 없어졌다. 그의 시비도 도로 확장으로 철거되었다가 지금 다시 합강정과 함께 복원하였다.

합강정의 넘친 물을 본다

이체(李締)47)

두 강이 만나는 이 망루에서
5월에 파도를 보니 어찌 그리 장한가
기쁜 일은 붉은 정자가 높이 솟은 일이며
도리어 설악산이 문득 떠오를 것이 걱정이네
천 구루 거꾸로 비친 것은 어느 산의 나무인가
온갖 방향에서 요란한 물소리는 땅에서 나는 천둥같네
늙은이 눈으로 말하기 어려운 물이지만
일찍부터 푸른 바다의 한잔 맑은 술로 보네

一江交處此高臺 五月觀濤何壯哉 且喜紅亭猶聳出
還愁雪岳忽浮來 千章顚倒何山木 百道砰訇出地雷
老子眼中難語水 曾看滄海一泓盃 (李締 : 合江亭觀張. 『陶菴先生集』 2:6)

　　화자는 지금 합강정에 올라 넘쳐흐르는 강물을 보고 있다. 그러면서 정자가 높이 솟아 설악산이 떠오를까 걱정한다. 이것은 합강정이 위치가 높다는 뜻이 된다. 강물에 거꾸로 비친 나무를 보고 "어느 산의 나무인가"라고 반문한 것은 기이한 현상에 감탄한 심정을 토로한 것이다. 그리고 요란한 물소리를 땅에서 나는 천둥소리로 비유한

---

47) 이체(李締1680~1746) 호는 도암(陶菴)이며, 1707년에 문과에 급제하였다. 1708년에 관서·암행어사. 1709년 함북병마평사. 1723년에 설악산 유람. 여기 이 시는 이 때 지은 것으로 추측된다. 『도암선생집』(陶菴先生集)이 있다.

다. 그만큼 물소리가 요란했음을 알 수 있다. 노인이 물에 대하여 말하기 어렵다고 하면서 푸른 바다를 한 잔의 맑은 술로 보았다. 겸손한 체하면서 노인의 오기를 피력하였다.

합강정 판상운에 차운하여

이채(李采)48)

포대암 근처 길에
강을 내려다 보는 오래된 정자가 있네
단풍나무 그늘을 지나니 비는 적어지고
바람이 불어 소나무 흔들리는 소리 차게 들리네
급하게 흐르는 골짜기 물은 어찌 그리 바쁜가
많은 산봉우리는 기세가 멈추지 않네
노닐며 지난 자취 생각하면서
날 저물어 빈 물가로 내려오네

布帒菴邊路 臨江有古亭 楓陰經雨薄 松籟引風泠 急峽流河駛 群巒勢不停 徘徊懷往蹟 落日下空汀 (李采 : 合江亭次板上韻 : 『華泉集 乾』 1)

정자의 위치에서 시작하여 비와 바람 등 자연물을 통하여 분위기를 아주 주의 깊고 세밀하고 그리고 실감나게 표현하였다.

---

48) 이채(李采:1745~1820) 조선조 문관이며, 호는 화천(華泉)이다. 앞에서 언급한 이체(李締)의 손자다. 1774년 사마에 합격, 순조 때 호조참판을 거쳐 동지중후부사를 지냈다. 저서에 『화천집』(華泉集) 16권이 있다.

후반부에 들면서 분위기는 급박하게 돌아간다. 급하게 흘러가는 물에 대한 어조는 세월이 빨리 지나가는 것을 연상하게 한다. 높이 솟은 산봉우리에도 예민하게 반응한다. 결국 화자는 이 정자의 주위에 있는 마의태자의 옛 자취를 회상하고 저녁에 빈 물가로 내려간다. 인생의 무상에 대한 아픈 감정에 사로잡히면서 외롭고 쓸쓸함을 느낀 것이다.

합강정 판상시에 차운하여

이덕수(李德壽)49)

물이 갈라져 흐르는 곳을 찾으니 모두 명산이고
돌아서 흘러 바다로 가니 기운차네
기이한 곳 지나니 우연히 땅이 있고
간직한 기세는 하늘로 응비하고자 하네
해가 지니 길손은 누각에 기대고
찬바람 맞으며 말은 다리를 건너네
차마 떨어질 수 없어 머리를 돌려 바라보니
붉은 누각은 산초나무 숲에 가려서 보이지 않네

尋派皆名嶽 匯流注海驕 送奇偶有地 占勢欲凌霄 落日人憑閣 寒風馬度橋 依依回首望 丹腹隱林椒 (李德壽 : 合江亭・『西堂私載』 2:3)

---

49) 이덕수(李德壽 : 1673~1744) 조선조 영조 때 문신. 호는 서당(西堂)이며, 1714년에 문과에 급제, 이조판서와 대제학을 겸했다. 1723년에 간성군수, 다음 해에 설악산을 유람하였으니 이때 합간정에 오른 것 같다.

화자는 먼저 정자 주변의 산수의 아름다움과 힘찬 분위기에 관심을 보인다. 강은 세차게 흐르고 산은 하늘에 날으는 듯한 기이함에 긴장한다. 깊은 산속이라는 인상을 실감하게 한다.
 후반에 들면서 날이 저무니 길손은 정자에 의지하여 시상에 잠기고, 말이 다리를 건너는 모습을 회화처럼 그렸다. 떠나기 아쉬워서 뒤돌아보니 정자는 산초나무 숲에 가리어 보이지 않는다. 아쉬운 감정이 절실하게 나타나 있다. 산이 높으면 골짜기의 물은 세차게 흐른다는 실례를 보여준 작품이다. 정자를 뒤로 하면서 미련에 사로잡히는 것은 화자의 몫이다.

비련의 전설을 담은 : 청심대(淸心臺)

— 강원도 평창군 진부면 마평리

　평창에서 청심대를 찾은 것은 겨울로 들어가는 2003년 11월 23일이었다. 대화를 지나 신리에서 6번 지방도로를 타고 산속으로 계속 진입한다. 좁은 2차선 도로였으나 길은 잘 다듬어지고 자동차 통행도 드물어서 빠르게 달릴 수 있었다. 하나의 고개를 넘으면 또 다른 고개가 기다리고 있다. 몇 번을 되풀이하여 올라가니 나지막한 언덕 정점지대 우측에 정자가 보였다.
　정자의 위치는 진부면 박지산(博智山)과 모로치(毛老峙), 그리고 문필봉(文筆峰) 사이를 감돌아 흐르는 오대강(五臺江) 가의 절벽 위에 있다. 오대산에서 발원한 남한강의 최상류인 오대강은 정자 밑에서 깊은 못을 만들고 다시 흘러간다.
　정자에 오르는 우측에 청심대라는 돌에 새긴 안내표지판을 보면서 바위를 파서 만든 계단 길을 오르니 유난히 큰 청심대(淸心臺)라는 나무 현판이 보였다. 정자 주변의 소나무들은 바위에 뿌리를

청심대

내린 관계로 영양실조 탓인지 제대로 자라지 못하고 굽어 있다. 겨울이 되어 잡초와 함께 앙상한 모습이었다. 정면·측면 모두 2칸 팔작 기와지붕이다.

이 청심대에는 애절한 전설이 전해 내려오고 있다. 「열녀청심추모비」(烈女淸心追慕碑)에 의하면 조선조 태종 때(1418년) 강릉대도호부사(江陵大都護府使) 양수(梁需)의 총애를 받고 있던 관기(官妓) 청심(淸心)이 부사 임기 만료로 가릉을 떠나게 되어 청심이 따라가기를 간청하여 이곳까지는 왔으나 끝내 동행이 거절되자 청심은 수백 척 절벽에서 투신 순절하였으며 그 흔적이 지금도 강변 암벽에 남아 있다고 한다.

부사는 청심의 정절을 기리고자 이 바위를 청심대라 하고 쌍립기암(雙立奇岩)을 예기암(禮妓岩)으로 명명하였다.

그러나 다른 문헌에는 부사 양수가 아니고 박씨 대감으로 되어 있고, 시기도 조선조 1866년(고종 3)으로 되어 있다. 인물과 시대가 다르다. 『평창군지』와 『평창향교지』(平昌鄕校誌) 그리고 안내문에도 전자로 되어 있으니 이것을 기준으로 하는 것이 옳을 것이다.

정자는 1927년에 남상철(南相哲)이 지방유지 107명의 뜻을 모아 순절한 청심의 고혼을 위로하기 위하여 성금을 모금하여 신축하였다. 그 때까지는 정자가 없는 빈대로 남아 있었다. 1950년에 지방유지 몇 사람이 다른 유지들과 합심하여 중건하였다.

정자의 구조는 6개 기둥에 계단과 난간이 설치되었고 이중 처마에 단청

을 입혔으며 대들보마다 전통문양의 단청을 하였고 누각의 천정에는 학의 그림이 각 두 폭씩 그려져 있어서 주변의 경치와 조화를 이루고 있다. (『평창향교지』 p.575)

정자 아래에는 청심을 모신 사당을 1982년에 세웠다. 팔작 기와지붕에 아담한 단청 건물이다. 문이 잠겨 있어 문틈으로 안을 들여다보니 중앙에 청심의 초상이 걸려있고 그 아래에 검은 헝겊으로 씌운 위패가 있었다. 사당 왼 쪽에는 「열녀청심추모비」가 있고, 그 아래에 5개의 지방 유지들의 공적비가 나란히 서있다.

청심대

배삼익(裴三益)50)

두 시내 만나니 티끌 없이 깨끗하고
겹겹이 쌓인 가을 산은 온통 자주와 비취색이네
그 속에 거친 대가 있어 그 이름 아름답고
해 질 무렵 올라가 바라보며 잠시 거닐어 보네

雙溪流合淨無埃 萬疊秋山紫翠堆 中有荒臺名已好
夕陽登眺暫徘徊 (裴三益:淸心臺·『臨淵齋先生文集』2:19)

   먼저 청심대 주변의 산수를 통하여 환경을 묘사하였다. 청심대 밑을 흐르는 맑은 물과 겹겹이 쌓인 산의 아름다운 색채에 감동한다. 시 후반에서는 바위가 앙상하게 보이는 대는 거칠다하고 그러나 '청심'이란 그 이름이 아름답다고 보았다. 날이 저물 무렵에 대에 올라 먼 곳을 전망한다. 시야에 들어오는 것은 오대천과 자동차도로가 병행하면서 청심대를 향하여 흘러들어 오는 모습을 모으고 감동적인 풍경임을 자각한다. 오대천은 청심대 바로 밑에서 한번 꺾어 다시 유유히 흘러간다. 작품 전체가 시종일관 조용한 분위기를 연출한다.

---

50) 배삼익(裴三益:1534~1588) 호는 임연(臨淵). 퇴계 제사. 황해도 관찰사와 사간원을 지냈다. 『임연재선생문집』(臨淵齋先生文集)이 있다. 생존 연대로 보아 청심대에는 그때까지 정자가 없었다.

청심대

김세필(金世弼)51)

강가에 우뚝 솟은 바위로 된 데에서
그윽한 골짜기를 굽어보니 떨어질 듯 두려워라
백척간두의 위험한 곳 누구나 활보할지라도
높고 위험한 담 아래 천천히 거닐지 말라

江千矗川石爲臺　俯視幽谿口若頹　百尺竿頭誰放步　岩墻之下莫遲廻
(金世弼 : 淸心臺)

  청심대의 떨어질 듯 높은 기상에 감동보다 경계하는 이조다. 백척간누 위험한 곳에서 활보할지라도 천천히 걷지 말라고 경고하고 있다. 이 표현은 모순된 어조 같지만 조심하라는 심정을 표현한 것이다. 화자는 일관되게 청심대의 높고 위험한 것에 대해서만 언급하고 있다. 청심대의 형태적인 특징을 부각시킨 시이다.

청심대

이헌도(李憲燾)

내려다보면 강물이요, 뒤에는 명산이라

---

51) 김세필(金世弼) 성종과 중종 때 문신. 성종 때 기예를 뽐냈으나 연산군 말기에 유배. 중종 때 다시 재상의 반열에 오름. 기묘사화 때 고향에 쫓겨나 생을 마쳤다. (『澤堂先生文集』 권 9:16 序文)

옛날과 지금의 풍류는 모두 이와 관여하였네
수풀의 꽃들은 쓸쓸하게 맑은 물결 위에 떠 있고
석벽의 희미한 낙조가 그 사이에 비치네
멀리 아름다운 빛은 푸른 산마루에 머물고
긴 세월 남은 행적은 흰 구름 아래 한가롭네
누대에 세운 두서너 건물에 전해 오는 사연은
아름다운 기생이 몸을 던져 죽은 일이라네

俯臨江水背名山 今古風流摠是關 林花寂寞淸波上
石壁依俙落照間 萬里勝光靑嶂立 千秋遺蹟白雲閑
臺成數棟傳來事 佳妓投身不復還 (李憲燾 : 淸心臺)

  저 멀리 하진부에서 흘러 내려오는 오대강이 청심대 밑에서 꺾어 돌아서 평창 쪽으로 흘러간다. 이 자연이 연출하는 풍류는 예나 지금이나 변화가 없다.
  꽃들은 쓸쓸하게 강물에 떠내려가고 날이 저물어서 새벽이 희미하게 교체할 무렵 어쩐지 쓸쓸한 감회에 사로잡힌다. 비극의 공간이니 어쩔 수 없는 심정일 것이다.
  저녁 해는 산마루에 걸려 있고 슬픈 사연을 간직한 유적들은 흰 구름 아래 말이 없다. 누대에 서 있는 두 서너 건물에 전해오는 사연은 꽃다운 나이에 몸을 던진 정절의 여인 청심에 대한 애달픈 사연이다.
  봄은 해마다 찾아와도 한번 떠난 임은 다시 돌아오지 않으니 나그네의 마음은 서글프기만 하다.

청심대

연호기 (延浩基)

오대천물이 흐르는 그 물가 산에서
홀로 수절한 청심이 죽은 곳이 어디인가
소나무에서 학이 잠이 드니 부처의 경계가 아닌가
길손에게 홀연히 인간 세계로 나가기를 권하네
십리나 되는 맑은 강물에서 돌아오는 길은 쓸쓸하고
천년의 궁벽한 땅에는 아직도 한가한 정은 남아 있네
꽃 숲에 해 저무는데 평범한 새 한 마리가
봄빛에 호소함은 떠난 임이 돌아오지 않은 일이라네

五臺流水水邊山 獨守淸心何所關 松鶴垂眠疑佛界
客獎忽出是人間 十里江淸歸路寂 千年地僻遺情閑
花林斜日尋常鳥 訴春光去不還 (延浩基 : 淸心臺)

  이 시는 앞의 시의 차운이다. 청심대에서 어떤 기념행사 뒤의 시회가 있는 것 같다.

  청심대 위에서 하진부 방향으로 시선을 보이면 그리 넓지도 않으면서 가장 길게 보이는 오대천과 차도가 평행선을 이루면서 곧바로 이 청심대 앞에 와서 한 굽이를 꺾어 가면서 깊은 못을 만든다. 화자는 지금 대에 올라서 순절 투신한 청심을 생각한다. 주위를 살펴보니 푸른 소나무에서 학이 졸고 있다. 여기가 한가하고 평화스러운 부처의 세계가 아닌지 하는 생각이 든다. 그렇다면 여기를 찾는 길손은 빨리 속세로 돌아가기를 권장한다. 길손은 화자 자신이다.

오대천은 청심대를 지나 다시 천리 길의 여행을 떠난다.

천년의 궁벽한 땅 청심대에는 젊어서 수절 순사한 아름다운 청심에 대한 꺼지지 않은 정이 지금도 그대로 남아 있다. 꽃 숲에는 이미 날이 저물었는데 보통 새(아마 청심을 잊지 못하는 새)들이 봄 경치를 향해 호소한다. 한번 떠난 임이 다시 돌아오지 않기 때문일 것이다.

>가시리 가시리잇고 버리고 가시리잇고
>날러는 엇디 살라하고 버리고 가시리잇고
>잡사와 두어리마는 선하면 아니올세라
>설온님 보내옵나니 가시는 듯 도서 오쇼서

이 노래는 작가 연대 미상인 고려가요 「가시리」이다. 화자는 여성이며 버리고 가는 임을 원망한다. 붙잡아 두고 싶은 마음이 간절하나 임이 토라질 것이 두려워 놓아 보낸다. 그리고 돌아오기를 기원한다. 이별의 한에 대하여는 청심이 양수 부사를 보내는 심정과 다를 바 없다. 그러나 이러한 비극에 대처하는 방법은 다르다. 다시 돌아올 것이라고 굳게 믿고 인내하는 애인과 그리고 믿을 수 없어서 절망에 빠진 나머지 스스로 목숨을 끊어버리는 두 가지 유형이 있다. 우리 나라의 시가에서는 여성 화자가 대부분 인고하면서 재회에 대한 희망을 잃지 않는다. 「가시리」가 그렇고, 김소월의 「진달래」가 그렇다. 한용운의 「님의 침묵」에서도 "떠날 때에 다시 만날 것을 믿습니다." 이렇게 재회에 대하여 굳은 신념을 가지고 있다. 그러나 조선조의 여성에 대한 절개가 찬미되면서 앞에서 언급한 춘천의 기생 계심이나 이곳 청심은 불경이부(不更二夫)의 전통적 수절 정신을 그대로 계승하였다.

평창강을 굽어보는 : 아양정(娥洋亭)

— 강원도 평창읍 응암리

　겨울이 깊어가는 무렵 정자의 소재를 몰라서 평창군청을 찾았다. 마침 휴일이라시 당직 직원 누 사람 밖에 없었다. 컴퓨터를 통하여 정자가 있는 방향만 알고 막연하게 떠났다. 나지막한 산 정상에 올랐으나 안내판이 없어서 짐작으로 찾아 산속을 헤매다가 정자의 지붕을 발견하고 길도 없는 산속을 헤매며 겨우 찾았다. 안내판은 물론이고 진입로마저 개설하지 않아서 무척 힘들었다.
　중건한 지 오년 밖에 안 되어 단정하고 깨끗한 모습을 하고 있었다. 정면 3칸, 측면 2칸 단층 팔작기와지붕이었다. 정자 안에는 「중건기」만 있고, 제영시는 한 편도 없었다. 평창강이 유유히 흐르면서 정자 앞에서 적벽 바위에 부딪히고 기억자로 꺾이면서 깊은 여울을 만들고 다시 흘러간다. 전망은 비교적 넓은 평야에 먼 곳에는 험준한 산이 병풍처럼 둘러 있다.
　정자 옆에 「창건의 유래」라는 안내문은 오석에 흰 글씨로 새겨져 매우 선명하게 보였다. 이 정자는 1580년에 지대명(智大明)을 비롯하여 5명의 유지들이 합심 하에 창건하였으며 당쟁을 피하여 선비들은 이곳을 피난처로 삼고 시주(詩酒)를 즐기던 곳이다. 임진왜란 때는 의병 모집을 위한 연락처가 되었으며 6·25전쟁 때 이 정자는 병화로 소실되었다.

선조들의 호국정신과 문화 창달의 큰 뜻이 깃든 정자가 소실된 것을 애석하게 여겨서 지동인(智東仁)을 비롯하여 15명의 지방 유지들이 뜻을 모아 1963년 8월에 복원하고 '아양정유지회'를 구성하고 유지해 오던 중 회장인 전병인(全炳寅)의 노력에 의하여 1998년 4월 9일 평창군수 김용욱(金容郁)의 도움으로 보수 복원하여 원형을 되찾았다.

이 아양정 앞에 30m 가량의 붉은 절벽은 중국의 적벽(赤壁)과 같다고 하여 절벽 아래 흐르고 있는 평창강을 적벽강이라고 부른다. 아양정의 이름은 중국 적벽강 기슭에 있는 정자 이름을 그대로 딴 것이다. 이 아양정은 지방 주민들은 자암정(紫岩亭)으로 부르고 있다.

「자암정기」(紫岩亭記)에 의하면 "평창읍 아래 마지(馬池)마을에 하나의 고지가 있는데 이병호(李炳晧)씨가 숨어 살면서 어릴 적부터 시부에 능하였고 숲속에서 놀면서 여러 사람을 교육하고 있던 차 마을 사람들이 수양 휴식처의 건립을 청하여 지금 낙성하니 … 자암정 앞에는 자줏빛 높은 봉우리가 있고 뒤에는 응암이란 신령 지대가 있어 겸하여 정자 아래 기암은 자주 빛으로 둘려 있으니 참으로 별천지라…"라고 자암정 설립 취지와 주위 환경의 명미함을 격찬하였다.

아얄정

건물 구조는 정면 3칸, 측면 2칸의 팔작지붕에 청색기와를 얹어 놓았다. 건물이 아담하게 보이는 것은 좌우 지붕 끝이 높게 올라간 것이 아니고 상하가 별로 차이 없이 끝나서 안정감을 더해 준다.

자암정

유남수(劉南壽)

일찍이 자암정이 제일 아름답다는 말을 들었으니
누가 나와 함께 새로운 정서를 펴 보지 않겠는가
꾀꼬리는 노란 옷을 두르고 버드나무 속에서 노래하고
두견새는 오녀봉 산성에서 멋대로 지저귀네
마지(馬池)못은 물이 차서 고기들이 뛰놀고
적벽에는 봄이 와서 새들이 울고 있네

고상한 놀이는 맑은 밤까지 이어지고
달은 하늘에 등불을 켰으니 온 세상이 밝다

曾聞紫岩第一名 有誰與我敍新情 鶯帶金衣歌柳幕
鵑啼玉女亂山城 馬池水滿令魚躍 赤壁春來以鳥鳴
淸遊更續淸宵上 月作天燈萬國明 (劉南壽 : 紫岩亭)

    이 시의 작가는 「자암정기」를 쓴 금파(錦波) 유남수(劉南壽)이며 당시 '평창노인회' 총무를 맡고 있었다. 이 시는 「자암정기」 말미에 실려 있었다. 이날 마을에서는 큰 잔치가 있었고 그 행사로 시회(詩會)가 있었던 것 같다. 이 시를 원운(原韻)으로 17명의 차운시가 기록으로 남아 있고, 63명의 찬조금 명부도 함께 있었다.

    아름다운 자암정에서 함께 시 짓기를 권유한다. 노란 꾀꼬리의 아름다운 울음소리가 버드나무 숲에서 들려오고, 두견새가 옥녀봉산성에서 멋대로 지저귀는 낙원 같은 환경 속에서 흘러나오는 자연이 연출하는 정서를 마음껏 펼쳐 보고 싶은 심정에 사로잡힌다.

    산에서 땅에서 그리고 못에서 정자 바로 밑에 있는 절벽에서도 봄이 와서 온갖 새들이 노래하는 극락 지대에서 사는 기쁨을 가늠 길이 없다.

    이러한 분위기에서 전개되는 고상한 놀이는 밤까지 이어지고 달은 하늘에서 등불 구실을 하니 온 세상이 광명천지가 되어 시회는 깊은 밤까지 이어졌다.

자암정

정창길(鄭昌吉)

옛적에 어느 군자가 정자 이름을 지었던가
눈에 가득한 풍경은 옛정을 느끼게 하네
뭇나무들이 울창함이 그림 그린 것 같고
기암은 여기저기 성곽처럼 둘려 쌓였네
한가하게 찾아와서 뜰가의 꽃 빛을 보기도 하고
때로는 소나무에 기대어 학 울음소리 듣기도 하네
지난 날 사리에 밝은 사람들의 작품이 남아 있으니
이로부터 착한 말씀이 대대로 오래오래 빛날 것일세

誰誰君子起亭名 滿目風烟感古情 衆木鬱蒼圖似畵 奇岩參差繞如城
閑來庭畔看花色 或倚松邊聽鶴鳴 別區賢達留眞蹟 從此德音世世明
(鄭昌吉 : 紫岩亭)

정자의 현판은 아양정으로 되어 있으나 자암정(紫岩亭)이란 이름이 마을 사람들 사이에 많이 불리고 있다. 그 이유는 정자 밑 바위가 자줏빛을 띠고 있고, 정자 있는 곳의 땅이름이 봉암동이기 때문에 이 이름이 생겼다고 한다. 그러니까 옛적에 지은 정자 이름은 자암정이다. 이 시는 자암정이란 제목으로 정자의 풍경과 울창한 환경이 그림처럼 아름다움을 읊었다. 그리고 정자 밑은 지금도 적벽 기암으로 둘러싸여 있다.

이런 환경을 찾아 지상의 아름다운 꽃과 하늘의 학의 울음소리를 듣는 한가한 마음을 가져 본다. 한편, 정자 경내에 들어오면 옛 선비들의 남겨 놓은 현명한 작품들이 지금도 변함없이 전해 내려와서 그 착한 말씀이 오히려 새롭게 느껴지며 이곳을 찾는 뒷사람들에게 많은 기쁨을 줄 것이라고 내다보았다.

자암정

김대남(金大男)

자암정이 기묘하여 그 이름이 이미 널리 알려지니
풍경이 사람을 놀라게 하고 세속에서 빼어낳네
중은 궁할 때면 절이 아닌가 의심하고
임금이 보면 성곽이 없음을 원망할 것이네
사리에 밝은 선비들 놀기 위해 술을 들고 와서
높은 다락에서 즐겁게 시 읊으며 즐기는 소리 들리네
오늘은 술단지 앞에 놓고 많이 흥겨워 하니
문채의 찬란함을 견주던 본보기가 앞으로도 오래 기억되리

紫岩奇妙亦盛名　風物驚人擢世情　僧子窮時疑有寺　君王見處恨無城
達士優遊携酒至　高樓行樂以詩鳴　此日樽前多少興　彬彬等法記幽明
(金大男:紫岩亭)

이 시는 앞의 시에 차운한 작품이다. 이 정자를 중심으로 어떤 기념일의 행사의 하나로 시회를 열고 일제히 시작 경시대회를 열었던 모양이다. 그러나 우열에 대한 평가는 보이지 않는다.

자암정이란 그 이름이 세상에 알려졌고, 속세에서 빼어났으며, 주

변 풍경이 또한 사람을 놀라게 할 정도로 수려하다고 격찬하였다.

건물과 환경이 이러하니 중이 보면 사찰인 줄 착각하고, 임금이 보면 성곽이 없는 궁궐인 줄 알고 아쉬워할 정도로 정자가 모든 사람이 욕심을 낼 정도로 수려하다고 생각하였다.

사리에 밝은 선비들은 술을 들고 가서 즐겁게 놀고, 높은 다락에서 시 읊으며 즐겁게 노는 소리 들리고, 오늘이야 술 단지 앞에 놓고, 많이 흥겨워 하니 문채가 찬란함을 견주던 본보기가 지금도 이어지니 후세에까지 오래오래 기억되기를 기대하였다.

정자를 중심으로 벗들과 함께 풍류와 시주로 환락하는 모습을 실감나게 읊었다.

반석 위의 : 구미정(九美亭)

― 강원도 정선군 임계면 봉산리

정선군은 태백산맥 중앙에 위치하며 사방이 모두 산으로 싸여 있다. 한강의 지류인 조양천의 두 기슭을 따라 좁고 긴 평야가 있을 뿐이다. 산은 높고 골짜기는 깊어서 여러 물줄기가 어울려 남한강이 되어 북동쪽에서 남서 방향으로 흘러 영월 쪽으로 간다.

정선읍에서 42번 국도를 타고 약 20km 정도 북진하면 여량리에 도착한다. 북쪽 구절리에서 흘러내리는 송천과 동남쪽에서 흘러온 임계의 골지천이 이 곳 여랑에서 아우러진다 하여 아우라지라는 이름이 생겼다고 한다. 이곳은 산이 높고 물이 맑아 소풍객들이 많이 찾아오는 나루터이다. 남한강 물길 따라 목재를 서울로 운반하던 뗏목 터로 각지에서 모여 든 뱃사공들이 살던 곳이다.

여기에는 아우라지 노래비와 아우라지 처녀상이 있다.

처녀상은 긴 머리, 짧은 저고리, 긴 치마를 입고 있으며 높은 대 위에서 멀리 임이 돌아오기를 기다리는 애타는 마음을 간직한 자태를 간직한 모습이다. 근처에는 아우라지 노래비가 있다.

아우라지 뱃사공아 내 좀 건네주세
싸리골 올동박이 다 떨어진다

떨어진 동박은 낙엽이나 쌓이지
잠시 잠깐 임 그리워 나는 못 살겠네
아리랑 아리랑 아라리오 아리랑 고개를 날 넘겨주세

뗏목과 행상을 위하여 각지로 떠난 님을 애타게 기다리는 애절한 사연을 적은 노래다. 「정선아리랑」의 가사와 비교하면 첫 연만 빠졌을 뿐 가사는 동일하다. 「정선아리랑」의 발상지가 이곳이기 때문에 이러한 현상이 일어났으며 거기에 입으로 전해 내려온 민요로 도중에 변질되면서 오늘에 이르렀다고 추측할 수 있다. 「정선아리랑 노래비」는 지금 정선읍 봉양 7리에 있는 비봉산에 자리 잡고 있다. 아우라지 나루터에는 지금도 옛날의 정취를 살리게 하는 관광객을 건너 주는 나룻배가 떠 있다.

아우라지를 지나 동해 쪽으로 난 길을 따라 전진하면 임계면 사무소에서 3km 떨어진 골지천변에 도달하면 개울을 내려다 볼 수 있는 위치에 있는 암석 위에 서 있는 구미정이 있다. 정자 옆에는 「구미정사의 유래」라는 안내문이 있다.

이 정자는 조선조 숙종 때 공조참의를 지낸 뒤 이조판서로 추증(追贈)된 고수당(孤守堂) 이자(李慈 : 1652~1737)가 인재 양성을 위하여 이곳에 정자를 짓고 시회(詩會)와 강론을 하면서 일생동안 풍류를 즐겼던 곳이다. 1689년 기사환국(己巳換局) 때 벼슬을 버리고 봉

구미정

산리 본가에서 4km 떨어진 이곳에 정자를 짓고 후학을 양성하였다. 그리고 이곳에는 아홉까지 아름다운 경치가 있다 하여 구미정이라 불렀고 「구미18경」이란 시작이 남아 있다. 지금 정자 옆에 오석에 하얀 글씨로 음각된 18경의 명칭만을 음각한 안내판이 서 있다.

정자의 규모는 12평 정도의 두 칸의 온돌방과 툇마루에 부엌을 갖춘 전형적 사대부의 정자이다. 정면 4칸, 측면 1칸의 팔작기와집이며 기둥은 전부 붉은 색으로 단장하였다. 6월 초여름에 방문객들이 마루에 앉아 음주와 화투놀이를 하면서 즐기고 있다.

정자 앞에는 깎아 놓은 듯한 높은 바위가 위엄 있게 서있고 그 아래는 개천이 흐른다. 가뭄으로 강변의 반석이 하얗게 드러나 보였으며 마치 용이 꿈틀거리는 듯 반석이 파여 있었다. 좌우에는 호박꽃·담배꽃·노란 코스모스·넝쿨장미들이 바야흐로 꽃 잔치를 열고 있는 듯 아름답다.

구미정에 대한 제영(題詠)은 정자에 걸려 있는 것이 없었고, 문헌 조사에서도 찾지 못하였다. 할 수 없이 정선군 문화관광과에 연락하였더니 정자 관리인의 전화번호를 가리켜 주었다.

구미정 9경

정자를 창건한 사람의 후손이라고 하면서 오래 전에 서적을 몽땅 도난당하여 지금은 하나도 없다고 하면서 생전에 부친께서 자랑삼아 문헌이 있다는 것을 공개했기 때문에 도난당하였다고 하였다.

이 말에서 자기는 문헌을 가지고 있어도 공개하지 않겠다는 뜻으로 생각되어 의심을 가지게 되었다.

그러지 말고 시작품 몇 편만 복사하여 팩스(fax)로 보내주십시오 하고 다시 부탁드렸더니 없는 것을 어떻게 그렇게 하느냐 하면서 결국은 부탁을 들어주지 않았다. 이런 일로 구미정의 제영은 결국 없는 것으로 되고 말았다.

단종이 자규시를 읊던 : 자규루(子規樓)

— 강원도 영월읍 영흥리 (강원도 지정 유형문화재 제26호)

　영월지방의 답사는 단종과 김삿갓의 유적 · 자규루 · 금강정 · 요선정 등 문화유적을 찾는데 목적이 있었다. 타고 있는 직행버스는 산속으로만 파고 들어간다. 들어갈수록 첩첩 산중이다. 끝나는가 하면 또 다른 산이 나타난다. 이렇게 깊은 산으로만 들어가니 영영 속세와 이별하는 느낌이 든다. 걱정 반 호기심 반이었다.

　영월은 강원도 중부 내륙 동남부에 위치하고 있다. 동북쪽에는 태백산맥이 남북으로 달리고 있고, 북서쪽에는 차령산맥이 남서로, 그리고 소백산백이 동서로 뻗어 있다. 사방이 이른바 험준한 산으로 둘러싸여 있다.

　평창강과 주천강이 서면 신천리 근처에서 합류하여 동쪽으로 흐르다가 영월읍 하송리에서 남한강 분류와 합류한다.

　영월읍 영흥리는 지금 읍의 중심지가 되어 있다. 여기에는 단종과 관계되는 관풍헌(觀風軒)과 자규루(子規樓)가 있다. 관풍헌은 본래 지방 수령들이 공사를 처리하던 동헌(東軒)이다. 1456년 세조에게 왕위를 찬탈 당하고 노산군(魯山君)으로 강봉되어 청령포에 유배된 단종이 그곳에 머물고 있을 때 큰 홍수가 나서 처소를 관풍헌으로 옮겼다. 앞에는 자규루가 있어 단종은 자주 누대에 올라 자규시를 읊기도 하였다.

1457년 10월 24일 세조가 내린 사약을 받고 17세를 일기로 이곳 관풍헌에서 승하하시니 애달픈 사연을 간직한 곳이 바로 여기다.

자규루는 1431년(세종 13)에 당시 군수인 신권근(申權近)이 창건하였으며, 처음에는 매죽루(梅竹樓)라고 불렀다. 1456년에 단종이 처소를 관풍헌에 옮긴 후 자주 오르던 누각이다. 당시 이 건물 주변에는 울창한 숲이 있고, 숲속에는 두견새 울음이 그치지 않으니 단종은 자주 누각에 올라 자규시를 읊으면서 심경을 토로했음으로 자규루라고 불렀다.

그 뒤 크게 퇴락하여 민가가 들어섰는데 1791년(정조 15)에 강원도 관찰사 윤사국(尹師國)이 영월을 순찰할 때 그 터를 찾아 중건하였다.

누각의 구조는 정면 3칸, 측면 2칸의 중층 건물로 하층에는 계단이 있어서 오르내리게 되어 있고, 2층에는 기둥과 기둥 사이에 난간을 둘렀다. 홑처마에 팔작지붕 초익공이다.

자규사(子規詞)

단종(端宗)

달 밝은 밤에 두견의 울음소리 구슬퍼서
수심에 잠긴 이 몸은 누머리에 서 있네

슬피 우는 네 목소리 내 듣기 괴로우니
네 울음 없었던들 내 시름도 없었을 것을
한 마디 부탁이네, 이 세상 괴로움 많은 사람들아
삼가 춘삼월에는 자규루에 오르지 말게나

月白夜蜀魄愀 含愁情依樓頭 爾啼悲我聞苦 無爾聲無我愁
寄語世上苦勞人 愼莫登春三月子規樓 (端宗 : 子規詞)

자규루

수양대군에게 왕위를 찬탈당하고 이곳 영월에 유배되어 감금된 단종은 자규루에 올라 구슬프게 우는 두견의 소리를 듣는다. 자신의 처지를 생각하고 두견의 소리를 더욱 가슴 아프게 느낀다. 두견의 울음 때문에 시름은 더욱 깊어 갔다. "네 울음이 없었던들 내 시름 없었을 것을"의 표현에서 충분이 그 심정을 짐작할 수 있다. 그리고 세상 사람에게 경고한다. "춘삼월에는 자규루에 오르지 말게나". 자신이 혼자서 이런 아픔을 맛보면 그만이지 세상 사람들에게까지 이런 경험을 주어서는 안 된다는 생각이다. 뼈 속까지 숨어든 단장(斷腸)의 아픔을 세상 사람에게까지 줄 수 없다는 자애로운 심정은 왕이 백성을 생각하는 시혜(施惠)가 아니고 무엇이겠는가! 두견에게 자신의 감정을 이입하여 슬픔의 극치를 보여 준 작품이다.

자규시(子規詩)

단종(端宗)

한 마리 원한 품은 새가 왕궁에서 나와서
짝 잃은 외로운 몸이 푸른 산에서 사네
밤마다 잠을 청하나 영영 이루지 못하고
해마다 이 원한 끝나기를 기다려도 끝나지 않네
소리 끊긴 묏부리에 새벽달이 밝은데
봄 골짜기 꽃에 피눈물 떨어져 붉었구나
하늘도 귀 먹어 애소를 듣지 못하는데
어찌하여 시름 많은 내 귀에만 들리는가

一自寃禽出帝宮　孤身隻影碧山中　暇眠夜夜眠無暇　窮恨年年恨不窮
聲斷曉岑殘月白　血淚春谷落花紅　天聾尙未聞哀訴　何奈愁人耳獨聰
(端宗 : 子規詩)

원한을 품은 짝 잃은 새가 왕궁에서 쫓겨나서 산중에 있다고 하였고, 새에게 감정을 이입하여 기구한 자신의 운명을 토로하였다.

밤마다 원통하여 잠을 이루지 못하는 비운의 세월이 흘러가도 지워지지 않음에 고통스러워한다.

중국의 촉나라 임금인 두우(杜宇)가 왕위에 오르자 망제(望帝)라고 불렀다. 후에 신하에게 자리를 내놓고 서산(西山)에 숨어 살았다. 왕위를 다시 찾고자 하였으나 뜻을 이루지 못하고 피눈물을 흘리고 살다가 죽었다. 때마침 봄에 자규가 울어서 이 새를 촉혼(蜀魂)·두견(杜鵑)·자규(子規)·불여귀(不如歸)라고 불렀다. 이 시에서 "피눈물이 꽃에 떨어져 붉었구나"는 바로 이 전설에서 유래하였다.

결련(結聯)에서는 피맺힌 하소연을 들어주지 않은 하늘을 원망한다. 절망의 극치다. 지금도 봄이면 두견이 망제의 넋을 위로하여 피를 토하며 우는 것인지 아니면 단종의 원망스러운 넋을 진혼하기 위한 것인지 어쨌든 피를 토하며 우는 것만은 사실이다.

자규사(子規詞)

김시습(金時習)52)

두견이 우는구나 두견이 울어
달은 지고 고요한데 그 소리 호소하는 듯
불여귀 불여귀하면서 우는구나
아미산 바라보며 어찌 날지 않는가
나무에 앉아 괴롭게 울며 사표*를 부르다가
꽃가지에 여기저기 슬프게도 피를 토하네
깃털 빠져 쓸쓸한데 돌아갈 곳조차 없으니

---

52) 주 33 참조

뭇새들이 업신여기고 하늘마저 돌보지 않는다
짐짓 밤중에 흐느끼며 거세게 불평하니
외로운 신하 쓸쓸하고 외딴 곳에서
부질없이 남은 시간만 세게 하네
　　　　　*사표(謝豹) : 자규의 단 이름. 두우. 두견을 말함

子規啼 子規啼 月落天空聲似訴 不如歸 不如歸 西望峨嵋胡不度 懸樹孤啼呼謝豹 點點花枝哀血吐 落羽蕭蕭無處歸 衆鳥不尊天不顧 故向終宵幽咽激不平 空使孤臣寂寞空山殘更數 (金時習 : 子規詞・『梅月堂集』 8:3)

　두견의 울음소리가 슬픈 사연을 호소한다며 의인법을 사용하였다. "아미산"은 중국 사천성 성도(成都) 근처에 있는 산이며, 촉나라 망제(望帝)가 숨어 살던 곳으로 죽어서 두견이 되었다는 전설이 있는 곳이나. 마땅히 그 곳에서 살아야 할 새가 왜 날아가지 않고 이곳에서 서글프게 울면서 내 마음을 상하게 하는가. 왜 나무에 앉아 괴롭게 울며 피를 토하는가. 이 대목은 망제의 전설에 부합시킨 것이다.
　깃털이 빠지고, 뭇 새들이 멸시하는 초라하고 쓸쓸한 외톨박이에다 하늘도 버린 이 세상의 고통을 혼자 짊어진 처절한 운명을 지니고 있는 새가 바로 화자 자신임을 형상화하였다. 쓸쓸하고 외딴 곳에서 살아 있을 날이 얼마 남지 않은 화자는 두견을 자신의 분신으로 인식한다.
　매월당(梅月堂) 김시습(金時習)은 1445년(단종 3)에 단종이 임금의 자리를 물려주었다는 소식을 듣자 정재(靜齋) 조상치(曺尙治) 등 아홉 사람과 함께 자취를 감추고 처음 강원도 김화군(金化郡) 근남면(近南面) 사곡리(沙谷里)에 들어 와서 초막을 짓고 매월대와 행화정

(杏花亭) 등에 은거하여 시문을 지으면서 살아 왔다. 때로는 풀잎에 글을 써서 물에 띄었기 때문에 후세에 전하지 못하였다.

그러나 이 김시습의 「자규사」를 원운(原韻)으로 5명이 각각 화답한 시가 지금 매월당의 「자규사」와 함께 『매월당집』(梅月堂集)에 전부 실려 있다.

그 후 그들은 각 처로 흩어졌다. 조상치[53](曺尙治)는 창수(滄水)로 떠나면서 쓸쓸한 심경을 다음과 같이 읊었다.

(사(詞)는 한시의 한 형식이며 악부의 변형으로 당나라 때의 5·7언의 엄격한 정형시에 비하여 그 형식이 어느 정도 자유롭다.)

  새 울고 꽃이 떨어지니 봄은 저물어 가는데
  한 없는 슬픈 정을 풀잎에 써 보내네
  손 잡고 이별할 때 아무 말도 못하고
  구름 따라 물 따라 각자 동서로 떠나네

  鳥啼花落春長暮 無限哀情草葉題 握手臨岐還默默
  隨雲隨水各東北 (曺尙治 : 『鐵原郡誌』)

이 시는 저물어가는 봄에 작별의 애절한 감회를 읊었다. 슬픈 정을 가눌 길 없어 그 사연을 풀잎에 담아 흘러 보낸다. 서로 동서로 떠나면서 말이 없다. 애통한 심정에 말을 꺼낼 수 없었던 것이다. 차라리 아무 말 없이 떠난다. 정처 없이 구름 따라 물 따라 흘러가는 인생들이다. 허무하고 가련한 모습을 직접 보는 것 같은 느낌을 준다.

---

53) 조상치(曺尙治 : 1400년경에 탄생) 이조 초기 문신이며 호는 정재(靜齋). 고려 말 길재(吉再)에게서 배우고 1419년 문과에 급제, 벼슬은 부제학, 세조가 즉위하자 예조 참판을 제수하였으나 거절하였다. 『이계집』(耳溪集)이 있다.

동강의 높은 절벽 위의 : 금강정(錦江亭)
― 강원도 영월읍 영흥리 (강원도 문화자료 제24호)

영월읍 영흥리에는 금강공원이 있다. 수십 년에서 수백 년이 넘는 늙고 큰 소나무가 여기저기 서있다. 이 공원에는 영월읍의 문화재가 모여 있는 역사적 공간이다. 남쪽에는 충혼탑이 높이 솟아 있고, 동쪽에는 민충사(愍忠祠), 금강정, 낙화암, 그리고 비석을 한곳에 모아 놓은 곳이 있으며, 서쪽에는 향교가 자리 잡고 있다.

낙화암은 영월의 동쪽 금강정 위쪽 동강의 높은 절벽 위에 있다. 단종이 관풍헌에서 승하하자 그를 모시던 10궁녀와 1종노, 그리고 시종들이 이곳 절벽에서 동강(전에는 금강)에 투신 순사하였다. 그 투신하는 모습이 꽃처럼 보였다 하여 생긴 이름이다. 이들의 충절을 위로하기 위하여 제사를 지내는 민충사가 있다.

금강정은 남한강 상류인 동강의 낙화암 절벽 위에 있다.
1428년(세종 10)에 군수 김복항(金復恒)이 세웠다고 한다. 「영월제영」(寧越題詠)에 의하면 군수 이자삼(李子三)이 금강의 아름다운 경치에 반하여 사재를 들여 정자를 짓고 금강정이라 하였다고 한다.

1648년에 송시렬이 「금강정기」를 썼고, 1792년(정조 16)에 부사 박정기(朴正基)가 중수하고, 1969년과 76년에 단청등 부분 보수를 하였다.
　정자의 구조는 정면 4칸, 측면 3칸의 익공계 양식으로 겹처마에 팔작지붕이다. 정자 안에는 이승만 친필로 금강정(錦江亭)이란 현판이 걸려 있다. 정자에 오르면 읍내 8경이 뚜렷하게 보인다.

금강정

장정심54)(張貞心)

　　금강정 푸른 물결 비단필 씻어 낸 듯
　　티 없이 고을세라 끝없이 맑을세라
　　단종왕 예서 씻었나니 옛님 그려 울었소

　　슬프다 삼사 시녀 충심을 고이 안고
　　님 따라 금강수에 꽃 같이 떨어질 제
　　깊은 밤 달과 별들만 그를 조상하였소

　여기 소개한 두 수의 시조는 금강정에서 단종의 애사를 회상하고 지은 작품이다. 첫 수는 금강의 푸르고 곱고 맑은 물을 찬양하고 이 강물에 버려졌던 단종을 생각하고 그 비극적 최후에 대한 애통한

---

54) 장정심(張貞心 : 1898~?) 20세기 초엽의 여류시인이다. 협성여자신학교를 졸업하고 감리교 여자사업부에서 전도 사업에 종사하였다. 1927년부터 시를 쓰기 시작하였으며 맑은 신앙의 서정을 노래한 시인이다. 시집으로 「주의 승리」·「금선」(琴線)이 있다.

심정을 가누지 못하고 있다.

둘째 수는 단종의 뒤를 따라 낙화처럼 금강에 투신 순절한 시녀들의 넋을 위로하였고, 지금은 달과 별반이 그들을 조상하고 있는 외롭고 쓸쓸한 영혼에 대한 걷잡을 수 없는 아픔을 읊었다.

금강정

조하망(曹夏望)

청량포구에 새 날아 돌아가고
매화와 대나무 들풀 속에서 찾기 어렵네
옛부터 영월은 지극한 덕의 고장인데
지금은 강 위에 구의산만 서있네
이화야! 봄 달빛을 밝게 하지 말아라
두견이 밤에 슬피 울며 지나갈 테니
오랜 세월 인간의 정은 늘 변화하는데
무심한 천지에 하늘만 조용하네

淸泠浦口鳥飛還　梅竹難尋野草間　從古越中三讓地　至今江上九疑山
梨花且莫春添月　杜宇應悲夜度關　百世人情如昨日　無心天地太虛閑
(曹夏望 : 錦江亭)

수련(1,2행)의 새와 매죽은 고고하고 절개를 상징하는 매개물인데 지금 만날 수 없음을 아쉬워한다. 이 영월은 사양하는 미덕을 갖춘 고장이었으나 지금은 다만 산천만 의구하고 인간은 간데없는 쓸쓸

금강정

한 고장이 되었다.

두견은 배꽃이 피고 달이 밝은 밤이면 슬프게 우는 습성을 지니고 있다. 화자는 비극의 역사 현장에서 인생의 무상함을 아프게 느끼고 있으나 자연은 무심하여 말이 없으니 의지할 곳을 찾지 못한다. 조하망은 강릉부사로 재직 시 경포대를 중수하고 제영을 남겼고, 영월부사로 재직할 때 이 시를 남긴 것 같다.

금강정

이교영(李喬榮)

　　금강물이 동으로 흘러 돌아오지 않고
　　다만 신선은 흰 구름 사이에 있네

하늘에 걸린 밝은 달은 청령포를 비추고
홀로 푸른 하늘엔 검각산이 솟았네
두견이 우는 옛 누각에 봄이 다시 찾았으나
배꽃 핀 그윽한 집은 밤마다 잠겨 있네
해마다 한식 때면 향기로운 풀에
백발 촌로들이 모여 앉아 환담한다네

錦水東流不復還　仙有只在白雲間　空懸明月淸冷浦　獨有靑天劍閣山
杜宇古樓春又至　梨花深院夜常關　年年寒食王孫草　白髮村翁坐說閑
(李喬榮 : 錦江亭)

이 시는 앞에 있는 조하망의 시를 차운(次韻)하였다. 소재와 내용, 그리고 주제까지 비슷하다.

동강은 한번 흘러가면 돌아오지 않고, 그때 꽃처럼 강물에 몸을 던진 시녀들은 신선이 되어 하늘나라에 있다. 밝은 달은 단종의 유배지인 청령포를 비치고, 푸른 하늘에 검각산이 우뚝 섰다. 이렇게 이 시의 전반은 단종의 유적과 관계가 깊은 강물, 신선, 흰 구름, 명월, 산등의 소재를 통하여 화자는 적막하고 무상한 옛 자취를 회상하면서 쓸쓸한 감회에 사로잡힌다.

후반의 "두견이 우는 옛 누각"은 자규루를 말하는 것으로 역시 두견과 배꽃을 결부시켜 당시의 정경을 회상한다. "향기로운 풀"(王孫草)은 단종의 능과 결부시킬 수 있으며, "촌로들의 환담" 역시 단종에 대한 내용임을 암시하면서 한편으로 평화스러운 분위기도 함께 맛볼 수 있다.

영월읍 영흥리 금강공원에는 김삿갓 시비(詩碑)가 있다. 1987년에

「전국시가비건립동호회」에서 건립하였다.

　김삿갓은 본명이 김병연(金炳淵 : 1807~1863)이고 호는 난고(蘭皐)다. 속칭 김삿갓이며, 방랑시인이다. 평북 선천부사(宣川府使) 김익순(金益淳)의 손자다.

　홍경래 난 때 그의 조부가 항복하여 처형당하고 일가는 폐족이 되었다. 이 사실을 숨기기 위하여 어머니가 몰래 김삿갓을 데리고 영월에 이사 와서 살고 있었다. 그 때 마침 김삿갓은 영월 관아에서 실시하는 백일장에 나갔다. 「가산군수 정씨를 찬양하고 선천부사 김익순을 규탄하라」는 시제가 나오자 김삿갓은 김익순이 조부인 줄 모르고 "한번은 고사하고 만 번 죽어 마땅하고 너의 치욕스러운 일 동국의 역사에 유전 하리"라고 조부를 준엄하게 질타하여 장원에 뽑혔다. 그 후 김익순이 자기 조부인 줄 알고 천륜을 어긴 죄인이라고 자신을 단죄하고 하늘을 볼 면목이 없다 하면서 삿갓을 쓰고 죽장 집고 방랑의 길을 떠났다. 세상을 저주와 조소하면서 풍자와 해학으로 파격적 시를 가는 곳마다 써 놓았다. 영월군 하동면 외석리 노루목에는 그의 묘가 있다.

　금강공원에는 「월기경춘순절비」(越妓瓊春殉節碑)라는 이색적인 비석이 있다. 경춘의 순절을 기리기 위하여 1795년에 강원도 순찰사, 평창군수, 영월부사가 합심하여 경춘이 죽은 지 24년 만에 세웠다고 한다.

　경춘은 이시림이 영월에 부임하였을 때 몸을 허락하였으나 이시림이 떠난 뒤 후임 관원이 자주 불러 동침을 강요하여 수절하기 힘들어지자 벼랑에서 강물에 몸을 던져 죽으니 그 때 나이 16세였다.

　강원도에는 수절한 기생들을 기리는 비석을 세워 놓고 부녀자들에게 본보기를 보여 준 곳이 있다. 강릉의 청심, 춘천의 계심, 그리고 영월의 경춘이 그것이다. 천한 기생의 몸으로 절개를 지키기 위해서는 매우 어려운 여건임에도 불구하고 목숨을 걸고 지킨 거룩한 뜻을 돌에 새겨 만세에 전하게 하였다.

세 군왕이 어제시가 걸린 : 요선정(邀僊亭)

— 강원도 영월군 수주면 무릉리

 횡성 방향에서 흘러 들어오는 물줄기는 영월 땅에 들면서 서마니 강이 되고, 주천면에 이르러서는 주천강이 되어 무릉리와 도원리를 태극선 모양으로 감아 돈다. 그리고 영월읍에 다가서는 서강이 되고 다시 영월읍 하송리에서 동강과 합류하여 남한강이 되어 단양쪽으로 흘러간다. 주천강은 향기롭고 맛좋은 술이 끊임없이 솟아나는 술샘이었다는 전설에서 붙여진 이름이다.
 서마니강은 도중에 법흥천과 합류한다. 그 지점 언덕에 아담한 요선정이 있다. 정자 앞에 서면 노송가지 사이로 푸른 주천강의 물줄기가 내려다보인다. 정자 앞에는 복주머니 같이 생긴 바위가 있는데, 거기에는 고려시대에 만든 마애석불과 작은 석탑이 하나 있다. 불상의 모양은 다소 균형이 맞지 않은 느낌을 주지만 이목구비가 뚜렷하고 박력이 있어 보인다. 왕년에 암자가 있었던 자리라는 생각을 갖게 한다.
 요선정 아래 강바닥에는 수백 개의 하얀 암석이 모여 있다. 수천 년 동안 강물에 닿고 깎이고 하여 표면이 하얗고, 매끈하고 움푹 패어 있는 곳이 많다. 모두 선녀탕이라 해도 부정할 방법이 없다.

　조선시대 명필이며 평창군수를 지낸 양사언(楊士彦)이 여기서 놀면서 요선암이란 글씨를 새겼다고 한다. 요선정의 이름은 여기서 유래하였다.

　정자와 불상 사이에는 노송이 세 그루 서있어 운치를 더해 간다. 구조는 자연석을 나지막하게 깔고 그 위에 둥근 기둥을 세웠다. 정면 측면 모두 두 칸이며 겹처마에 팔작지붕이다.

　요선정 창건 동기는 숙종·영조·정조 세 임금의 시문을 봉안하기 위하여 1913년에 그 지방 유지들이 힘을 모아 이룩하였다.

　숙종은 1446년에 선왕인 노산군을 단종으로 복위하고 종묘에 모신 한편, 장릉으로 추봉(追封)하는 등 역사를 바로잡기 위해 힘쓴 분이다. 특히 영월은 단종의 비극적 최후를 맞이한 곳이어서 각별한 관심을 보였다.

　1698년(숙종 24)에 주천현에 있는 빙허루(憑虛樓)와 청허루(淸虛樓)에 어제시(御題詩) 한 수를 내렸다. 청허루에 화재가 있어 어제 시와 건물이 함께 소실되었다. 그 후 청허루가 중건되었다는 소식을 듣고 영조께서 숙종의 시를 손수 옮겨 쓰고, 자신의 글도 함께 보냈으니 중건된 청허루에는 임금의 시문 두 편이 걸리게 되었다.

　그 뒤 정조도 서문과 함께 어제시를 내리었다. 그러나 이 자랑스러운 누각은 세월의 무게를 이기지 못하여 퇴락하여 세 임금의 제영시는 민간에서 보존하게 되니 이를 봉안하기 위하여 요선정을 창건하였다. 지금 요선정에는 세 임금의 시문이 걸려 있다. 그러나 이것은 요선정에서 읊은 제영은 아니다. 다만 봉안하고 있을 뿐이다.

빙허루(憑虛樓) · 청허루(淸虛樓)

숙종대왕(肅宗大王)

들으니 쌍루가 주천에 있다는데
몇 번이나 다시 다스리어 아직도 온전한가
높고 높은 석벽은 푸른 구름에 닿아 있고
맑은 강은 푸른 물결에 이어지네
산새와 아름다운 새들은 나무 위에서 울고
들꽃과 봄풀은 섬돌 앞에 우거졌다
술을 가지고 올라 아이를 불러 따르게 하고
취하여 난간에 기대어 낮잠을 이루네

聞設雙樓在酒泉　幾經葺理尙能全　峨峨石壁靑雲接　洋洋澄江碧水連
山鳥好禽鳴樹上　野花春草瞰階前　携登官醞呼兒酌　醉倚欄干白日眠
(肅宗大王 : 憑虛樓 · 淸虛樓)

이 시는 1698년(숙종 24)에 숙종대왕이 빙허루와 청허후에 내린 어제시이다. 청허루에 봉안되었다가 누각이 퇴락되어 민가에서 보존된 것을 요선정의 창건으로 지금 이 정자에 봉안하고 있다.

절벽 위에 서서 밝은 강물을 굽어보는 빙허루와 청허루 두 누각이 아직도 온존하다니 반가운 일이다. 산성과 봄풀을 시제로 하여 환경의 아름답고 평화스러운 분위기에는 술이 있어야 즐거움이 배가되고 그런 분위기에서 시가가 생산되는 것이 지금까지 전해온 멋스러운 풍취다. 임금이라 하여 다를 바가 없다. 술을 가지고 누대에

요선정

올라 동자에게 따르게 하여 거나하게 취하여 난간에 기대어 낮잠을 잔다. 멋스럽고 운치가 있고 평화스러운 분위기다.

청허루

정조대왕(正祖大王)

일찍이 임금께서 주천에 글 내리셨다는 말 들으니
이로부터 청허루의 뛰어난 일이 보전되었네
누각 모양이 구름과 더불어 빛나고
땅의 기상은 도리어 별에 이어졌네
백일 동안의 양잠과 방적은 달라짐이 없고
한 봄의 꽃과 새들도 그 전과 다름없네

근심이 지척에 있음을 살펴보고 이르나니
태수는 술 취해 잠자지 말거라

尙說黃封降酒泉　淸虛從此勝名全　樓容重與雲章煥　地氣還應壁宿連
百日桑麻渾不改　一春花鳥摠依前　瞻言咫尺分憂左　太守休爲醉後眠
(正租大王 : 淸虛樓)

 정조 임금은 먼저 서문에서 선왕들이 어제시를 짓게 된 동기와 청허루에 어제시를 내리게 된 과정을 서술하고 이 제영시를 지었다.
 일찍이 선왕(숙종·영조)이 주천의 청허루에 어제시를 내렸다는 말을 듣고 청허루가 뛰어난 명성을 가지게 되었고, 절벽 위의 누각은 구름처럼 빛나고, 땅의 기상은 별에 도달하였다고 보았다. 이것은 누각의 늠름한 모습과 높은 기상을 찬미한 것이다.
 마을의 농사는 예전대로 풍성하였고 꽃과 새를 등장시켜 아름답고 평화스러운 청허루의 주변 마을을 부각시켰다. 나라 일이 걱정되어 부탁하는 것이니 태수인 목민관은 술 취해 자는 일 없이 백성들을 보살피는데 부지런 하라고 임금답게 경고까지 하였다.
 이 시는 숙종의 어제시의 운(泉·全·連·前·眠)에 차운하여 지은 것이며 세 임금의 시문은 지금 요선정에 걸려 있다.
 요선정에서 사자산을 바라보며 법흥천을 따라 올라가면 사자산 남쪽에 자리 잡은 법흥사(法興寺)가 있다. 643년에 신라의 자장율사(慈藏律師)가 창건한 절이며, 석가모니 진신사리를 모신 우리 나라 5대 적멸보궁(寂滅宝宮) 중의 하나로 유서 깊은 사찰이다. 길손들은 요선정을 보고 이 사찰을 찾는 것을 빼놓지 않는다.

신라 진평왕이 유람한 : 고석정(孤石亭)

— 강원도 철원군 동송읍 장흥리 20-1 (강원도 기념물 제8호)

고석정이 있는 철원은 지리상 강원도 북서부 영서지방의 북부에 위치한다. 군의 동북부에는 태백산맥이 지나가서 주변에는 높은 산이 많으며 한탄강이 중앙부를 북북동에서 남남서 방향인 임진강으로 흘러들러 간다.

고석정은 신라 진평왕(579~632)과 고려 충숙왕(1294~1339)이 유람하였다는 명승지이며, 철원 8경중 최고의 절승을 자랑한다. 그리고 한탄강의 중류지점에 위치하며, 화강암과 현무암으로 이루어진 고적이 많은 고장이다.

정자는 신라 진평왕 때 축조되었으며, 그 앞의 강 가운데 10여 m 높이로 우뚝 솟은 자연석인 고석바위와 함께 그 주변 일대를 총칭하여 고석정이라고 명명하였으며, 많은 전설과 유적 그리고 시문이 전해 내려오는 유서 깊은 곳이다.

신라 진평왕 때 고석바위 맞은편에 10평 규모의 2층 누각을 창건하고 고석정이라고 이름 지었다.

고석정 바위

한국전쟁 때 소실되었고 지금의 정자는 1971년에 지역 주민들이 뜻을 모아 세웠다.

구조는 2층 형식의 콘크리트 축조물이며, 아래층은 콘크리트 기둥이 받침대 구실만 하고 있는 공간이며 2층만 단청한 팔작지붕이다.

주변에는 직탕폭포와 안보전시관, 삼부연폭포 등이 있어 관광객이 끊이지 않는 국민관광지이다.

고려시대 석무외55)(釋無畏)의 「고석정기」(孤石亭記)에 의하면

> 철원군의 남쪽 만여 보에 고석정이 있는데 큰 바위가 우뚝 솟아나 높이가 300척이나 되고 둘레가 십여 길이나 된다. 바위를 기어 들어가면 방같이 넓으며 10여 명이 앉을 만한데 그 곁에 진평왕이 남긴 비석이 있다.(지금은 확인되지 않고 있음) 다시 구멍에서 나와

---
55) 석무외(釋無畏) 고려시대 중. 호는 무외. 승과에 장원급제. 충렬왕 때 왕사(王師). 국청사(國淸寺) 주지가 되었다.

절정에 오르면 평평하고 둥근 단과 같고 거친 이끼가 입혀져 있어 돗자리를 편 것 같으며 푸른 노송들이 둥그렇게 서서 마치 요를 펼쳐 놓은 것 같다.

또 큰 내가 동남 방향으로 언덕을 끼고 굽이쳐 흘러온다. 벼랑에 부딪히고 돌을 굴려 여러 가지 악기를 연주하는 것 같다. 바위 아래는 깊이 패여 못이 되고, 내려다보면 다리가 저절로 떨리며 마치 그 속에 신물(神物)이 살고 있는 느낌을 준다. … 내가 무자년 (고려 충렬왕 15년 <1288>) 가을에 산사람 만행(萬行) 등과 더불어 이곳을 찾아보고 절경에 도취되어 앉아 있다가 날이 저무는 것도 깨닫지 못하였다. 이에 이곳에서 노닐면서 보았던 기이한 경치를 시로 읊어 보았다.

고서정 주변의 경치를 상세하게 묘사하여 지금 이곳을 찾아보아도 고려시대의 모습과 다른 것이 없음을 알 수 있다. 이로 미루어 자연환경은 예나 지금이나 변한 것이 없음을 일깨워 준다.

고석정

무외(無畏)

푸른 바위 맑은 물에 높다랗게 솟았는데
양쪽 언덕에는 가을산의 비단 병풍 펼치네
저녁이 되자 솔바람소리 맑게 들리니
신선이 황정경 읽는 것 듣는 듯하네

蒼巖臨水聳亭亭　兩岸秋山展錦屛　薄暮松風淸可耳　似聞仙子讀黃庭
(釋無畏 : 孤石亭 · 『新增東國輿地勝覽』 47卷)

고석정

고석정의 기록을 보면 고려시대의 견문록인데도 불구하고 지금 우리들이 직접 고석정에 올라 바로 보는 모습과 조금도 다르지 않다. 세월은 가도 산천은 의구하다는 말을 실감한다.

위의 무외의 시는 우뚝 솟은 고석정의 아름답고 위엄 있는 모습과 그 정자 위를 둘러싼 가을 산의 아름다움을 비단 병풍이 둘러싸고 있다고 활유법적 표현을 사용하였다.

솔바람 소리를 신선이 『황정경』(도교의 경문 이름)을 읽는 소리로 들린다는 표현도 매우 우수한 비유법이다.

고석정

김양경56)(金良鏡)

태초에 어떤 사람이 이 정자를 지었던가
만길이나 되는 산등성이 허공에 걸려있네
몸이 가벼워지니 문득 바람이 옷에서 나는 것 깨닫고
걸음이 편안하니 이끼가 신을 받혀줌을 알겠네
학 주변의 소나무는 늙은 용의 푸른 수염 같고
물새 밖에 노을이 나니 물고기 꼬리 붉게 보이네
철원은 기름지고 참으로 아름다운 땅인데
화려힌 건가이 다 거칠었네
고기잡이와 나무꾼 가리키니 예와 이제를 느끼며
글귀를 찾아 읊조릴 때 오사모가 기울었네

太初何人構此亭　山骨萬仞跨虛碧　身輕斗覺風生衣　步穩方知蘇梗履
鶴邊松老髥虯蒼　鶩外霞飛魚尾赤　鐵原肥沃眞勝壤　玉樓金殿盡荊棘
漁樵指點感古今　覓句沈吟烏帽側　(金良鏡：孤石亭・增補東國輿地勝
覽 卷47)

고석정의 오랜 역사와 높은 바위 위에 서 있는 위용을 찬미하였다.

몸도 걸음 거리도 가볍게 옷에서 바람을 일으키며 큰 기대를 가지고 즐거운 기분으로 정자를 찾았다.

---

56) 김양경(金良鏡) 인경(仁鏡)이 처음 이름이며, 고려시대 문관이다. 이부상서(吏部尙書)와 평장사(平章事)를 지냈다. 고종 20년(1233)에 사망.

학과 소나무는 장수의 상징이며 동양화를 방불케 한다. 소나무를 늙은 용의 푸른 수염에 비유한 것은 표현 능력이 우수함을 깨닫게 한다.

시선을 하늘로 옮기니 물새가 저녁놀 받고 날아가고 물고기 꼬리도 그 빛을 받아 붉게 보인다고 하였다. 저녁 한때의 아름다운 풍경이다.

철원은 기름지고 좋은 땅인데 아름다운 누각과 금빛 궁전이 폐허가 되었다함은 태봉국의 멸망한 역사를 말한 것이다.

철원은 태봉국의 임금이었던 궁예(弓裔 : ?~918)가 도읍하였던 곳이다. 궁예는 신라 왕자였는데 젊었을 때부터 무뢰한이었고, 장성한 뒤에는 도둑이 되어 고구려와 예맥 땅을 차지하더니 스스로 왕이 되었다. 그러나 성품이 잔인하고 포악하였으므로 자기 부하들에게 쫓겨나고 왕건 태조가 드디어 여러 신하들에게 임금으로 추대되었으며 이렇게 하여 고려가 궁예를 제거하였다. 옥루(玉樓)와 금전(金殿)은 모두 태봉국 궁전의 화려한 모습이며, 태봉국의 멸망과 함께 모두 지금은 폐허가 됨을 말하는 것으로 세월이 무상함을 절감하였다.

이 시의 마지막 두 시행 때문에 칠언율시 격식에서 깨졌고 내용상에 있어서도 사족(蛇足)같은 느낌을 준다. 어부와 나무꾼의 모습은 지금도 변하지 않았으며 시를 읊으니 오사모가 기울었다 함은 시 읊기에 골몰했다는 뜻이며 익살스러운 맛을 풍긴다.

고석정

이곡(李穀)

누가 능히 뒤집힌 수레를 보고 뒷수레를 경계하겠는가
태봉의 유적은 옛 산천이네
임금께 권하여 멀리 거동케 하는 것은 좋은 계책이 아니건만
다만 간신들이 하늘을 두려워 하지 않기 때문이네

覆轍誰能後戒前　泰封遺跡舊山川　勤王遠狩非良策　只爲奸臣不畏天
(李穀 : 孤石亭·稼亭集19:7)

　이 시는 고려 충숙왕이 사냥 왔다가 고석정에 머물면서 남겨 놓은 시에 대한 차운 2수 중 제1. 수만 인용하였다.
　앞사람의 실패를 보고 뒷사람의 경계가 된다는 고사를 인용하여 충숙왕이 이곳까지 사냥을 온 것을 경계하였다. 궁예가 멸망한 옛터에 임금께 권하여 이곳까지 오게 한 것은 하늘을 두려워하지 않은 간신들 때문이라며 임금을 올바르게 보필하지 않은 신하들에게 경고하고 있다.

고석정

최익현57)(崔益鉉)

바다와 산에서의 남은 흥취 다시 어디서 찾으리오
동쪽에 있는 고석정은 별천지로 그윽하네
여기는 신선들이 자랑스럽게 다니는 곳이니
신선 사는 곳을 찾으려고 애쓸 필요 있으랴
때가 어려우니 경솔히 물러날 생각은 합당치 않고
몸이 건강하니 오래 여행하며 시 읊는 것이 가장 좋겠네
어버이 늙어서 서산에 지는 해와 같으니
돌아가고 싶은 마음 여울에 배 내려가듯 달리네

海山餘趣更何求　孤石東洲別界幽　只此堪誇涉玄圃　亦曾多事訪丹丘
時艱不合思輕退　身輕偏宜武壯遊　最是親堂西日迫　歸心爭駛下灘舟
(崔益鉉 : 孤石亭·『勉庵集』 p.11)

　고석정은 별천지와 같이 그윽한 곳으로 신선들이 노니는 공간이니 다른 곳에서 신선을 찾을 필요가 없다. 이것은 고석정이 절경임을 강조한 것이다. 자주 찾기 어려운 곳이니 유현한 맛을 맛보기 위해 오래 머물러 있어야 한다. 몸이 건강하니 시를 읊으며 오래오래 여행하고 싶으나 양친은 이미 황혼의 나이가 되어 잠시도 지체할 수 없다고 하였으니 그 효심에 감동하지 않을 수 없다.

---

57) 최익현(崔益鉉 : 1833~1906) 조선조 고종 때 정치인. 배일파의 거두. 호는 면암(勉庵). 1855년에 문과에 급제. 1873년 대원군의 정책을 반대하여 제주도에 유배. 1905년 을사조약이 체결되자 의병을 일으켜 항전하다가 체포되어 대마도에서 단식으로 순절. 『면안집』(勉庵集)이 있다.

고석정에는 또 하나의 전설이 있다. 조선조 명종 때 임꺽정(林巨正)이라는 문무를 겸비하였으나 천한 신분 때문에 과거의 길이 막힌 것을 탄식하며 불만을 품고 동조하는 도적들을 규합하여 고석정 건너편에 석성을 쌓고 조정에 상납하는 공물을 탈취하여 빈민에게 분배해 준 의적으로 활동했던 곳이다. 관군을 동원하여 체포 또는 사살코자 하였으나 석굴에서 변신술을 써서 꺽지(물고기 이름)로 변하여 강물 속으로 은신하였다고 전한다. 그러나 1562년에 철원부사의 토벌작전에 말려 황해도 구월산에 은신 중 체포되어 처형되었다고 전하여 내려 왔다.

기호지방(畿湖地方)

◎ 서울특별시

서론에서 이미 언급한 바와 같이 궁궐·관아·사찰·향교·서원 등 공적인 기관과 관계되는 누정은 연구대상에서 제외하고 민간이 건립한 것만을 대상으로 하겠다.

이에 따라 서울의 경복궁에 있는 경회루와 향원정, 창경원의 부용정·애련정·숭덕정 등 궁궐에 있는 많은 누정을 제외시켰다. 그러면 서울권에서는 망원정 하나만이 연구대상이 될 수밖에 없다.

한강하구 넓은 지대가 보이는 : 망원정(望遠亭)

― 서울특별시 마포구 합정동 457-1

　망원정은 세종의 형인 효령대군(孝寧大君)이 1424년(세종6)에 창건한 건물이며, 지금 마포구 합정동에 있다. 옛 문헌에는 양화나루 동쪽 언덕이라고 하였다.

　앞에는 넓은 들판을 흐르는 맑은 한강을 내다 볼 수 있고, 뒤에는 늘 푸른 북한산을 쳐다볼 수 있는 문자 그대로 배산임수(背山臨水)의 명당이었다. 대군은 도성을 벗어나 자연과 벗하면서 풍류를 즐겼고 약간의 농사도 지었다.

　변계량(卞季良)의 「희우정기」(喜雨亭記)에 의하면 "세종께서 농사일을 살피고 이 정자에 행차하여 대군에게 주식(酒食)과 안장차림 말을 하사하였는데 그 때가 한창 파종할 시기였으나 비가 흡족하지 않았는데, 술자리가 한창일 무렵에 비가 시작하여 종일 세차게 옴으로 희우(喜雨)라는 정자의 이름을 내렸으며, 당대의 명필인 신색(申穡)이 크게 써서 처마에 걸었다"고 하였다.

　이렇게 「희우정기」에는 정자의 이름을 짓고 현판을 써서 걸게 된

망원정(뒷면에는 희우정이란 현판이 있다.)

전후의 일을 상세하게 기록하였다.

 그 후 1484년(성종 15)에 성종의 형인 월산대군(月山大君)이 정자를 크게 고치고 아름다운 산과 강을 멀리 바라본다는 뜻으로 정자의 이름을 망원정으로 바꾸고 새로 현판을 달았다.

 성종은 세종 때와 같이 매년 봄가을에 이곳에 행차하여 농사의 형편을 살피고 장려하고 한편으로는 수군들의 군사훈련 모습을 관람하였다.

 때로는 명사들과 시를 지어 읊으면서 풍류를 즐겼다. 그리고 시를 잘 짓는 사람들에게는 활을 상으로 하사하기도 하였다.

 지금 정자 안에 걸려 있는 「망원정복원기」에 의하면 1925년에 홍수로 유실된 정자를 서울시에서 1986년 '한강변문화복원건설' 계획의 일환으로 현지조사 결과 1987년에 옛터를 발견하고 이를 근거로 1989년에 다시 세웠다. 이 건물에는 현재 '희우정'과 '망원정'이란 두 현판이 각각 남북으로 걸려 있다.

정자의 건물 구조는 대지 550평에 건물 40평, 정면 5칸, 측면 2칸이며, 기둥은 석재 4각 기둥으로 한식 2층 팔작기와집이다. 그리고 동쪽에는 단층 맞배지붕 형식으로 7.5평의 솟을 3문을 세웠다.

망원정

성종대왕(成宗大王)

서호에 있는 정자에는 흥취가 무궁하니
양가죽옷의 은자에게는 더욱 그러하리
맑은 빛 가득하고 가는 곳은 아득하고
한 덩어리 화기가 하늘과 통하였네.
강산은 눈에 가득하니 그림을 펼쳐 놓은 듯
자연은 사람을 위해 조화의 묘를 살렸네.
취하여 난간에 기대니 마음은 다시 편안하고
저녁 노을에 외로운 따오기 푸른 물결 가운데 있네.

西湖亭子趣無窮　況不羊裘遁世翁　萬斛淸輝行地逈　一團和氣與天通
江山滿目開圖畵　風月依人活化工　半醉凭欄心更逸　落霞孤鶩碧波中
(成宗:望遠亭·『列聖御製』p.87)

이 시는 『열성어제』(列聖御制 : 1924년 간행)의 제9편 「성종대왕」난에 실려 있는 「망원정 월산대군정사」라는 제목의 제영시 3수 중에서 제3수에 해당된다.

서울에서 서쪽 방향에 있는 망원정에는 흥취가 무궁하니 세상을 피하여 사는 은자에게는 더욱 좋은 풍취를 제공할 것이다. 이렇게 형인 월산대군이 살고 있는 망원정의 아취에 충만한 좋은 정자임을 찬미하였다.

정자의 전체적 분위기는 지상에는 많은 빛이 멀리 퍼져 아득하고 화기는 하늘과 통한다고 하였으니, 하늘과 땅에 고루 퍼져 있는 충만한 정취를 대조면서 표현하였다.

정자의 앞에는 맑은 한강수 뒤에는 푸른 북한산의 아름다운 경치는 마치 그림을 펼친 듯하니 이 정자는 인공에 의하여 조화의 묘함을 살려서 더욱 신기하다고 생각하였다.

반쯤 취해 난간에 기대서 마음이 편안한 가운데 물가를 쳐다보니 저녁놀에 따오기 한 마리가 푸른 물결에 떠있음을 본다.

지상에는 맑은 빛, 하늘에는 화기, 강에는 따오기의 한가함을 통하여 이 정자의 아름답고 평화스러운 분위기에 대한 좋은 인상을 읊었다.

희우정

예겸58)(倪謙)

푸른 숲 깊은 곳에 정자 하나 그윽한데
배타고 와서 올라가니 취한 눈에도 확 트이네

---

58) 예겸(倪謙)은 1450년 명나라 사신으로 입국하여 당시 성삼문·신숙주·정인지 등과 국정과 학문을 논하였던 인물이다.

나루터의 풍파는 언제 진정되며
바다 어귀의 흰 구름 언제 걷히리
일만집 촌락은 남쪽 포구에 잇달았고
긴 성벽의 산성은 멀리 버티어 섰네.
풍경으로 벅찬 넓은 이 마음 한번 크게 취하니
덩글에 걸린 달이 물가를 비치네.

蒼松深處一亭幽　艤棹來登豁醉眸　渡口風波何日定　海門雲練幾時收
萬家村墅連南浦　百稚山城控上流　塡景浩懷抌一醉　從教蘿月映汀洲
(倪謙:喜雨亭·『麻浦區誌』)

이 시는 중국 명나라 때 우리 나라에 사신으로 왔던 예경이 희우정에서 읊은 칠언율시이다.

푸른 숲 깊은 곳에 있는 정자는 희우정이다. 아름다운 환경에 끌려 한강에서 배를 타고 와서 이 정자에 오르니 확 트인 전방의 정경에 감탄한다.

한강을 굽어보니 거기에는 풍파가 일고, 하늘에는 구름이 덮여 있어 기후 조건은 좋은 편이 아니니 빨리 물결과 구름이 진정되고 걷히기를 바라고 있다.

남쪽 포구에는 많은 촌락이 이어 있고, 북쪽에는 긴 산성이 버티고 서 있는 것을 본다.

시선을 남북으로 이동하면서 눈에 들어오는 한강변의 모습을 그림 보는 듯이 아름답게 읊었다. 정자에서의 벅찬 감격을 안고 한번 크게 취하였을 때 덩굴 사이에 걸린 달이 물가를 비치니 흥취가 더욱 커 간다. 화자는 처음부터 끝까지 정자 주변의 정경에 심취되어 크게 감격하고 있다.

망원정

유홍(兪泓)59)

왕손의 정자 맑고 그윽한 자리에 있고
취한 뒤 올라가서 바라보니 먼 곳까지 보이네
구름이 엷으니 햇빛은 절반만 비치고
바람이 가볍게 부니 아지랑이 걷히지 않네
작은 배 타고 와서 술주머니를 따르니
일개 벼슬아치 기리 마소유가 부끄럽네
돌아갈 생각 품고 앉아 시 읊기에 고생하는데
저녁 조수가 와서 흰 마름이 물가로 밀리네

王孫亭勢占淸幽 醉後登臨聘遠眸 雲薄日光時半漏
風輕嵐氣不全收 扁舟來逐鴟夷子 一宦長慚馬小游
坐滯歸期吟正苦 暮潮初落白蘋洲 (兪泓:望遠亭・『麻浦區誌』 p.607)

  생존연대로 보아 시인은 희우정이 망원정으로 이름이 바뀐 뒤에 쓴 것이며, 앞의 명나라 사신 예겸의 시를 차운하였다.
  월산대군의 정자는 아주 좋은 자리를 차지하고 있으며, 술에 취해 찾아 올라가니 먼 곳까지 눈에 들어온다고 하였다. 망원정이라는 정

---

59) 유홍(兪泓 1524~1594) 조선조 선조 때 명신. 호는 송당(松塘). 벼슬이 좌의정에 올랐으나 참언에 의하여 사직. 시문에 능하였고 『송당집』(松塘集)이 있다.

자 이름에 부합시켜 읊었다.

　일엽편주를 타고 와서 치이자(鴟夷子 : 말가죽으로 만든 술주머니, 일설에는 중국 춘추시대 말기의 월나라의 범여를 말한다고 함)를 따른다 함은 술주머니를 따라 정자를 찾아감을 말하는 것이며, 마소유(馬小游 : 중국 후한 때 사람으로 나는 의식(衣食)만 어느 정도 충족되고 고향에서 착한 사람이란 말을 들으면 그만이라고 하였다.)와 같은 욕심이 없고 정직한 사람이 되지 못한 것을 부끄럽게 생각하였다.

　고향에 돌아갈 생각을 품고 향수를 달랠 시 짓기에 고생하는데 마침 저녁에 조수가 밀려와서 흰 마름이 파도에 휩쓸리는 정경을 보고 있으니 시상이 떠오름을 암시한다.

　지금 망원정의 분위기는 옛 정취는 전혀 볼 수 없다. 비로 앞에 고속도로가 있어 쉴새없이 질주하는 자동차의 소음과 매연은 이 정자의 존재 가치를 무의미하게 만드는 것이 아닌지 걱정스럽다.

영평팔경의 중심지 : 금수정(金水亭)
― 경기도 포천군 창수면 오가리 (향토유적 제17호)

　연천군 전곡에서 버스를 타고 37번 도로를 북으로 달려가면 창수면 오가리가 나온다. 이곳 삼거리에서 하차하면 금수정이 있는 곳이다. 처음 가는 길이라 마을 사람에게 정자의 위치를 물으니 모르는 사람이 더 많다. 그만큼 관심이 적다는 뜻이 되겠다. 젊은 학생의 안내로 나지막한 언덕에 나있는 오솔길을 오르니 양돈과 양견의 마을이 나타난다. 도착도 하기 전에 개 짖는 소리와 돼지의 배설물 냄새가 코를 찌른다. 첫 인상이 유쾌하지 못하였다.
　여기를 지나니 바로 앞에 정자가 모습을 드러내었다. 절벽 위의 평평한 대지에 서 있다. 포천의 옛 이름은 영평(永平)이다. 이 정자는 영평천 상류에서 하류에 펼쳐진 영평팔경 중의 중심지이다. 정자에서 바라보니 영평천이 먼 데서 정자를 향해 정면으로 흘러 들어온다. 시야의 끝은 지평선이 아니라 아파트마을이 가로막고 있다. 이 정자를 에워싸고 흐르는 물이 이곳에서 잠시 쉬는 듯하더니 우

금수정

두연(牛頭淵)을 만들고 다시 흘러내려 간다.

　정자는 영평천의 수면에서 약 8m 정도가 되는 절벽 위에 있다. 이 정자 주변에는 안동 김씨가 세운 '안동김씨세천비'가 있고 그 주변에는 약재(若齋) 김구용(金九容)을 중심으로 공동묘지가 형성되어 있다. 비문에 의하면 김구용이 이곳을 소요하다가 문득 지형을 소머리 형상이라 하였고, 그의 둘째 아들 명리(明理)가 탄곡(炭谷)에 은퇴하고 있을 때 여기에 정자를 세우고 우두정(牛頭亭)이라고 명명하였다. 이로 보아 이 정자를 건립한 사람은 김명리이며, 세종 때였다. 이 정자는 한때 양사언(楊士彦)의 소유였다. 그것은 양사언이 안동김씨 외손이어서 그를 기리기 위하여 새로 단장하여 기증하였다고 한다. 양사언은 김씨의 김과 창수라는 수를 따서 금수정이라고 이름을 바꾸고 직접 현판을 써서 걸었다.

양사언이 죽은 뒤에는 안동김씨가 관리하게 되었다. 주위에는 창옥병(蒼玉屛)·연화암(蓮花岩)·동천석문(洞天石門) 등 명승지가 있어 박순(朴淳)·이덕형(李德馨)·한호(韓濩)·이서구(李書九) 등 당대의 유명한 신인묵객들이 찾아와서 시와 시화(詩話) 등 풍류를 즐겼다.

정자의 동북쪽 암벽에 새겨진 「금수정」(金水亭)이란 글씨를 비롯하여 정자로부터 10m 떨어진 바위에 새겨진 「취대」(翠臺)와 냇가 한복판 바위에 새겨진 「부도」(浮島)라는 각자(刻字)들은 강호한정의 옛 자취를 보여주고 있다.

양사언의 편액이 걸려 있던 금수정은 6·25전쟁 때 없어지고 기단과 장초석만 남아있던 것을 1989년에 관계 문헌과 현지답사를 통한 고증에 의하여 현재의 모습으로 복원과 중수를 하였다. 지금 걸려 있는 현판은 암벽에 새겨진 양사언의 글씨를 탁본한 것이다.

건물의 구조는 정면 2칸, 측면 2칸이며 처마 높이 4m, 최고 높이 7m, 그리고 기단은 화강암 초석이며 겹처마 팔작지붕 형식이다.

정자 뒷들에는 안동 김씨 세천비(世仟碑)가 있고 양사언의 시조 "태산이 높다하데 하늘 아래 뫼이로다…"라는 시조비를 비롯하여 김구용(金九容)·이숭인(李崇仁)·이색(李穡)·정몽주(鄭夢周) 등 고려 말의 명인의 시를 기단에 큰 돌을 올려놓고 함께 새겨서 운치를 더했다.

우두정에 의지하여 머물다

박순(朴淳)60)

우두정 물가집에 자주 묵으니
풍토에 대해 보고 듣는 것 차츰 많아 졌네
마을 사람들은 늘 범과 표범에 대한 걱정을 말하고
시냇가 아낙네는 유행하는 화장을 모른다네
숟갈로 나무 허리를 깎아 흰 꿀을 거두고
마을 밖에서는 메조를 찧는 절구소리 들리네
늙은이는 새로 와서 하는 일이 없으니
책상 위에는 먼저 약재 캐는 책을 펼치네

累宿牛頭水上宿　漸於風土見聞詳　洞民常道虎豹患　溪女不知時世粧
匙刮樹腰收白蜜　杵鳴村外搗黃粱　老夫新到無他業　案上先披藥採方
(朴淳 : 累宿牛頭亭 ·『思庵集』)

　사암(思庵) 박순은 중앙의 정치무대에서의 치열한 당쟁을 보고 피하여, 천연사(天然師)를 만나 그의 권고에 의하여, 이곳 영평(포천의 옛 이름)에 정착하였다. 그 해가 1586년(선조 19)이며 양사언이 죽은 지 2년에 해당한다.
　이 시는 화자가 우두정이 있는 물가집에서 살면서 읊은 시이다. 화자는 마을 사람들의 살아가는 모습에 시선을 보냈다. 시냇가 아낙

---

60) 박순(朴淳 : 1523~1589) 조선조 선조 때 재상. 호는 사암(思庵). 1572년에 영의정이 되어 14년간 재직하다가 당쟁이 치열한 중앙무대를 떠나 영평 백운산(永平 白雲山)에 숨어 살았다.『사암집』(思庵集) 6권이 있다.

네들이 화장을 하지 않은 소박한 모습, 호랑이와 표범이 나타나서 마을 사람들이 걱정하는 모습, 나무껍질을 깎아서 꿀을 채취하는 모습, 메주를 방아에 찧는 소리 등, 자기가 거처하고 있는 주변 사람들이 평소 살아가는 모습을 사실적으로 읊었다.

  화자 자신은 이곳에 새로 옮겨 오면서 별로 할 일이 없어서 약초를 캐는 방법이 기록되어 있는 책을 보고 있다. 아무런 욕심이 없이 살아가는 마을 사람들의 소박한 삶의 방식을 리얼하게 읊었고, 이러한 가운데 화자도 약초를 캐면서 살아갈 준비를 하고 있다.

사암의 묘에 조문하고 금수정에 오르다

동은(峒隱)

존경하는 사암선생의 묘소에는 풀이 우거지고
푸른 강가 들판의 노인 집에는 단풍잎이 떨어지네
속세를 떠돌던 지난 일 마음 상하기 몇 번이던가
홀로 와서 마음이 쓸쓸한데 해는 저물어 가네

草深翁仲思庵墓 楓落滄江野老家 浮世幾回傷往事
獨來惆悵日西斜 (峒隱 : 弔思 庵墓因登金水亭・『峒隱集』)

  박순은 이곳에서 살다가 1589년에 서거하였다. 시적 화자는 박순의 묘를 조문하고 이곳 금수정에 올랐다. 시선을 푸른 강가에 있는 노인집에 옮기니 단풍잎이 떨어지는 계절이었다. 자연환경에 대한 관찰에서 다음에는 자기 자신이 걸어온 시간을 더듬어 본다.

지난날을 되돌아보니 속세를 떠돌며 여러 가지 마음 상하던 일을 생각하나, 지금 산속의 삶이 한가하고 마음이 편안한 분위기와 대조하면서 현재의 생활에 만족한다. 화자는 지금 정자에 홀로 올랐다. 때마침 해가 서산에 지고 있었다. 자기 인생도 저 해처럼 지금 서산으로 기울고 있다는 생각을 한다. 인생이 무상하다는 생각에 사로잡힌다.

금수정

이덕형(李德馨)61)

금빛 물결과 은빛 모래 한결같이 평평하고
골짜기 구름과 강가에 내리는 비에 백구가 더욱 선명하네
참됨을 찾아 우연히 무릉도원 길을 찾아가니
고기배 보내지 말라 산촌마을에 가네
金水銀沙一樣平 峽雲江雨白鷗明 尋眞偶入桃源路
莫遣漁舟山洞行 (李德馨 : 金水亭·『永平郡邑誌』)

금수정의 아름다운 환경임을 기리는데 인색하지 않았다. 금빛 모래와 은빛 모래는 금수정이란 이름과 부합시켰다. 구름과 비와 그리고 백구 세 가지 자연물이 함께 연출하는 자연현상을 화자는 호기

---

61) 이덕형(李德馨 : 1561~1613) 조선조 중기 때 예조 판서와 대제학, 그리고 영의정을 지냄. 명나라에 가서 원군 5만 명을 보장 받고 돌아왔다. 임란 때 이순신과 합동작전으로 왜적을 물리쳤다. 광해군의 영창대군사건에 연루되어 면직되었다. 『한음집』(漢陰集)이 있다.

심에 찬 시선으로 바라보았다.

　금수정 주변을 화자는 무릉도원과 같은 이상향으로 간주하고 그곳을 찾아간다. 「도화원기」(挑花源記)에서 뱃사공이 무릉도원을 찾아가는 모습을 생각하면서 자신도 배에서 내려서 산길을 걸어서 도원을 찾아가는 어부와 같다고 생각하였다. 이상향을 찾으려는 소망이 반영되었다.

금수정

조대수(趙大壽)62)

아침에 나귀를 타고 석문에 이르니
산골짜기 물에서 놀던 백로는 두 무리로 나누었네.
무릉도원의 닭과 개들은 마을을 이루었고
율리의 전원은 자작촌이었다네
푸른 절벽의 옅고 짙은 그림은 눈을 홀리게 하고
우묵한 술단지는 나룻배에 흔들리어 뒤집혔네

朝日騎驢到石門 溪流白鷺勢中分 桃源鷄犬曾成巷
栗里田園自作村 蒼壁依微濃畫幻 窪尊游泳小舡飜 (趙大壽 : 金水亭·
『止窩稿中』p.188)

　나귀를 타고 정자를 찾은 화자는 물에서 놀고 있는 백노에 시선

---

62) 조대수(趙大壽 : 1655~1721). 호는 지와(止窩). 사헌부 감찰. 예조와 병조의 좌랑(左郞), 기묘과옥(己卯科獄) 사건에 연루되어 파란 많은 생애를 보냈다. 『지와고중』(止窩稿中)이 있다.

을 보낸다. 그리고 정자에서 바라보니 도연명의 「도화원기」에서 어부가 찾은 평화스러운 무릉마을의 닭과 개소리를 연상한다. 그곳을 생각하면서 지금 자기가 보고 있는 마을이 그곳이 아닌지 착각할 정도로 감동한다.

    율리(栗里) 또한 도연명이 살던 옛 고향이다. 그곳의 전원과 같이 평화스러운 마을에서 지금 농민들이 농사를 짓고 있다. 푸른 절벽은 그림처럼 아름답게 채색되어 있어서 환상적이다. 이 아름다운 마을에서 풍류를 즐기기 위하여 술 단지를 배에 싣고 가다가 배가 뒤집혔다. 그러나 아쉬운 생각이 없다. 오히려 자연 현상이라 생각하고 마음에 꺼리는 것이 없는 한가하고 평화스럽고 여유 있는 마음이 그대로 반영되었다.

용의 전설을 간직한 : 보산정(寶山亭)

— 경기도 양평군 단월면 보룡리 산 33-2(향토유적 제11호)

　보산정은 고려말 공민왕 때 무안 박씨 선조인 간의대부(諫議大夫)인 박정(朴禎 : 호는 松林)공이 당시 정계와 왕궁의 혼란을 피해 낙향하여 이곳에 시회장(詩會場)으로 건립한 것이 그 기원이라 한다. 그 때가 1375년(우왕 1)이다. 여기가 시를 짓고 읊기도 하고 환담하던 곳이다.

　그 후에 6대손 이조참판 박원겸(朴元謙)이 수학당(修學堂)으로, 혹은 저명한 유림들과 애국지사들의 시회장으로 활용하였고, 재야인사들이 소요하는 곳으로 사용하였다.

　오랜 세월이 흐르는 동안 여러 번 중수를 거듭하였으며 지금 건물은 1955년에 마루를 축조하고, 1974년 무안 박씨 종중에서 기둥과 벽 등을 콘크리트로 복원하였다.

　정자의 주변에는 노송들이 운치 있게 둘러싸여 있고 전면에는 신비로운 연못이 있고, 거기에는 다음과 같은 전설이 전해내려 오고 있다.

보산정

조선 영조 때 무안 박씨가 이 고상에서 부유하게 살고 있었는데 하인들의 잘못으로 큰 화를 입게 되자 집주인이 하인들을 모두 죽이라 하였다. 그 중 한 사람이 산중으로 도망하여 승려가 된 뒤에 자칭 도사가 되어 중벌로 죽은 동료의 한을 풀어주고자 박씨집 연못에 있는 청룡과 황룡을 없애려고 소금 100섬을 뿌렸다. 그러자 청룡은 보산정 아래 깊은 못으로 가고 황룡은 용문면 광탄리에 있는 봉황정 아래 못으로 갔다고 한다.

뒷날 무안 박씨 문중이 다시 왕성하여지자 두 용이 다시 못으로 옮겨 오도록 기원하기 위해 박수봉(朴壽奉)이 재건하였다는 전설이 전해 내려오고 있다.

정자의 구조는 정면 2칸, 측면 2칸 팔작지붕에 골기와를 얹은 정방형 굽도리집이며 겹처마에 단청을 하였다.

정자 내부에는 현판시가 한 점도 없다. 양평군 문화원에 제영시 작품이 있으면 복사하여 보내 달라고 의뢰하였더니 『운계서원지』(雲溪書院誌)와 『지평향교지』(砥平鄉校誌)에서 복사한 것을 보내 왔으나 세심정과 봉황정 제영 몇 수만 있고 보산정은 한 수도 볼 수 없었다. 그래서 『한국문집총간』(韓國文集叢刊 : 민족문화추진위원회 간행으로 삼백여 권이나 되는 방대한 문집)에서 찾아보았으나 역시 허사였다. 하는 수 없이 보산정 제영은 여기에 실을 수 없음을 유감스럽게 생각한다.

황룡이 내려앉은 : 봉황정(鳳凰亭)

— 경기도 양평군 용문면 광탄리 (향토유적 제24호)

 강원도를 지나서 굽이굽이 흐르는 북한강은 금강산에서 발원하여 경기도 양평 양수리에서 남한강과 합류하여 한강을 이룬다. 이 북한강은 수량이 풍부하고 경관이 뛰어난 곳이 많다.
 경기북부와 북한강 주변은 대부분 산악지대로 되어 있으며 따라서 물살이 급한 맑은 강물이 흐르는 명미한 산천을 이루고 있다.
 경기도 양평은 바로 남북한강이 만나는 곳이며, 물의 도시라고 할 수 있다. 북한강 지류를 전부 흡수하여 산수의 아름다움을 마음껏 뽐내는 곳이다.
 이러한 절승의 고장답게 이 양평군내에는 특별하게 정자가 많다. 용문면의 세심정, 봉황정, 택승정, 그리고 인접해 있는 단월면에는 보산정이 있다. 그것은 물이 맑고 산이 아름다운 천혜의 지대이기 때문일 것이다.
 봉황정은 용문산 줄기가 남한강의 지류인 과천이 여울진 위에 돌출한 바위 위에 서 있다. 그 주위에는 노송과 거목이 울창하고 수십

길이의 절벽 밑은 깊은 못으로 되어 있다. 지금도 황룡이 검푸른 물속에 숨어 있는 느낌을 준다. 정자 아래쪽은 심성천 유원지로 여름철에는 피서객들로 붐비는 곳이다.

봉황정이란 현판이 달려 있는 목조로 된 출입문을 통하여 굽은 계단을 올라가면 구성대(九成臺) 또는 남휘정(灠輝亭)이란 또다른 현판이 보인다. 결국 이 정자에는 세 개의 현판이 걸려 있는 셈이다. 성스러운 시대의 풍류가 아홉 번 이루니 봉황이 와서 춤추는 현상이라하여 구성대란 이름이 붙었고, 봉황이 천길을 날다가 덕이 빛나는 것을 보고 내려앉았다는 뜻으로 남휘정이라고 불렀다.

이 정자는 1460년(세조 6)에 대제학인 양성지(梁誠之)가 단월면 보룡리에 있는 보산정(寶山亭)에서 날아온 황룡을 위로 하고 오래 머물게 하기 위하여 건립하였다고 한다. 누각 위로는 봉황이 춤추고, 누각 아래 깊은 못에는 황룡이 서리어 있다는 전설이 전해 내려오고 있다.

그러나 다른 기록에는 1624년(인조 2)에 이곳 남원 양씨인 선조 이조참의 양응청(梁應淸)과 병마절도사 양응함(梁應涵) 두 분이 창건한 것으로 되어 있다. 창건이 아니라 중창(重創)한 것으로 본다.

그 분명한 것은 양성지가 세조 때 이 정자와 택승정(澤升亭)을 동시에 건립하였다는 기록이 더욱 믿을 만하다.

봉황정은 창건 이래 양씨 문중과 이 고장 청소년의 교육장으로 사용하여 왔으며 여기서 양헌수(梁憲洙)를 비롯하여 수많은 인재들이 양성되었고, 이항복(李恒福), 이식(李植), 김창흡(金昌翕), 이중하(李重夏) 등 당대의 명사들이 시운과 풍류가 깃든 시작품들을 남겨 놓았다.

봉황정

1790년(정조 14)에 중건하였으나 소실된 것을 1967년 남원 양씨 종중에서 옛 모습대로 복원하였다. 규모는 정면 3칸, 측면 3칸이며 정방형이다. 팔작지붕에 한식 골기와를 얹은 겹처마이며 내부에는 누마루를 놓았다. 건물 전체가 아담하고 균형이 잡혔으며 단청이 아니라 적갈색만으로 된 건물이다.

봉황정 서쪽 500m 지점에 탁승정(澤升亭)이 있다. 노송 숲 속에 있는 이 정자는 1460년(세조 6) 봉황정과 함께 대제학 양성지가 궁술 연마를 위하여 창건하였다. 봉황정에서 글을 읽고 이 정자에 와서 활쏘기를 익혀서 문무를 겸비한 인재를 양성하였다. 조선말기 공조판서와 형조판서를 지낸 양헌수(梁憲洙)가 병인양요(丙寅洋擾) 때 강화도에서 적을 섬멸하는 큰 공을 세운 것도 이곳에서 무술을 연마한 데서 유래하였다고 한다. 건물 구조는 정면 3칸, 측면 2칸의 팔작지붕으로 목조건물이며 자연초석 위에 원주를 세웠고 내부바닥은 누마루로 되어 있다.

봉황정

이중하(李重夏)

노래하던 봉황은 지금 어디 있는가
옛 정자에 세월만 깊었구나
들은 평탄하고 산은 단아하니
물결이 고요하고 나무는 맑은 숲을 이루었네
천년의 먼 자취를 생각하니
온통 결백한 마음에 만족하네
선조들이 성취한 일 전함이 오래 되었으니
큰 나무가 이미 숲을 이루었네

詠鳳曾何在 古亭歲月深 野平山蘊藉 波靜樹澄森 千載懷遠躅
一般愜素心 肯堂傳久遠 大樹已成林 (李重夏:鳳凰亭)

　노래하던 봉황은 간 데 없고, 정자마저 세월의 무게를 이기지 못하여 화려하였던 옛모습을 잃었다. 화자는 여기서 세월에 대한 덧없는 심회를 읊었다.
　들, 산, 물결, 나무 등 정자의 주변을 둘러싼 자연물이 한결같이 화자의 마음에 흡족한 조건을 제공하여 줌으로서 자랑스러운 고장임을 인식한다.
　천년을 내려온 오랜 역사 속에 선조들이 남겨 놓은 깨끗한 마음에서 이룩한 성취가 후세에 오래 전하여 나무는 이미 큰 숲을 이루 었음을 자랑스럽게 생각한다. 화자는 이 고장을 봉황이 내려온 깨끗한 성지로 생각하고 오랜 역사를 통하여 내려온 전통을 통하여 더욱 번영하게 된 지대로 인식하였다.

봉황정

이기하(李紀夏)

맛있는 술과 홍엽의 계절에 와서 놀던 생각이 나서
문득 정자에 오르니 부질없이 세월만 흘렀구나
바위에 새긴 이백의 사상공시는 바다와 산악을 쳐다보고
천자가 양장군에게 내린 깃발은 산언덕을 감동시키네
많은 화살은 그 기운이 멀리 두견이 우는 산마루에 미치고
폭포의 맑은 빛은 모름지기 모래톱에 퍼졌네
봉황은 떠나고 지금은 단지 세상을 피해 살고 있으니
긴 노래 지는 해에 또다시 한가하게 근심하네

綠尊紅葉記曾遊 忽漫登臨歲月流 丞相詩篇瞻海岳
將軍旌節感山邱 百弓遠勢杜鵑嶺 匹練澄光須彌洲
鳳去只今楚狂在 長歌落日又閒愁 (李紀夏 : 鳳凰亭)

화자는 단풍이 물든 아름다운 계절에 맛있는 술을 마시며 이 정자에서 놀던 생각이 나서 문득 다시 정자에 올라 보니 세월이 많이 지난 것을 느낀다.

바위에 새긴 이백(李白)의 사상공(沙相公)에 대하여 읊은 시편은

높은 산악을 쳐다보고, 강화도를 지킨 양장군에게 내린 임금의 깃발
은 산언덕을 감동시킨다.
 화자는 이백의 시와 이 정자를 중심으로 문무를 겸비한 기량을
연마한 양절도사의 무공을 생각하면서 감회에 젖는다. 그리고 장군
의 활솜씨도 함께 찬양한다.
 화자는 폭포에 시선을 옮겨서 깨끗하고 아름다움에 감동하면서
봉황이 살았다는 이 정자의 전설을 생각하고, 지금 떠나고 없는 오
늘을 아쉬워한다.
 긴 노래를 부르며 지는 해를 바라보니 한가한 마음에도 수심이
깃든 것을 느낀다.
 수련에서는 녹색과 홍색의 색감을 통하여 지난날의 아름다움을
상기한다. 그러면서 아름다운 과거와 근심스러운 현재의 감정을 대
비하여 본다. 이백의 시편과 장군의 무공은 지금도 변함이 없으나
봉황새가 떠나간 지금의 마을은 쓸쓸하기만 하다. 세월의 흐름 앞에
무력함을 자각한 화자의 정서가 깃들어 있다.

봉황정

양창석(梁昌錫)

덕이 빛남을 보고 찾아와서 옛 일이 잘 다스려짐을 생각하니
대대로 내려온 임금의 솜씨가 잠깐 빛나 보이네
숲 사이로 들려오는 목동의 피리소리 바람에 전해 오고
난간에 기대어 시 쓰기에 근심하니 새 떠나는 소리 들리네
한 줄기 광탄마을에 울림소리만 남기고 떠나 갔으나

백년이 되는 큰 나무는 오래 살아서 번성하였네
이 세상은 뽕밭이 바다로 변하는 것처럼 잠시 사이에 변하니
무너진 정자를 다시 고치는 것은 다함이 없는 정성이라네

觀德舊原憶泰平 祖宗手澤姑分明 隔林牧笛風傳曲
倚檻詩愁鳥送聲 一脈廣灘遺響去 百年巨木晚榮生
世間桑海須臾變 頹宇重修不盡情 (梁昌錫 : 鳳凰亭)

　이 정자는 일명 남휘정이다. 봉황이 천길을 날다가 덕이 빛나는 것을 보고 내려앉았다는 전설에 의해 붙여진 이름이다. 이와 같은 전설이 내려오면서 이 지대는 잘 다스려지고 편안해졌다. 이 시의 수련은 바로 이러한 전설에 의거하였고, 그것은 역시 역대 임금님의 솜씨에 의해 빛났다고 생각한다.
　숲속에서 바람결에 들려오는 목동들의 피리소리는 평화스러운 마을 풍경이다. 이러한 분위기에 촉발되어 시를 짓고 싶은 마음이 생긴 것도 그 때문이다. 화자는 광탄마을을 떠난 봉황새 소리를 듣는다. 이 새로 인하여 마음이 평화스러웠다고 생각했으나 그 새가 떠난 지금 이 마을은 삭막한 지대로 변했다고 보았다. 그와는 대조로 백년 묵은 이 마을의 나무들은 변함없이 번영을 계속한다. 역시 믿을 수 있는 것은 자연 뿐이다.
　상전벽해처럼 급격하게 변하는 세상 속에 정자 역시 오랜 세월의 풍파에 견디지 못하여 무너져 버렸다. 그러한 정자를 재건하는 노력은 이 마을 사람들의 정성에서 나온 것이다.
　화자는 이 세상에는 변하는 것과 그렇지 않은 것을 비교하면서 오랜 역사 때문에 퇴락의 길을 걷는 건물을 재건하는 것이 후손들

이 해야 할 당연한 일이라고 생각한다.

봉황대에 올라

이항복(李恒福)63)

대는 높은데 빈 이름만 걸려 있고
사람들은 전하여도 새들은 알지 못하네
고요하고 아름다워도 지금은 적적하고 쓸쓸하니
어느 날에 봉황이 다시 찾아올 것인가

臺峻墟名設 人專鳥不知 肅韶今寂寞 何日一來儀
(李恒福 : 登鳳凰臺 · 白沙集)

"빈 이름만 걸렸고"는 봉황이 날아가 버리고 봉황대란 이름만 남아 있다는 뜻으로 화자의 쓸쓸한 정서가 표현되어 있다. 사람의 입을 통하여 봉황에 대한 전설은 지금도 그대로 전해오고 있는데 무심한 새들은 이와 같은 사실을 알지 못하고 있으니 안타까운 심정에 사로잡힌다.

봉황의 전설과 함께 이 정자는 지금은 고요하고 아름다우나 반면에 화려한 이름에 비하면 봉황은 지금 없으니 적적하고 쓸쓸한 기운이 돌고 있다. 옛날에 이곳을 떠난 봉황은 언제 돌아올 것인가 기약 없는 일이기 때문에 화자는 수심에 대한 정서를 되씹고 있다.

---

63) 이항복(李恒福 : 1556~1618) 호는 백사(白沙), 시호는 문충(文忠). 1580년(선조 13)에 문과에 급제, 1592년 임진왜란 때 도승지가 되어 왕을 모시고 의주까지 피난. 영의정에 책봉, 영창대군의 구원에 힘썼고, 폐모론에 반대하다가 북청에 귀양가서 그곳에서 사망. 『백사집』(白沙集)이 있다.

봉황정

김창흡(金昌翕)64)

바위는 높이 솟고 강물은 소리내고 푸른 들은 평평한데
봉황대를 처음 구경하니 아름다운 이름이 마음에 드네
세 번이나 이곳에 와서 새로 지은 배를 불렀으나
오늘에야 방금 물결 따라 떠나감을 알았네

石矗江鳴綠野平　鳳坮初賞愜佳名　向來三喚新淵舸　今日方知摠浪行
(金昌翕 : 鳳山亭)

 높은 바위, 소리내는 강물, 평평한 푸른들 등 정자 주변의 아름다운 자연환경에 애정 어린 시선을 보낸다. 화자는 오늘 처음 이 정자에 오른다. 그리고 다만 아름답다는 한마디로 모든 경물을 집약하여 표현하였다. 세 번이나 이곳에 와서 새로 만든 배를 타고 뱃놀이가 하고 싶었으나 뜻을 이루지 못했고 오늘에서야 타보니 물결 따라 떠가는 배인 것을 알게 된다.
 시 전반부에서 정자의 자연환경이 마음에 든다 하였고, 후반부에서는 그냥 눈으로만 보는 정자가 아니라 환경과 어울려 친화의 즐거움도 함께 맛보고 있다.

---

64) 김창흡(金昌翕 : 1653~1722) 조선조 숙종 때 학자. 호는 삼연(三淵), 성리학에 능하여 형 김창협과 더불어 덕업과 명성이 높았다. 영조 때 이조판서에 추증되었다. 『삼연집』(三淵集)이 있다.

육각 원당형의 : 세심정(洗心亭)

— 경기도 양평군 용문면 덕촌리 산 137

　　세심정은 용문산 줄기를 따라 동쪽으로 약 8km 지점인 덕촌리 퇴촌부락에 있다. 정자를 찾아가는 도로변에는 세로 3m, 가로 30cm 가량의 크기로 「평양조씨세장동구」(平壤趙氏世藏洞口)라는 글자가 음각된 표석(標石)이 있다. 전하는 바에 의하면 조욱(趙昱)의 필적이라고 한다. 이곳에서 300m 정도 진입하면 야산 기슭의 높은 언덕에 자리 잡은 정자가 나타난다. 정면에는 웅산(熊山)과 용소복(龍沼伏)을 전망할 수 있고, 사면은 울창한 노송으로 둘러싸여 있으며 20m 전방에는 연지(淵池)가 있다. 정면 16m, 측면 11.5m의 규모이며, 석축으로 이루어졌다. 가운데는 노송이 운치 있게 서 있다.
　　이 정자는 조선조 중·명종 때 학자 조광조(趙光祖)의 수제자인 조욱(1498~1557)이 기묘사화를 피하여 이곳에 은거하여 제자들에게 도학을 강론한 곳이다. 사화의 화를 면하고 모친상을 당하여 용문산에 복거한 것이 퇴촌(退村)이란 마을 이름의 유래가 되었다.
　　정자의 규모는 6각 원당형(圓堂形)에 목조건물이며, 팔작지붕에 골

세심정

기와집이다. 7개의 주초석 위에 6각의 기둥을 세웠고 툇마루로 되어 있다. 1985년에 군에서 원형 그대로 중수하였다. 이 정자의 창건 연대는 1561년(명종 16)이며, 조욱의 세심당이란 당호에 따라 정자 이름을 지었다고 한다.

세심정

조구상(趙龜祥)

봄에 물이 흐르는 깊은 골짜기를 찾아
말을 몰고 떠나서 신선경에 이르렀네
바위는 대를 이르고 나무에 의지하였고
마을에 이르니 물은 동구를 가리었네

지역 안에는 신선세계가 열리고
마을 밖에는 하늘과 땅이 펼쳐 있네
한가히 거닐면서 맑은 못가에 오르니
세심대란 뜻이 어찌 속이는 말이 되겠는가

尋春沿絶峽驅馬到仙源 石作臺倚樹 村臨水掩門 壺中開世界 象外有
乾坤 散步淸潭上 洗心臺詎言 (趙龜祥 : 洗心亭・『砥平鄕校誌』)

    화자는 봄을 맞아 말을 몰고 물이 흐르는 골짜기를 찾아든다. 바로 거기가 별천지인 신선세계이며 세심대이다. 결국 이 지대를 신선세계에까지 격상하여 찬미하였다.
    초목이 무성한 바위를 지나 마을에 이르니 물이 동구까지 가득차 있고, 마을 밖에는 하늘과 땅이 끝없이 펼쳐져 있다.
    정자 주변을 한가하게 거닐다가 맑은 물가에 도달한다. "세심"이란 마음을 새롭게 하여 면목을 일신한다는 뜻이며 나아가서는 잘못을 깨닫고 선으로 향한다는 뜻이다. 여기가 바로 이렇게 마음을 정화하는 고장임을 확인한다.
    시 전반부에서는 세심을 찾아 기행문식으로 주위 환경을 미화하였고, 후반부에서는 "세심"이란 이름에 상응하는 신선세계임을 인식한다.

신우인당이 용문의 세심정을 지나면서 읊은 시에 차운하여

이근원(李根元)

용문산에는 허물어진 옛터가 있는데

바야흐로 가을 기운이 짙어 아득하네
물은 맑아서 서리빛 지난 것 같고
산은 높아서 나뭇잎 떨어지는 소리 들리네
이제 아침에 찾아 왔으나 이후는 찾지 못할 것이니
지난달 선생의 유적은 우리를 감동시키네
근심과 즐거움을 내가 좇아 좋아하노니
세심은 나의 행동으로 삼으리라

龍門遺址在 秋風正崢嶸 水白經霜色 山高木落聲 今朝來後死 往蹟感
先生 憂樂從吾好 洗心爲此行 (李根元：次申友訒堂過龍門洗心亭韻·
『雲溪書院誌』)

용문산 주변에는 용문(龍門) 조욱(趙昱)의 유적이 남아 있는 곳이다. 화자는 깊이기는 가을에 이곳을 찾았다. 주변의 환경은 물이 많고 산이 높은 아름다운 지대다. 아침부터 이곳을 찾았으나 앞으로는 자주 올 수 없는 처지임을 생각하니 조욱의 유적이 우리를 더욱 감동시킴을 깨닫는다. 속세 인간들은 근심과 즐거움을 함께 간직하고 살아가는 존재인데 조욱선생의 마음을 새롭게 하여 면목을 일신하고, 잘못을 고쳐서 선으로 향하라는 "세심"의 뜻을 화자는 살아가는데 행동의 지침으로 삼겠다고 맹세한다.

용문선생의 유적을 두루 찾아다니다가 생전에 그가 살아간 업적에 감동함과 동시에 그의 "세심"의 정신세계에 깊이 감화된다.

신륵사 종소리 들려오는 : 영월루(迎月樓)
― 경기도 여주군 여주읍 상리 126-6 (여주군 문화자료 제37호)

　여주읍은 군의 중앙에 위치하고 있으며, 이 읍의 동북쪽으로 남한강이 흐른다. 이 강은 여주읍 한복판을 남북으로 가로질러 흐르며 이 고장의 역사와 함께 이곳의 토양을 비옥하게 하며 여기서 생산되는 쌀과 곡식을 명품으로 만들었다. 이 고을 사람들은 이 강을 여강이라고 부른다.
　읍에서 신륵사로 가는 길에서 여주대교 조금 못 미쳐 오른쪽 나지막한 산 위에 시원스럽게 높이 솟은 고풍스러운 누각이 보인다. 이름하여 영월루다. 원래 여주군청 정문이었으나 1925년 군청사를 신축하면서 당시의 신현태(申鉉泰) 군수가 파손될 것을 염려하여 이곳으로 옮겨 와서 거의 새로 짓다시피 중수하였다. 이 누각의 지금 위치는 읍의 번화한 거리를 피하여 충혼탑이 있는 공원동산 위에 서 있다.
　누각에 오르면 숲 속에 파묻힌 신륵사 대가람이 남한강변에 보일 뿐만 아니라 여주팔경이 한눈에 들어온다. 이 근처 북쪽 강기슭에

영월루

솟은 큰 돌을 마암(馬岩)이라고 한다. 전설에 의하면 여흥 민씨 시조인 민창도가 이곳 바위굴에서 나왔다고 한다.

누각의 구조는 팔작지붕에 골기와를 얹었고 사다리꼴로 치석한 석주 위에 원형 기둥을 세우고 누마루를 깔았다. 사방에 난간을 둘렀고, 특히 단청이 아름답다.

이 누각보다 훨씬 명성이 높았던 청심루(淸心樓)가 있었다. 고려말의 이색·정몽주 등 40여 시객들이 제영시가 걸려 있었다고 하나 실화로 소실되어 지금은 주초석 만이 흩어져 있을 뿐이다. 하루 빨리 재건되어 옛날의 명성을 되찾기를 바란다.

영월정에 대한 제영을 찾지 못하여 여주 문화원에 문의하였으나 거기에서도 없다고 하여 제영시를 실을 수 없어서 매우 안타깝다.

임진강 절벽 위의 : 화석정(花石亭)

— 경기도 파주군 파평면 율곡리 산100-5 (경기도 유형문화재 제61호)

파주는 경기도 서북단의 한적한 전원도시로 문화적 유적이 많을 뿐만 아니라 임진강변의 경치가 아름답고 서울과 가까운 곳에 위치하여 그 자연 경관을 즐기려는 시인묵객들이 자주 찾는 고장이다.

지금은 휴전선에 인접한 지리적 위치 때문에 파주하면 임진각과 자유의 다리가 먼저 떠오른다.

강과 바위가 절경을 이루고 있는 이곳에 정자를 지어 놓고 즐기던 시인과 은둔자가 많아 기록상으로 많은 정자가 있었으나 지금은 반구정과 화석정을 제외하고는 명칭만 남아 있을 뿐, 자취를 찾아보기 어렵고 위치조차 분명하지 않은 정자수가 무려 26동 정도나 있다. 이것들은 대부분 좋은 한강과 임진강변 일대에 있었을 것으로 추측된다.

파주시 법원리에서 북쪽으로 20여 리에 옛 임진나루의 바로 위쪽에 화석정이 있다. 정자 일대에는 노송이 우거지고, 아래에는 임진

화석정

강이 유유히 흐르는 경치가 매우 좋은 곳이다. 정자 좌측에는 수령이 530년, 높이 12m, 둘레 4.5m의 느티나무가 오랜 풍우에 시달려 줄기 한부분이 갈라져 시멘트로 땜질 해야만 삶을 지탱할 정도였다.

이 정자는 고려 말의 유신 길재(吉再)가 머물던 곳이라 하나 분명한 기록이 없다. 1443년(세종 25)에 율곡(栗谷)의 5대 선조인 이명신(李命晨)이 정자를 세우고, 이숙함(李淑諴)이 중국 당나라 재상인 이덕유(李德裕)의 별장인 평천장(平泉莊)의 기문(記文) 중에 보이는 "화석"(花石)이란 용어를 따서 정자 이름으로 삼았다고 한다. 그 후 율곡이 중수하고 관직에 있으면서 여가가 있을 때마다 이곳을 찾았고, 벼슬에서 물러난 뒤에는 여생을 이곳에서 보내면서 제자들과 함께 시와 학문을 논하였다고 한다. 당시 그의 학문에 매료된 중국의 칙사(勅使) 황홍헌(黃洪憲)이 이곳을 찾아 와서 시를 읊고 자연을 즐겼다고 한다.

　왜구의 침공에 대비하여 10만 양병설을 주장한 율곡의 상소를 받아들이지 않은 선조가 임진왜란 때 의주로 피난 가던 중 한밤중에 강을 건널 때 칠흑 같은 어둠 속에서 뱃길을 잡을 수 없었다. 이때 선조의 뱃길을 인도하던 이항복이 미리 화석정에 기름칠하여 불을 지르라고 지휘하였다. 화석정이 밝혀준 불빛을 뒤로 하여 선조는 무사히 강을 건너 의주에 다달았다고 전해 오고 있다. 그 후 80년간 빈터만 남아 있다가 1673년(현종 14)에 율곡의 증손들이 복원하였으나 1950년 6·25전쟁 때 다시 소실되었다.

　현재의 정자는 파주시 유림들이 다시 복원하고 1973년 정부가 실시한 율곡 선생 및 신사임당 유적 정화사업의 일환으로 단청되고 주위를 정화하였다.

　건물 정면의 「화석정」이란 현판은 박정희 전 대통령이 썼고, 내부에는 율곡의 8세작이라고 하는 「화석정」이란 현판시 하나가 걸려 있다.

　정자의 구조는 정면 3칸, 측면 2칸의 팔작기와지붕에 초익공집으로 조선시대 양식이다. 내부에 들어가지 못하게 건물 주위에는 나무 울타리가 둘러 있다.

　율곡은 8세 때 조상들이 살던 파주의 율곡마을로 내려 와서 살았다. 그 때 임진강이 내려다보이는 화석정에 올라 와서 아름다운 경치를 바라보면서 「화석정」이란 시 한 수를 남겼다.

화석정

이이(李珥)

숲속의 정자에는 가을이 이미 늦었는데
시인의 시상이 다할 길 없네
멀리 강물은 하늘에 이어져 푸르고
서리 맞은 단풍은 햇빛 받아 붉었네
산은 외로운 둥근 달을 내어 뽑았고
강은 먼 데서 불어오는 바람을 머금었네
변방의 기러기는 어디로 가는가
그 울음소리 저녁 구름 속으로 사라지네

林亭秋已晚 騷客意無窮 遠水連天碧 霜楓向日紅 山吐孤輪月
江含萬里風 塞鴻何處去 聲斷暮雲中 (李珥:花石亭·『栗谷全書』 詩
上 1:19)

화자는 화석정에서 저물어 가는 가을을 맞아 시를 쓰고 싶은 욕망에 사로잡혀 있다. 아득히 북쪽에서 흘러 들어오는 임진강과 서리 맞은 붉은 단풍에 먼저 시선을 보낸다.

날이 저물어 둥근 달이 떠오를 때 강은 바람을 맞아 잔잔한 물결을 일으킨다. 강과 하늘의 푸른색과 단풍과 달의 붉은색을 통하여 정자 주변의 아름다운 자연을 부각시켰다.

이렇게 자연에 대하여 객관적으로 서술하다가 결련에서는 울면서 정처 없이 떠나가는 기러기의 외롭고 쓸쓸한 모습을 발견한다. 결국 바람과 기러기를 통하여 화자는 정처 없이 방랑의 길을 떠나는 나그네의 쓸쓸한 정서를 대변하고 있다.

  8세의 어린 나이에 벌써 인생의 고독과 허무를 알았으니 조숙하다 할 수 있다.

화석정

서거정(徐居正)65)

    화석정 위에는 구름이 흐른 지 천년이 되었고
    화석정 아래에는 강물이 저절로 흐르네
    화석정 주인은 이백의 뒤를 이어
    풍류와 시주를 계승하였네
    어느 해에 주인은 여기에 삶의 터전을 잡았던가
    보물같은 옛 별장이 여기가 아니던가
    이것은 이원의 반곡은 아니며
    이덕유의 평천강이 바로 여기라네
    주인은 일찍이 출세하여 공훈을 세웠으나
    용감하게 물러나 전원에 돌아 왔네
    자연의 아름다운 풍경과 친한 벗이 되고
    지난날의 벼슬은 뜬 구름처럼 보았네
    정자에는 사시로 꽃이 만발하고
    붉고 흰 광채가 비단 무더기 같네
    정자 앞에는 흐르는 물이 유유하고

---

65) 서거정(徐居正 : 1420~1488) 조선초기 학자. 호는 사가정(四佳亭). 1444년에 문과에 급제. 대사헌을 비롯하여 조정에 봉사한 것이 45년, 과거시험만 23번, 창경궁의 전당·정각·여러 문의 현판 이름을 모두 명명. 『사가집』(四佳集) 43권, 『동국통감』(東國通鑑)·『동문선』(東文選), 『동인시화』(東人詩話), 『필원잡기』(筆苑雜記) 등의 저서가 있다.

푸른 물이 부를 때는 흡사 포도주와 같네
가끔 흥이 나면 작은 배를 물에 띄우고
목란과 계수의 노를 서어 큰 물결을 가로 지른다
중류에 배 띄워 가는대로 시켜 놓고
호탕한 말소리 우뢰 같아서 용을 놀라게 하네
술잔 들고 달을 보니 그 빛이 더욱 밝고
달이 지니 강에는 물결마저 잔잔하네
왼쪽에는 황학을 오른쪽에는 백구를 불러내니
하루살이 인생이 무슨 상관이겠는가
그대여 이 즐거움 아는 이 없으니
그대처럼 사리에 밝은 사람이 고금에 드물다오
내 또한 은거지가 장단에 있으니
10년을 돌아가고자 하나 아직 가지 못했네
어찌하면 돛배가 큰 물결을 가르며
많은 술 싣고 한번 찾아 갈 수 있으리
고래가 삼키 듯 많이 마시고 흠뻑 취하여
소리 높이 노래 부르며 두 다리로 뱃전을 두드리겠네

花石亭上雲千秋　花石亭下江自流　花石主人謫仙後　風流詩酒能箕裘
主人何年此卜築　無奈靑氈舊別業　不是李愿盤之中　定是德裕平泉宅
主人早策靑雲勳　急流勇退歸田園　江山風月作知己　過眼簪紱如浮雲
亭中四時花滿開　紅白爛熳雲錦堆　亭前流水去悠悠　綠漲恰似葡萄醅
有時乘興泛輕舫　蘭槳桂棹截洪濤　中流泛泛縱所如　豪談轉雷驚龍蛟
把酒問月月色多　月下落兮江無波　左招黃鶴右白鷗　蟻蠓人世於吾何
嗟君此樂無人知　如君明哲今古稀　我亦菟裘在長湍　十載欲歸今未歸
安得風帆破巨浪　載酒萬斛一相訪　鯨吞轟飮醉如泥　高歌兩脚鼓雙舫
(徐居正：花石亭・『四佳詩集』43:16)

칠언배률(七言排律)의 32구의 장시이다. 먼저 화석정 위를 떠돌아다니는 구름과 그 아래를 흘러가는 임진강의 자연 경관에서 시작한다.

이 시에서의 "주인"은 율곡이 아니라 이 정자의 창건자인 이명신(李明晨)이다. 주인은 당나라 시인 이백의 풍류와 시풍을 계승하였다고 하였으니 풍류와 시적 재능이 탁월함을 찬양하였다. 정자의 창건 연대는 알지 못하나 아주 귀중한 별장이며 당나라 문신인 이원(李愿)이 은거하던 반곡(盤谷)은 아니고, 그것은 당나라 시인 한유(韓愈)의 「이원이 반곡에 돌아감을 보낸다」는 시에서 "반곡의 한가함은 샘이 달고 땅이 비옥하고 초목이 무성하다"라고 읊었는데 그러나 화석정은 이와는 다르고, 당나라 이덕유(李德裕)의 별장인 평천장(平泉莊)은 주위가 십리이며 천하의 기이한 꽃과 특이한 풀, 진기한 소나무와 괴상한 돌이 한가함이 이르지 않는 곳이 없다. (가씨만록 : 賈氏漫錄)할 정도로 천하의 명소이다. 화석정의 주변 환경이 바로 이와 같다고 칭찬하였다.

정자 주인은 나라에 공을 세웠으나 벼슬을 뜬 구름처럼 보고 전원에 돌아와 강산과 풍월을 벗으로 삼았다고 하여 정자 주인의 자연 친화의 정신을 찬양하였다.

화자는 다시 정자에 시선을 보내면서 아름다운 꽃이 만발하여 비단 같고, 정자 앞으로 흐르는 물이 유유하며 불으면 포도주 같다고 하였다.

흥이 나면 배를 저어 가는대로 시켜 놓고 호탕하게 이야기 하며 뱃놀이도 하며 달빛 아래에서 술잔을 주거니 받거니 한다. 황학과 백구를 벗으로 하니 하루살이 인생이 이만하면 어떤가 하고 반문한다. 이와 같은 풍류를 아는 사람은 사리에 밝은 주인만은 알 것이다.

화자의 집은 정자에서 가까운 장단에 있고, 10년 전부터 돌아가고자 하였으나 뜻을 이루지 못하였다. 많은 술을 싣고 돛배를 타고 흠뻑 취하여 높은 소리로 뱃전을 두드리며 노는 날을 갈망한다.
　시의 형식이 길어서 신축성이 없고 따라서 내용이 산만하다. 주제는 정자 주변의 자연 환경이 절승이라는 것, 정자 주인이 풍월과 시주를 즐기는 풍류객이라는 것과 벼슬을 던지고 전원에 돌아와서 자연 친화의 생활을 희구하였다. 화자는 강에서 배를 띄우고 술 마시며 뱃전을 두드리고 큰 소리로 노래하는 것이 유일한 희망이라고 읊었다.

화석정 그림에 이판관 의석을 위하여 읊다

김종직(金宗直)[66]

이후는 자손으로서 어질기도 하다
선조의 집을 지금까지 잘 보존하였네
어느 물 어느 언덕을 소윤이 슬퍼하였고
꽃 하나 돌 하나도 평천장보다 낫네
현주의 비바람은 서해에서 불어오고
적현의 산봉우리는 반공에 솟았네
강평공이 자손을 위한 뜻이 영원함을 알고자 하면
마을 가득한 풍경이 바로 전해 오는 보배라네

---

[66] 김종직(金宗直 : 1431~1492) 조선조 초기의 학자. 호는 점필재(佔畢齋). 1459년에 문과에 급제. 성종 때 형조판서. 문장과 경술에 뛰어났고, 연산군의 무오사화(戊午士禍)로 무덤을 파헤치고 시체를 칼질하는 형벌을 받았다. 『점필재집』(佔畢齋集)이 있다.

李侯眞箇子孫賢　堂構如今不墮先　某水某丘悲少尹　一花一石勝平泉
玄州風雨來西海　赤縣峰巒落半天　欲識康平貽厥遠　滿村烟月是靑氈
(金宗直 : 花石亭圖爲李判官宜碩賦 『佔畢齋詩集』 19:5)

　이후(李侯)는 율곡의 증조부이며 황폐한 화석정을 재건한 인물이기 때문에 선조의 정자를 잘 보존하였다고 칭찬하였다. 이름 없는 보통 강산은 소윤(관직명. 정자를 창건한 이명신)이 좋아하지 않았다. 그렇기 때문에 정자 주변에 있는 꽃이나 돌은 당나라 때 이덕유(李德裕) 별장인 평천장보다 더 아름답게 만들었다.
　정자 주변의 바람은 서해로부터 불어오고, 적현산 봉우리는 공중에 솟아 있다. 바람과 산봉우리를 대조시키면서 자연환경의 아름다움을 형상화하였다.
　이 정자를 창건한 강평공(康平公) 이명신(李明晨)이 자손을 위해 기리 전하고자 이 아름다운 정자를 세웠으니 이와 같은 큰 뜻은 이 정자 마을의 풍부한 풍경을 보면 그것이 보배스러움을 누구나 충분히 알 수 있다고 하였다.
　화자는 정자와 관련된 인물들을 시의 소재로 등장시키고 그들의 노력에 의하여 정자가 아름다운 모습을 갖추게 되었으며 그 공적을 기리는데 중점을 두었다.

화석정에서 멀리 바라보다가 임진강을 건너다

이덕무(李德懋)67)

아침 햇빛이 붉고 깨끗하게 채양에 어리고
나직한 울타리의 한두 집이 늘어서 있네
이이(李珥)선생 일찍이 여기에 정자를 지었고
옛날 중국의 사신이 수레를 멈추었다 하네
옷이 밝으니 나무 끝의 저 강은 달빛이 가득하고
신발이 따뜻하니 성 밑 길이 꽃밭으로 들어가네
슬 많이 마시고 일부러 노 젓기를 천천히 하여
동파역 밖에 둥지로 돌아가는 까마귀를 따르려네

朝暉紅瀅帽簷霞　籬子低低一二家　老李先生曾築宇　皇華使者昔停車
衣明樹末江成月　鞋暖城根逕入花　轟飮故令搖櫓緩　東坡店外趁捿鴉
(李德懋 : 花石亭遠眺仍渡臨 津『靑莊館全書』·10)

　아침 햇빛을 받은 화석정 주변의 모습부터 시작한다. 중국 사신이 이 정자에 수레를 멈추었다는 것은 중국의 칙사(勅使) 황홍헌(黃洪憲)이 율곡의 학문에 감명 받아 찾아온 사실을 말한다. "나무 끝의 저강"은 먼 데서 흘러오는 강을 표현한 것으로 원근법 표현을 구사하였다. 아침 햇빛에서 달빛까지는 시간의 흐름을 뜻하며 화자는 하루 종일토록 주위의 경치를 관찰하였다. "신발이 따뜻하다"함은 많이 걸었다는 뜻이 되겠다. "일부러 노 젓기를 천천히 한다"는 것은

---

67) 이덕무(李德懋 : 1741~1793) 조선조 정조 때 문장가. 호는 형암(炯庵)·(雅亭), 문명이 높았으나 서출이었기 때문에 적성현감에 지나지 못하였다. 저서에 『청장관전서』(靑莊舘全書), 『아정유고』(雅亭遺稿) 등이 있다.

아름다운 자연을 자세하게 오래 보고 싶다는 심정을 나타낸 것이며, "둥지를 돌아가는 까마귀를 따른다"함은 술을 많이 마신 풍류놀이를 끝내겠다는 뜻과 함께 자연친화의 심정을 토로한 것이다.

파주군 법원읍에서 문산 방면 지방도로를 따라 200m쯤 가면 오른 쪽으로 자운서원(紫雲書院)으로 가는 마을길이 나있다. 이 길을 따라 2km 쯤 가면 서원에 닿는다.

율곡의 위패와 영정이 봉안되어 있는 이 서원은 기호사림(畿湖士林)의 본산이다. 1615년(광해군 7)에 창건되어 1649년에 효종의 "자운"이라는 사액을 내린 서원으로 율곡 학문을 이어 받은 김장생(金長生)과 박세채(朴世采)의 위패를 함께 봉안하고 제향을 올리는 곳이다. 화석정과는 어느 정도 거리가 있는 위치에 있다.

서원 오른 쪽에는 율곡기념관이 있다. 자운산 깊숙이 들어가면 율곡의 가족묘 13기가 한곳에 집결되어 있고 서원과 묘역 앞의 광장에는 '율곡교육연수원'이 있다.

갈매기 떼가 춤추는 : 반구정(伴鷗亭)

— 경기도 파주군 문산읍 사목리 190 (경기도 문화재 자료 제12호)

  파주는 황희(黃喜) 정승과 율곡(栗谷) 이이(李珥)를 비롯하여 당대의 명성이 높은 선비들이 자연을 벗삼아 만년을 보낸 곳이다.
  서울을 벗어나 자유로를 따라 행주대교를 지나고 재두루미 도래지와 통일동산을 거쳐 문산을 벗어나면 반구정 안내판이 나그네를 맞이한다.
  백로와 백구가 노니는 백사장과 숲속의 호젓한 산책로가 있고, 그 언덕 높이 반구정이 자리잡고 있다. 처음에는 낙하진(洛河津)에 인접하여 있어서 낙하정이라 하였으나 황희가 여기서 여생을 보낸 후 반구정이라 부르게 되었다.
  임진강변 절벽 위의 반구정은 조선 세종 때의 천백리 황희 정승이 갈매기를 벗삼아 노후를 지낸 곳이다. 푸른 강물이 아래로 굽이쳐 흐르고 송림이 울창해 예전에는 하얀 갈매기들이 많이 날아들었다.

반구정

　조망이 아름다운 이곳에 대하여 허목(許穆)은 「반구정기」(伴鷗亭記)에서 "정자는 파주 서쪽 15리 임진강 아래에 있고, 조수 때마다 백구가 강 위로 모여들어 들판 모래사장에 가득하다. 9월이면 기러기가 손님으로 찾아온다. 서쪽으로 바다는 20리에 있다." 이렇게 정자 주변의 아름다운 풍광을 서술하였다.
　임진강의 대안 가까운 산 너머에는 이북의 개성에 있는 송악산이 아득하게 머리를 내밀고 있으나 지금 갈 수 없는 땅이 되고 말았다. 그리고 정자 바로 밑에는 강변을 따라 철조망이 부설되어 있고 경비병이 수시로 순찰하는 긴장된 곳이다.
　정자의 규모는 정면 2칸, 측면 2칸의 장방형이며 바닥은 콘크리트로 되어 있고, 기둥과 천정 사이에는 꽃무늬 장식을 조각하였다. 석가래 위에 부연을 덧대어 올린 겹처마이며 모임지붕으로서 독특한 조형미를 보여주고 있다. 정자와 조금 떨어진 언덕 위에는 유림들이 정승의 유적을 추모하여 세운 앙지대(仰止臺)라는 팔각 정자가 이웃하고 있다.

정자는 200여 년 전에 후손들이 중수하여 보존하여 오다가 6·25 동란으로 불탄 것을 이 일대의 후손들이 부분적으로 복구하였다. 1967년에 대대적으로 개축하였으며 1975년에는 단청을 하고 축대를 수리하였다. 그 후 1998년 유적지 정화 사업의 일환으로 반구정과 앙지대 등을 개축하였다.

정자 아래 평지에는 정승의 동상이 있고 안쪽에는 영정을 보안한 영당(影堂)과 제사를 모시는 경모재(景慕齋)가 있다. 그리고 정승의 현손인 월헌(月軒) 선생 묘(廟)가 나란히 서 있어서 그 일대가 정승의 후손 마을이 되고 있다.

  대추볼 붉은 골에 밤은 어이 떨어지며
  베 벤 그루에 게는 어이 나리는고
  술 익자 체 장사 도라가니 아니 먹고 어이리

황희의 유명한 시조다. 대추가 붉게 익어가고 밤송이도 익어서 땅에 떨어지고 베를 추수한 빈 논에서 기어 다니는 게를 통하여 늦은 가을의 농촌 풍경을 소박하고 실감나게 그렸다.

종장에서는 안주감이 풍부하니 빚은 술을 채로 걸려 마시고 싶다는 소망을 읊었다. 유유자적한 전원생활 모습에서 자연 친화의 또 다른 모습을 찾아볼 수 있다.

파주 반구정

김순동(金舜東)

삿갓 모양의 유명한 정자가 이름난 고장을 맡고 있고
그해 재상은 반구정이란 간판을 걸었네
나라를 가운데로 갈라 놓으니 부질없이 한이 남고
강산은 변하지 않으니 다시 수심이 더해 가네
친구와 사귀는데 달이 밝아서 눈이 푸르게 보이고
세상일은 구름처럼 가볍고 머리는 이미 희어졌네
아비가 시작하고 자손이 이어받아 술 취한 길손이 되어
많은 술 종일토록 마시니 사람으로 하여금 떠나지 못하게 하네

名亭一笠管名區　丞相當年揭伴鷗　疆場中分空遺恨　江山不變更添愁
朋交月滿同靑眼　世事雲輕已白頭　肯構肯孫能醉客　深樽終日使人留
(蒼崖 : 坡州伴鷗亭・『蒼崖遺稿』p.28)

　황희 정승이 세운 이름난 정자로 인하여 그 고장이 함께 유명해졌다. 화자는 반구정에서 임진강 너머 이북 땅을 바라보며 조국이 분단된 현실에 원한을 품고 있다. 강산은 옛날 그대로 변하지 않았는데 마음대로 왕래할 수 없는 사람들을 생각하면 수심만 깊어 간다.
　친구와 놀고 있는 곳에 달은 변함없이 맑은데 세상은 수시로 바뀌고 인생은 빨리 늙어가는 것을 아쉽게 생각한다.
　옛날 조상들처럼 종일토록 술을 마시며 이곳을 떠나는 것을 아쉬워한다.

반구정 옆에 있는 앙지대

이 시는 정자에 올라 북한 땅을 바라보면서 조국이 분단된 현실을 원망스럽게 생각하고 있다.

반구정에 올라서

김철희(金喆熙)

반구정에 올라 푸른 물을 굽어보니
아득히 선생의 노년의 한가함을 생각하네

누가 알리오 마음속에 하나의 욕심이 없음을
속된 마음 모조리 잊고 만사를 평안하게 하였네
큰 일을 처리하여 후세에 전하였고
청백리의 꽃다운 이름 온 세상에 가득하네
슬프게도 정자에 올라 구경하는 저 어지러운 길손들은
모두 물이 좋고 산이 아름답다고만 말하네

伴鷗亭上俯蒼灣　緬憶先生暮界閑　誰識胸中無一物　都忘俗裏擾千般
經綸大業垂天下　淸白芳名滿世間　哀彼紛紛登覽客　徒言好水又佳山
(金喆熙:登伴鷗亭・『天海亭續集』18권)

화자는 먼저 반구정에 올라 이 정자에서 여생을 보낸 황희정승을 추모한다. 그리고 아무 욕심도 없는 청백리로 백성들의 마음을 편안하게 한 업적을 찬미한다.

그러나 이 정자에 올라서 경치를 구경하면서 요란스럽고 어지럽게 떠도는 길손들이 정승이 어떤 인물인지 아무런 관심도 없이 다만 산수가 아름다운 것에만 관심을 가지고 있는 태도를 슬프고도 유감스럽게 생각하고 있다.

반구정운을 따라서

김부륜(金富倫)[68]

십오년 전에 이 낭떠러지 위에 앉았었고

---

68) 김부륜(金富倫:1531~1598) 호는 설월당(雪月堂). 20세에 퇴계의 문하에서 수업. 벼슬이 현감에 이르렀다.

지금은 부끄럽게도 백발이 되어 강물에 임하였네
멀리 숲으로 돌아가는 새는 안개 속에 사라지고
빽빽한 나뭇잎에서 매미 우는 소리는 비온 뒤에 더욱 요란하네
자연의 경치는 정이 있어 머물고 있는 길손을 취하게 하고
강산은 말없이 사람으로 하여금 근심스럽게 하네
저절로 왔다가 저절로 떠나는 제비 같은 이 몸이
물 가운데 둥실둥실 뜬 갈매기가 부럽지 않네

十五年前坐崖頭　羞將白髮更臨流　遙林歸鳥烟中沒　密葉鳴蟬雨後稠
風月有情留客醉　江山無語使人愁　自來自去身如燕　不羨波心泛泛鷗
(金富倫:次伴鷗亭韻・『雪月堂先生文集』 2:55)

15년 전에 이 정자를 찾아온 일이 있었고, 오늘 부끄럽게도 백발이 되어 다시 찾아왔다.

화자가 부끄러움을 느끼는 이유에는 명승지를 자주 찾지 못한 것에 대한 일종의 회한이 깔려 있다.

날이 저물어 멀리 숲속으로 사라지는 새에 시선을 보내는가 하면 가까운 나뭇잎에서는 요란스럽게 울어대는 매미 우는 소리를 듣는다. 원근법과 한편으로 시각과 청각적 표현을 활용하여 저녁 한때의 정자 주변의 분위기를 실감나게 표현하였다.

아름다운 경치는 화자로 하여금 술에 취하여 머물게 하고 한편으로는 근심스럽게 하는 상반된 정서에 사로잡히게 하였다. 술에 취한 것은 아름다운 환경에 도취된 상태이며, 근심스럽다는 것은 나그네의 설움과 함께 이미 백발이 되었으니 자주 찾을 수 없는 제한된 인생에 대한 절박한 심정을 그렇게 읊었다.

이런 가운데에서도 제비처럼 마음대로 왔다 갔다 할 수 있는 자

유의 몸이기 때문에 물 위에 떠 있는 갈매기를 부러워할 처지가 아니라고 하였다.

   결국 화자는 자유의 몸이지만 유한한 인생 때문에 근심이 떠날 때가 없다.

호반의 절승 속의 : 항미정(杭眉亭)

— 경기도 수원시 서둔동 251 (향토유적 제1호)

　수원은 경기도 중남부에 위치한 행정 중심지다. 광교(光敎)산맥이 동과하여 곳곳에 높고 낮은 구릉이 나타나며 지형은 동북에서 남서 방면을 향하여 완만한 경사를 이룬다. 중앙부에는 팔달산(八達山)·여기산(麗妓山)·숙지산(熟知山) 등의 낮은 산이 솟아 있고, 남서부로 평야가 펼쳐져 있다.
　이들 산 중에서 여기산은 산세와 자태가 아름다워 고운 기생과 같다하여 그렇게 불렀다. 이산 동쪽에는 서호(西湖)가 있어 수목이 우거지고 산 그림자가 호수에 투영되어 호반에 있는 항미정과 어울려 주위 경관이 매우 아름답다.
　이 서호는 1799년(정조 23)에 수원화성을 쌓을 때 마을 농민들이 농업용수의 수원(水源)으로 인공호수를 동서남북으로 축조하였고 그 중 서쪽에 위치한 이 호수를 서호라고 부르게 되었다. 낙조와 잉어가 유명하고 특히 잉어는 약용으로 궁중에 진상하였다.

항미정은 1831년(순조 31)에 당시 화성류수 박기수(朴綺秀)가 수원의 북문 밖에 폐사된 것을 서호의 지금 위치에 옮겨 왔다. 정자의 이름이 매우 특이하다. 그것은 중국의 절강성에 있는 서호와 깊은 인연이 있다.

  중국에는 서호라는 이름이 26여 개나 있는데 그 중에서 절강성 항주(杭州)시 서쪽에 있는 서호가 풍광이 명미하여 명승지로 으뜸이 되는 곳이다.

  송나라의 유명한 시인 소동파(蘇東坡)가 1089년에 항주지사가 되었고 다음해에 호수를 가로지르는 제방을 쌓았는데 소제(蘇堤)라고 불렀다. 그는 서호의 아름다움을 그 지방과 인연이 깊은 절세의 미인 서시(西施)에 비유하였다. "서호를 서시에 비유하면 옅은 화장이나 짙은 화장이 모두 풍정이 있다."(欲把西湖比西子 淡粧濃沫摠相宜) 또는 "서호는 서시의 얼굴이며, 안개 낀 나무에 눈썹과 눈을 그린 것 같다."(西湖眞西子 煙樹點眉目 : 次韻劉景文登介亭) 결국 서호는 서시와 같은 절세의 미인이 화장한 얼굴이나 미목처럼 아름답다고 찬미하였다. 항미정이란 정자 이름은 소동파의 시를 근거로 지었음을 알 수 있다.

  정자의 구조는 ㄱ자와 ㄴ자가 붙어있는 형상이며 평면에 납도리집이다. 화강암 2단 기단이며 주초석 위에 17개 각주(角柱)를 세웠고 연등(蓮燈)천정에 홀처마 목조 건물이다. 중앙은 5량, 두 끝은 3량에 팔작지붕 4개가 연결되어 있고, 건평은 43.5m² (13.2평)이다.

  정자 앞에는 노송 두 그루, 주위에는 벚꽃나무, 바로 뒤에는 농촌진흥청과 앞에는 새로 다리를 건설하고 있고 그 밑에는 댐처럼 수문이 네 개가 있었다.

항미정

시멘트 구조물이어서 정자와 어울리지 않았다. 4월 중순에 찾아 갔더니 벚꽃, 진달래꽃, 개나리꽃이 동시에 피어서 호수 주변은 온 통 봄꽃 향연으로 휴일을 즐기는 사람들이 많았다.

이 정자에 대한 제영시를 찾지 못하여 부득이 화성문화제 때 수원향교가 주간한 한시 백일장에서 장원과 2·3등에 오른 작품을 감상하겠다.

서호의 가을 빛

이종창(李種昌)

서쪽 푸른 호수 가운데 늦은 가을이 비치니

시인이 경치 찾아 이곳에서 노니네
단풍 숲 그림자 거꾸로 비치니 붉은 빛 물에 뜨고
갈대 물 가에 바람 부니 흰 빛 누각에 가득차다
백로를 벗삼아 이끼 낀 돌층계에서 낚시대 드리우고
고기 꿰어 버들다리에서 술을 붓네
화산의 낙조는 밝은 거울 속에 열리고
한없이 넓은 물결 흐르지 않고 잔잔하네

西碧湖心映暮秋　騷人探景此中遊　風林影倒紅浮水　蘆渚風來白滿樓
伴鷺重綸苔磴畔　穿魚問酒柳橋頭　華山落照開明鏡　萬頃波光偃不流
(李種昌 : 西湖秋色・『水原鄕校誌』)

　제15회 화홍문화제(華虹文化祭)에서 수원향교가 주관한 한시 백일장의 「서호추색」(西湖秋色)이란 시제(詩題)에서 이 시가 장원에 선정되었다. 항미정은 이 서호의 북쪽 언덕에 자리 잡고 있어서 서호와 불가불리 관계에 있다.
　시 제목이 시사하는 바와 같이 호반의 가을 경치 속에서 노닐고 있는 즐거운 정서를 표현하였다.
　화자는 먼저 호수에 비친 가을 단풍의 아름다운 경치에 시선을 보낸다. 다음에는 갈대숲에 바람이 불면 흰 물결이 누각 근처에 밀려오는 전경을 본다.
　백로를 벗 삼아 돌계단에서 낚시로 잡은 고기를 꿰어 들고 술집을 물어서 찾아간다. 자연 친화를 바탕으로 그 속에서 풍류를 만끽한다.
　미련(7・8행)에서는 다시 저녁노을이 잔잔한 수면에 아름답게 열리는 광경을 애정 어린 시선으로 바라보고 있다.

서호의 가을 경치

정운상(鄭雲象)

서호의 아름다운 경치에 다시 가을이 찾아드니
기러기와 갈매기 떼가 만족스럽게 노니네
들국화 향기 무르녹아서 언덕에 풍기고
물가의 갈대 철 늦으니 눈처럼 다락으로 날리네
옛성을 새로 단장하니 먼저 눈을 놀라게 하고
높은 대숲에서 다시 머리를 들어보네
항미정 위에서 노는 길손을 바라보니
읊조리고 마시며 질탕하니 풍류가 족하겠네

西湖麗景又今秋 雁隊鷗群得意遊 野菊方濃香濕岸汀蘆 已晚雪飄褸
新粧古郭先驚眼 林立高臺更擧頭 第看杭尾亭上客 吟觴佚蕩足風流
(鄭雲象:西湖秋色·水原鄕校誌)

다시 찾은 서호의 아름다운 경치에 가을이 찾아든다. 가을새와 가을꽃을 등장시키면서 가을의 정취를 더욱 실감나게 형상화하였다.

시선을 먼 데 새로 단장한 수원성에 보내니 눈을 놀라게 할 정도로 아름답다. 높은 곳에 올라 머리를 들고 항미정을 바라보니 길손들이 시를 읊조리기도 하고 술을 마시기도 하면서 진탕하게 풍류를 즐기는 모습을 부러운 눈으로 쳐다보았다.

가을과 호구, 그리고 그 속에 있는 정자에 올라가서 세월을 즐기는 길손들의 풍류놀이를 애정이 깃든 마음으로 바라본다. 호수가의 가을 절경을 바라보는 화자의 정겨운 시선이 아름답게 표현되었다.

서호의 가을 경치

고성훈(高成勳)

단풍잎과 갈대꽃에 가을이 저물고자 하는데
서호의 풍경이 고상한 놀이 하기에 알맞네
기러기 소리 언덕에 들리니 추위가 물가에 생기고
파도 빛이 하늘에 이어지니 푸른 빛이 다락에 비치네
굴원이 갓끈 빨려고 못가에 오고
강태공은 낚시 드리우고 물 가에 의지하네
아름다운 산과 물 가에서 거닐며 읊조리는 벗들이
풍광을 사랑하여 상류에 앉아 있다네

楓葉蘆花欲暮秋　西湖煙月可淸遊　鴻聲落岸寒生渚　波色連天綠映樓
屈子濯纓來澤畔　太公垂釣依磯頭　佳山勝水行吟伴　愛愛風光坐上流
(高成勳 : 西湖秋色・『水原鄕校誌』)

늦가을 풍경에 알맞게 단풍잎과 갈대꽃, 그리고 기러기까지 불러서 깊어가는 가을의 정취를 더욱 실감나게 그렸다.

화자는 호숫가에 임하여 중국 초나라 왕족 출신인 굴원(屈原)이 생각났다. 삼려대부(三閭大夫)의 벼슬에 있으면서 상관인 대부와 문장상의 논쟁으로 쫓겨났다. 그때의 울적한 심사를 기록한 『리소』(離騷)라는 유명한 작품이 지금도 전한다. 이 밖에 「어부사」(漁父辭)라는 작품은 한문 교재에 실려서 더욱 유명하다. 이 작품 내용은 굴원과 어부와의 대화체로 구성되어 있다. 굴원의 말이 끝나자 어부는 다음과 같이 노래하면서 둘은 서로 헤어졌다.

　　창랑수가 맑으면 나의 갓끈을 빨 것이며
　　창랑수가 흐리면 나의 발을 씻으리

　滄浪水淸兮 可以濯吾纓 滄浪水濁兮 可以濯吾足 (屈原 : 『漁父辭』)

　"갓끈을 씻는다"는 것은 관계(官界)가 깨끗하면 나아가 벼슬한다는 뜻이며, "발을 씻는다"함은 관계가 더러우면 물러나 은퇴한다는 뜻이다.
　화자는 호숫가에서 이 시를 생각하고 어진 사람의 지난날의 행적을 추억한다.
　강태공은 중국 주나라 초기의 재상으로 무왕을 도와 은나라를 쳐 없애고, 제나라를 봉함을 받아 그 시조가 되었다. 위수(渭水)에 가서 바늘 없는 낚시로 낚시질하였다는 고사로 유명하다. 뜻을 품고 때가 오기를 기다리면서 한가한 나날을 보냈다는 인물이다.
　호수가에는 한가하게 노닐고 있는 나그네를 옛 중국의 굴원이나 강태공에 견주어 보면서 그들을 옛 사람처럼 풍류를 즐기는 인물로 형상화하였다. 화자는 호수 주변의 아름다운 자연 속을 거닐면서 시를 읊조리는 길손들의 고상한 풍류놀이를 찬미하였다.

화려하고 우아한 : 방화수류정(訪花隨柳亭)

— 경기도 수원시 수원성 화홍문 동쪽 언덕에 있다

수원은 고적과 명승지가 많은 곳이다. 그 중에서도 동공원지대의 화홍문(華虹門)과 방화수류정 두 건물을 중심으로 전개되는 정경은 관광객들이 한결같이 감탄하는 곳이다. 그것은 주위 환경도 그렇지만 두 건물이 예술적 건축미가 아주 일품이기 때문이다. 당시에는 건물들이 대개 평면적 구성이 관례로 되어 있었던 것에 비해 이 건물들은 입체미를 살린 조각의 정교함과 섬세함은 건축학적으로나 예술적으로나 그 우수성이 특출하다. 화홍문에서 수문을 통하여 흐르는 수원천 물줄기는 장관이 아닐 수 없다.

정자는 화홍문 동쪽 용두암 위에 위치하고 있으며 화홍문을 내려다 볼 수 있고, 그 속을 흘러내리는 수원천의 흐름을 내려다 볼 수 있다.

화홍문은 수원성을 관통하는 수원성의 북수문으로 7칸의 무지개 모양의 문 위에 단층 누각을 세웠고 수문 아래로 쏟아지는 물보라는 수원팔경의 하나로 화홍관창(華虹觀漲)이라고 한다.

방화수류정

　정자 북쪽에는 용지(龍池)가 있고 가운데 섬이 있다. 거기에 버드나무 6그루, 못 기슭에는 4그루가 지금 새봄을 맞이하여 잎이 패기 시작하고 봄바람에 실버들가지가 가볍게 흔들리고 있다. 달밤이면 성곽 위의 정자의 그림자가 수면에 떠오르면 환상적인 정경이 펼쳐진다. '용지대월(龍池待月)'이라 하여 수원팔경 중 첫째로 꼽고 있다.
　정자 앞에 양쪽에는 지금 활짝 피어 있는 벚나무가 10여 그루가 있다.
　정자 이름은 중국 송나라 때 학자이며 시인인 정호(程顥)의 「우성」(偶成)이란 시 한 구절에서 따온 것이라 한다.

우연히 이루어지다

정호(程顥)69)

구름은 엷고 바람이 가벼운 한낮이 가까운데
꽃구경하며 버드나무 길을 따라 앞내를 지나가네
옆 사람은 나의 참된 즐거움 알지 못하니
장차 즐거운 가운데 틈을 타서 젊은이를 배우리라

雲淡風輕近午天 望花隨柳過前川 傍人不識予心樂 將謂偸閑學少年
(程頤:偶成・『二程集』1:3)

  정자의 이름은 바로 이 시의 둘째 줄 "꽃구경하며 버드나무 길을 따라 앞내를 지나가네"(望花隨柳過前川)라는 시구에서 유래하였다고 한다.
  "엷다", "가볍다", "가깝다"와 같은 형용사를 나열하여 봄날의 따뜻하고 편안한 분위기를 실감나게 표현하였다.
  꽃구경을 하며 버드나무 길을 따라 거니는 화자의 모습에서 아름다운 봄의 정경에 빠져 있는 여유롭고 편안하고 즐겁고 만족스러운 태도를 읽을 수 있다. 남들은 이 즐거움을 알지 못한다는 표현은 이곳 정경이 마치 자신의 전유물인양 만끽하면서 늙지 않는 젊음의 마음을 닮아가기를 소원하였다.

---

69) 정호(程顥)는 중국 송나라 때 학자이며 시인이다. 일명 명도(明道)선생이라고 불렀다. 성인의 길을 세상에 밝힌 사람으로 맹자 이후 제2인자로 후세 사람들이 그의 남겨 놓은 어록과 동생 정이(程頤)의 글을 합하여 『정자유서』(程子遺書)를 만들었다.

정자의 본래의 명칭은 동북각루(東北角樓)이며 수원성 네 개의 각루 중의 하나였다. 각루는 성곽의 돌출된 요지 중에서 비교적 높은 위치에 누각을 세워 성곽 주변을 감시하거나 휴식 공간을 설취한 시설물이다. 지금은 본래 기능과는 달리 하나의 정자로 관광객을 맞이하고 있다.

  정자의 구조는 2층이며 지상에서 세 계단을 통하여 오르면 사방이 탁 트이도록 되어 있으며, 돌과 벽돌 그리고 목재를 함께 쓰는 독특한 건축양식을 취하고 있다. 각루이기 때문에 팔작지붕이 5개가 한데 붙어 있고 용마루 위에는 용의 조각품이 적당히 배치되어 있다. 정면에는 원곡(原谷) 김기승(金基昇)의 필적으로 된 현판이 걸려 있다.

  지금은 개방된 정자이지만 이전에는 방위용 성곽이어서 출입이 제한되었던 관계로 이 정자에 대해 읊은 제영시를 찾지 못하였다. 앞으로는 풍류보다는 관광을 목적으로 찾는 사람들이 대부분이니 제영시가 나오기는 더욱 어려운 일이 될 것이다.

  제14회 화홍문화제 백일장에서 2등으로 뽑힌 시에 정자와 관련된 내용이 있어서 감상하기로 한다.

화성의 가을 빛

이종창(李種昌)

화성의 개인 날 가을빛이 산에 가득하고
호걸과 문장을 함께 즐기며 노네
잇닿은 산부터 서리가 내리니 단풍이 늦었고

옛 능에 안개 걷히니 흰 구름이 흘러가네
행단의 저문 경치 연기가 나무에 쌓이고
성역을 추모하며 길손은 누에 오르네
꽃찾아 버드나무 따르는 꿈에서 깨니
다만 술단지 술로 시름이나 잊고자 하네

華城霽色滿山秋　豪傑文章共樂遊　連岳霜侵紅葉晚　古陵霧罷白雲流
杏壇暮景煙籠樹　聖域追懷客上樓　迷醒訪花隨柳夢　只將樽酒却忘愁
(李種昌:華城秋色・『水原鄕校誌』)

「화성의 가을 빛」이란 시제로 백일장이 열렸다. 장원부터 3등까지 『수원향교지』에 올라 있었는데 그 속에서 2등으로 당선된 시 내용이다.

화성에는 산을 중심으로 가을빛이 가득 차 있다. 이러한 분위기에서 뛰어난 문장가들과 기예를 견주면서 백일장을 즐기며 한때를 보낸다.

서로 연결되어 있는 산에 서리가 내리니 단풍은 이제 늦었고 먼 곳의 옛 능에는 안개가 걷히고 흰 구름이 흘러가고, 가까운 향교 마을에는 저문 시간에 연기가 끼었다는 표현은 매우 회화적이며 서정적이다. 옛 능과 행단을 대조하면서 원근법과 대조법에 의한 환경 묘사가 돋보인다.

화자는 화성을 성역으로 대우하고 그 옛날을 추억하면서 누대에 오른다.

꽃을 찾아 버드나무길 따라 거닌다는 것은 어디까지나 봄 풍경을 말하는 것이며, 「가을 빛」이라는 시제와 계절적으로 모순된 표현이다. 그러나 화자는 이러한 문제점을 해결하기 위하여 꿈이라는 용어를 사용하여 아무런 문제될 것이 없게 처리하였다. 이런 표현은 이 정자의 이름을 의식한 화자의 의도임을 알 수 있다.

여러 가지 경황으로 보아 설움이 많은 화자는 모든 것을 술로 치유할 심사임을 알게 한다.

산천이 수려한 풍광 속의 : 사은정(四隱亭)

— 경기도 용인시 기흥읍 지곡리 615 (향교유적 제50호)

용인시는 경기도 동남부에 위치하여 동북부의 광주산맥과 동남부의 차령산맥이 뻗어 있고 산간 계곡에 작은 하천이 흘러가며 지형은 기복이 심하다. 광주산맥에서 갈라진 4개의 지맥이 남북으로 달리고 있어서 나지막한 산과 남북방향의 하천이 많다. 안성천 제3지루의 하나로 기흥읍 지곡리 부암산(負岩山) 하단 서쪽에서 발원한 지곡천은 기흥읍 보라리로 흐르는 하천으로 민속촌 경내를 경유하여 신갈저수지로 유입된다. 이 지곡천 상류의 풍광이 좋은 언덕에 사은정(四隱亭)이 있다. 한국 민속촌 옆 야산의 언덕 위에 위치하고 있으며 정자 뒤쪽 언덕에는 소나무 사이로 바위가 드러나고 있다. 앞에는 그리 넓지 않은 지곡리의 들이 펼쳐지고 낮은 야산들이 병풍처럼 가로막고 있어 풍광이 매우 좋다.

이 정자는 조선 중조 때 학자인 정암(靜庵) 조광조(趙光祖 : 1482~1519)가 사촌 형제인 방은(方隱) 조광보(趙光補)와 회곡(晦谷) 조광좌(趙光佐), 그리고 음애(陰崖) 이자(李耔) 등과 도의(道義)로 친우를 맺

사은정

고 은거하여 노년 생활을 즐기기 위하여 건립하였다.

사은(四隱)의 뜻은 밭 갈고, 나무하고, 낚시하고, 나물 캐는 네 가지 즐거움을 취한 것이라 한다.

정범조(丁範祖)가 지은 「사은정기」(四隱亭記)에는 다음과 같은 기록이 있다. "정암선생이 도를 강론하던 곳이며 구성치소 남쪽 취봉산(翠鳳山)과 보개산(寶蓋山) 두 산 가운데 절벽의 높은 층층한 바위와 맑은 시내와 구부러진 물의 승경이 있다." 이렇게 사은정 창건의 성격과 위치, 그리고 주위의 아름다운 승경을 기록하였다.

1796년(정조 20)에 함께 은거했던 후손들이 정자를 중건하였을 때 서재와 방을 만들었으며 단청도 다시 하였다. 1876년과 1925년에도 다시 중건하였다. 그 후 1988년에 다시 후손들이 현재의 건물을 재

산천이 수려한 풍광 속의 : 사은정(四隱亭) 259

건하여 오늘에 이르렀다. 후손들은 지금도 식구처럼 가깝게 지내면서 가끔 이곳에 와서 회동하며 선대로부터의 맺어진 정의를 지켜오고 있어 명가다운 일면을 보여 주고 있다.

건물의 구조는 정면 3칸 측면 2칸, 팔작한식골기와를 얹은 겹처마 건물이다. 지붕을 제외한 시멘트블록 건물이며, 방과 대청을 좌우에 나란히 놓았으며 전면에는 개방된 퇴간(退間)을 두고 계자각(鷄子脚) 난간을 설치하였다.

정자와 그리 멀지 않은 위치인 수지(水枝)에는 정암을 봉안한 심곡서원(深谷書院)과 그의 묘지가 있다.

사은정

이재(李縡)70)

정암사당 밖에 들꽃이 한가롭고
좁은 길 즐겁게 바위를 감도니 길은 더욱 머고
흐르는 물에 문득 그림자 비치니 감탄스럽고
청산도 저절로 지난날 놀던 일 아는 듯하네

靜庵祠外野花悠　細逕縈回岩更幽　流水忽警成自影　靑山應自識前遊
(李縡 : 四隱亭・『器興邑誌』)

---

70) 이재(李縡 : 1678~1746) 호는 도암(陶庵), 벼슬이 도승지, 대사헌, 이조참판을 역임하였다. 여러번 상소를 올렸으나 받아들이지 않았다. 용인에서 퇴거하였다. 『사례편람』(四禮便覽), 『도암집』(陶庵集) 50권이 있다.

화자는 사은정에서 이 정자를 창건한 조광조를 기억한다. 그의 사당 밖의 들꽃이란 표현에서 정자와 사당이 어느 정도 거리가 있음을 말해 준다. 사당으로 가는 길은 좁으면서도 바위를 감돌아야 도달할 수 있는 위치임을 알 수 있다.

정자 앞을 흐르는 지곡천에는 청산의 그림자가 비치니 그 정경이 매우 감탄스럽다고 했다. 정자 앞에 병풍처럼 서있는 나지막한 푸른 산이 이곳에 찾아올 때마다 다정스러운 양 왕년의 놀던 일을 기억하는 것 같아서 더욱 정답게 느낀다. 화자의 자연 친화의 순수한 마음이 아무런 욕심 없이 형상화되어 있다.

갈천의 길손으로 있으면서

작가미상

세월이 물 흐르듯 지나가고
초막에서 바라보니 또다시 가을이 왔네
날씨가 차가우니 귀뚜라미 집에서 울고
병든 나그네 홀로 다락에 의지하네
백설이 지금 굽이 굽이 미치니
청운 또한 속된 무리라오
황화는 오히려 피지 않으니
날마다 놀이를 구하여 만든다네

歲色如斯逝 庵看又暮秋 寒螿鳴在戶 病客獨依樓
白雪比今曲 靑雲亦俗流 黃花猶未曉 課日作邀遊 (葛川客中·『器興邑誌』)

갈천은 사은정 앞을 흐르는 지곡천과 연결된 시내이며 지명이기도 하다. 화자는 이 시냇가에서 머무르면서 정자 주변의 정경을 읊었다. 세월이 쉴새없이 흘러서 벌써 늦가을을 맞이하여 귀뚜라미가 추워서 집 처마에서 울고 있다. 이러한 늦가을의 주위 풍경을 바라보면서 감회에 젖어 다락에 오른다.

 생각하니 자신은 이미 노년에 접어들어서 백발이 되었고, 따라서 입신출세의 욕망은 속된 무리들이 전유물이며, 자신은 다만 평범한 나그네로 자처한다.

 황화는 국화를 말한다. 화자는 중양절에 마시면 불길한 것을 떨어버리고 장수한다는 국화주를 생각하고 있으나 아직 피지 않아서 아쉬워하면서 그 대신 놀이를 만들어 소일할 생각을 하고 있다.

충북권

○ 제천시

 충북권에서 제천시(堤川市)는 충청북도 동북부에 위치하고 있으며 지형적으로 북부는 강원도와의 경계를 이루고 있으며 동북에서 남서방향으로 차령산맥이 뻗어가면서 백운산(白雲山), 송학산(松鶴山) 등이 병풍처럼 둘러싸고 있다.

 신라 경덕왕 때에는 나제군(奈堤郡)이었으며, 고려 초기에는 제주(堤州)로 부르던 것을 조선조 태종 때인 1413년에 제천으로 개칭하였다. 1895년 제천과 청풍(淸風)이 군으로 승격하였으나 1914년에는 청풍군이 제천군에 편입되었다.

 사면이 산으로 둘러싸여 있어 골짜기가 깊고 계곡을 흐르는 물이 맑고 빨라서 자연 풍광이 수려한 곳이 많다.

 이 고장의 옛 선비들은 이러한 좋은 환경을 놓칠세라 누각과 정자를 세워 자연과의 합일을 꾀하였다. 이 지대의 이름이 알려진 누정으로 한벽루와 관란정, 그리고 탁사정이다.

청풍명월의 서정을 담은 : 한벽루(寒碧樓)

― 충북 제천시 물태리 문화단지 (보물 제 528호)

　이 누각은 지금 충북 제천시 물태리 한 언덕에 조성된 청풍문화단지 안에 있다. 1985년에 충주의 다목적 땜이 완공되면서 상류인 단양과 제천지역의 지형을 바꿔 놓았으며, 이 때 청풍마을 5개 면과 61마을이 충주호 속에 잠겨 버렸다.
　충청도를 청풍명월(淸風明月)의 고장이라고 부르게 된 것은 바로 이 청풍면이란 이름에서 유래되었다. 남한강 기슭에 자리잡은 살기 좋은 고장으로 선사시대의 유적과 고분군이 산재해 있던 곳이다. 이 마을 언덕 위에는 두 날개를 펼친 한벽루를 중심으로 수려한 곳이 많아서 시인묵객들이 앞을 다투어 모여 들었다.

　　한벽루는 청풍객사 북쪽에 있다. 여러 봉우리가 고리처럼 벌려져 있고 큰 강이 가운데를 흘러가고 누대 앞에 위 아래에 여울이 있고 강 밖에는 병풍산이 있다.… 서쪽에는 나루가 있어 사람들이 거울 속을 지나는 것 같고, 나루 위에는 모래 언덕이 있어 바라보면

한벽루

그림같고 돛단배와 갈매기가 왔다 갔다 한다. 꽃 피는 달밤이면 접 동새의 맑은 소리가 끊이지 않고 강바람이 솔솔 불고 맑은 기운이 퇴마루에 가득하다. (『해동산천록』 p.136)

한벽루가 수몰되기 이전의 아름다운 정취를 눈에 보는 듯이 서술하였다. 당시에 풍류객들을 유인하기에 충분한 명승지임을 수긍하게 된다. 지금 청풍문화단지에는 이 누대를 비롯하여 금남루 · 금병헌 · 팔영루 기타 고가들이 이전 복원되어 있다.

이 누각은 1317년(고려 충숙왕 4)에 청풍현이 군(郡)으로 승격된 것을 기념하기 위하여 객사 동쪽에 세웠다. 1397년(조선조 태조 6)에 군수 정수홍(鄭守弘)이 중수하였고, 하륜(河崙)이 중수기를 썼다. 1634년(인조 12)에 고쳐 짓고, 1900년에 보수하였다. 1972년에 대홍수로 붕괴된 것을 복원, 1981년에 충주댐 건설로 물태리 문화단지 내에 원래 모습대로 이전하였다.

누각의 구조는 정면 4칸, 측면 3칸의 중층 팔작기와지붕이며 대리석 기단에 원형지붕을 세웠다. 2층에는 마루를 깔았으며 주심이익공(柱心二翼工) 보머리 끝에 봉황머리를 따로 조각하여 달았다. 누의 우측에는 정면 3칸, 측면 1칸의 맞배지붕으로 된 계단형 익랑(翼廊)을 달고, 덤벙주추 위에 사각 석주를 얹고 그 위에 8각 기둥을 받쳤다.

한벽루

유운(柳雲)71)

갈라진 골짜기를 달리는 강은 큰 신령을 힘입었고
지친 몸으로 와서 다락에 기대니 길손의 마음이 맑아지네
여울 소리는 귀를 흔들어 베개 머리에는 추위가 감돌고
산 기운은 구름 담아 푸른 병풍 만들었네
비는 갈매기가 있는 모래밭을 씻어 눈처럼 환하고
달이 지니 고기 잡는 불이 반딧불처럼 어지럽네
끝없이 멀리 외로운 배에서 들려오는 피리소리는
한 조각 돌아가고픈 마음은 아득히 동정호라오

劈峽奔江賴巨靈　倦來徙倚客魂醒　灘聲撼耳寒生枕　山氣籠雲翠作屏
雨洗鷗沙明似雪　月沈漁火亂如螢　無端萬理孤舟笛　一片歸心杳洞庭(柳

---

71) 유운(柳雲 : 1485~?) 호는 성재(醒齋), 1504년에 문과에 급제, 벼슬이 대사헌에 오르다, 시사(詩詞)가 호방하여 이름이 높았다.『진수해범』(進修楷範)이라는 저서가 있다.

雲 : 寒碧樓・『大東詩選』 권2)

화자는 지금 오랜 여정에서 지친 몸으로 누각 위에서 주위 환경의 여러 가지 모습을 감상하고 있다.

누각 밑으로 흐르는 강물의 힘찬 흐름이 정신을 깨게 할 뿐만 아니라, 여울소리가 요란하여 찬 기운마저 든다고 할 정도로 정자와 강물과의 만남을 인상 깊게 받아들인다.

달리는 강물, 산 기운, 구름, 달, 비 등 누각 주변의 자연물을 전부 끌고 와서 시의 소재로 삼고 아름다운 환경의 정경을 사실적으로 읊었다.

푸른 강과 하얀 모래밭에서 느끼는 청백의 색감은 싱싱하고 깨끗한 이미지를 준다.

밤이 싶어 고기잡이배에서 비치는 불을 횃불이 아닌 반딧불로 비유한 것과 멀리 들려오는 피리소리와 함께 시선은 지금 멀리를 바라보고 있다.

미련(7・8구)에서는 피리소리에 촉발된 화자의 마음이 중국의 유명한 동정호로 간다고 하였다. 이는 중국의 역대 유명한 시인들의 시를 소재로 등장한 동정호에 대한 동경심을 읊었다고 볼 수 있다.

청풍 한벽루에서 묵다

이황(李滉)72)

반평생 내 마음 북산 신령이 부끄러워라
하룻밤 부귀공명 덧없는 꿈 깨지 않았네
황혼의 타향 길을 역마로 달리다가
맑은 밤 신선집에 구름병풍 대하였네
승지에 다시 노니 나는 학을 탄 것 같고
꽃다운 시 화답하니 반딧불이 옷에 앉은 듯
접동새 소리마다 무엇을 하소연 하는가
배꽃이 눈처럼 빈 뜰에 쌓이네

半生堪愧北山靈　一枕邯鄲久未醒　薄暮客程催馹騎　清宵仙館對雲屛
重遊勝地如乘鶴　欲和佳篇類點螢　杜宇聲聲何所訴　梨花如雪暗空庭
(李滉:宿淸風寒碧樓・『退溪先生文集』 1:9)

고대 중국에서는 은둔사상을 높이 평가하였다. 제나라 주옹(周顒)이 처음에 북산(北山)에 들어가서 은자를 자처하다가 벼슬의 꾀임에 마음이 팔리게 되니 공덕장(孔德璋)이 북산 신령의 뜻을 빌어 주옹의 변절을 비웃는 「북산이문」(北山移文)이란 글을 써서 다시 북산에

---

72) 이황(李滉:1502~1571) 조선 중기의 대학자, 호는 퇴계. 1534년에 문과에 급제, 성리학에 몰두하여 동방의 주자(朱子)라는 칭호를 받았다. 벼슬은 대사성·공조참판 등에 임명되었으나 모두 사양하고 1555년에 도산서원(陶山書院)을 지어 학문에 몰두하였다. 1568년에 대제학이 되어 『성학십도』(聖學十圖)를 지었다. 그의 사상과 작품이 후세에 계승되어 영남학파를 형성하였다. 주요저서로는 『주자절요』(朱子節要)·『경서석의』(経書釋義)·『퇴계집』(退溪集)이 있다.

돌아오는 것을 막았다.

 화자는 자신이 반평생 벼슬살이로 살아온 것을 중국 제나라 주옹이 변절한 것에 비유하면서 부끄럽게 생각하였다. 그러면서 아직도 부귀공명에 대한 꿈을 버리지 못하고 타향 길을 역마로 달리면서 신선집과 같은 절승의 한벽루를 찾아 왔다. 이때의 정서를 화자는 학을 탄 것 같다고 피력하였다. 신선이 되어 속세를 떠나 승천하는 기분을 말한 것이다.

 당나라의 세계적인 시인 두보(杜甫)의 「반디불」이란 시가 있다. "책을 비칠만한 빛은 못되지만 때로는 나그네의 옷에 앉아 빛을 낸다." (未足臨書卷 時能點客衣 <螢花>) 화자는 아름다운 풍경을 만나서 즉흥적으로 좋은 시를 써서 화답하고 싶으나 결국 옷에 앉은 반딧불에 불과하다고 표현하였다. 자기가 쓴 시에 대하여 겸손하고 사양의 뜻을 나타낸 것이다.

 밤이 되어 소리마다 애절하게 하소연하는 접동새 소리를 듣는다. 그뿐만 아니라 눈처럼 흰 배꽃이 빈 뜰에 쌓이는 것을 본다. 청각과 시각이 동시에 작동하여 자신의 심정을 토로한다. 결국 화자는 근심 걱정이 많은 자신의 심정을 접동새에게 감정을 이입하였고, 떨어지는 꽃을 통하여 황혼기에 접어든 자신의 무상한 인생을 슬퍼한다. 접동새의 하소연이 바로 화자의 하소연이다.

청풍 한벽루

박순(朴淳)

나그네의 마음은 외롭고 멀어서 스스로 시름이 일어나는데
앉아서 강물소리 들을 뿐 누각에서 내려오지 않았네
내일 다시 벼슬길로 떠나가게 되면
흰 구름 붉은 나무는 누구를 위하여 시름 자아내리 (제1수)

해가 지니 찬 강에는 스스로 안개가 생기고
누대를 둘러싼 산빛은 더욱 어두워졌네
반달은 이미 가을 하늘에 걸렸으니
홍사초롱으로 앉은 자리 비칠 것 없네

客心孤迥自生愁 坐聽江聲不下樓 明日又登官道去 白雲紅樹爲誰秋(1首)
日落寒江生自烟 擁樓山色更蒼然 半輪已掛秋空月 不用紅紗照坐邊(2首)
(朴淳:淸風寒碧樓・『思庵集』1:18)

    화자는 나그네의 몸으로 타향을 떠돌아다니면서 먼 곳에 있는 임을 그리워한다. 다락에 올라서 흐르는 강물소리 들으니 굳이 누각 아래로 내려갈 필요를 느끼지 않는다. 그만큼 물소리를 내며 강물이 세차게 흐름을 알 수 있다.
    아름다운 누각의 주변 정경에 도취되면서도 내일이면 벼슬길에 오르는 것을 걱정한다. 저 흰 구름과 붉은 단풍이 정답게 펼쳐진 풍경은 누구를 위한 가을이 될 것인가? 여기 오래 머물러 있을 형편이 못되는 자신에 대하여 회한을 느끼고 있다.

한벽루의 자연 경관에 매료된 화자는 떠나는 심정을 가누지 못한다.

제2수에서는 눈각 주변의 야경에 시선을 보낸다. 밤이 되니 강물은 차고 안개가 끼는 변화가 일어난다. 누각을 둘러싼 산빛은 어두워지고, 하늘에는 반달이 걸려 있다. 이리 좋은 밤에 구태여 홍사초롱을 켤 필요가 무엇이 있겠는가. 달밤의 정경을 그대로 즐기고 싶다는 자연친화의 마음을 읽을 수 있다.

청풍 한벽루에 묵다

유성룡(柳成龍)[73]

지는 달은 희미하게 먼 마을에서 넘어가고
까마귀 다 날아간 가을에 강물만 푸르네
다락에서 묵은 손이 잠 이루지 못하니
서리바람에 온 밤 낙엽소리만 들리네.
두 해 동안 전란 속을 떠다니며
온갖 계책이 끝이 없어 머리만 희였네
늙은이는 끝없이 두 눈에서 눈물을 흘리며
높은 난간에 기대어 북극을 바라보네.

落月微微下遠村 寒鴉飛盡秋江碧 樓中宿客不成眠 一夜霜風聞落木

---

[73] 유성룡(柳成龍 : 1542~1607) 호는 서애(西厓), 1567년에 문과에 급제, 대사성, 이조판서를 두루 지냈으며 임진왜란 때는 영의정에 올라 수천 명의 병사를 훈련하여 왜적에 대비하였고, 이순신을 천거하였다. 저서에 『징비록』(懲毖錄)과 『서애문집』(西厓文集)이 있다.

二年飄洎干戈際　萬計悠悠頭雪白　衰淚無端數行下　起向危欄贍北極
(柳成龍 : 宿淸風寒碧樓・『西厓集』 1:29)

이 시에는 서문이 붙어 있었다. 여기서는 시만을 다루었다.

화자는 임진왜란 때 전선을 두루 돌아다니다가 저녁에 이 누각에 올랐다. 달도 서산에 넘어가고 까마귀마저 날아간 쓸쓸한 마을에는 푸른 강만 쉼 없이 흘러가는 것을 보고 쓸쓸한 감회에 젖어든다.

나라와 겨레를 걱정하는 화자는 잠을 이루지 못하고 낙엽소리를 듣는다. 깊어가는 가을과 함께 화자의 걱정도 짙어간다.

두 해 동안 전쟁터를 돌아다니며 온갖 전술에 골몰하다 보니 어느 새 흰 머리가 되었다. 두 눈에 눈물이 흐르는 까닭은 선조 임금이 전란으로 피난길에 있다는 사실 때문이다.

"북극을 바라본다"에서 "북극"은 임금의 계신 곳을 의미한다. "바라본다"는 늘 잊지 않고 마음은 항상 임금의 안녕을 걱정한다는 뜻이다. 신하의 충성심이 지극한 모습을 보이는 대목이다.

단종에 대한 충절이 깃든 : 관란정(觀瀾亭)

— 충북 제천시 송학면 장곡리

관람정은 제천시 동북 끝자락에 위치하고 있으며 영월군과의 접경지가 되어 『영월군지』에는 영월군 서면 신천리 소재로 되어 있다.

이 정자는 청령포로 흐르는 서상의 상류에 있으며 생육신인 원호(元昊)의 호를 따서 붙인 이름이다.

원호는 세종 때 집현전 직제학이었으나 세조가 즉위하자 병을 핑계로 벼슬을 버리고 고향인 원주에 돌아와서 통곡하고 세상을 등지고 살았다. 단종이 청령포에 유배된 뒤를 따라 와서 청령포로 흐르는 물줄기 상류인 이곳에 초막을 짓고 새벽과 저녁에는 단종이 있는 곳을 바라보며 단종을 생각하였다.

음식과 의복, 그리고 풀잎에 글을 써서 함지에 넣어 강물에 흘려 보냈다. 단종이 목숨을 잃은 뒤에는 피눈물을 흘리며 이곳에서 3년상을 마쳤다.

그의 충절을 기리고자 1845년에 관람정을 세웠다고 하나 문헌마다 창건연대가 다르다. 어떤 문헌에는 1676년에 유림과 후손들이 세

관란정

였다고 되어 있다. 그러나 정자이름이 적혀 있는 현판에는 1631년 (숭정 4) 이신로(李信魯)가 쓴 것으로 되어 있으니 갈피를 잡을 수 없다. 원호의 문집에는 관람정 제영이 들어 있는 것으로 보아 17세기 초엽에 이미 정자가 있었던 것 같다. 정자의 좌우에는 노송 두 그루와 느티나무 한 그루가 서 있고 그 옆에는 「조선충신관람선생 유허비」가 서 있다. 정자의 구조는 두 칸 정사각형이며 팔작지붕 목조건물이다. 옆에 있는 유허비각은 목조와가 맞배집이다.

    간밤의 우던 여울 슬피 우러 지내여다
    어제야 생각하니 님이 우러 보내도다
    저 물이 거스러 흐르고져 나도 우러 네리라

이 글은 원호가 물가에서 흐르는 물소리를 들으면서 지은 시조다. 물소리는 억울하게 왕위를 찬탈 당한 단종의 고통을 참지 못하여 우는 소리로 듣는다. 저 강물이 거슬러 흐른다면 나도 임과 같이 울어서 임금의 귀에 들리게 하고 싶다는 충의심을 읊은 애절한 작품이다.

관란정에서

이륙(李陸)74)

명사십리의 붉은 문을 지나가니
버드나무 무성하고 꽃이 핀 한 마을이 나타나네
달이 동쪽 바다에서 띠오르니 물결은 넓고 아득하고
큰 숲을 거의 삼켜 버리겠네
머리를 돌려 보니 해는 어디 있단 말인가
다만 손을 단정히 하고 근엄하게 응하네
바람이 불어 서쪽 끝에는 비가 와서 어둡고
신선세계는 꼭 삼천리나 떨어져 있는 것은 아니네

鳴沙十里適朱門　柳暗花明白一村　月上東溟波浩浩　雲夢猶能八九呑
回首日邊何處是　只應端拱儼屛尊　風吹西塞雨昏昏　蓬瀛未必三千隔
(李陸 : 觀瀾亭題詠・『觀瀾遺稿』 4:4)

---

74) 이륙(李陸 : 1483~1498) 호는 청파(靑坡), 1464년에 문과에 장원급제, 대사헌, 병조참판을 지냈으며 사서(史書)에 밝았다. 저서에 『청파집』(靑坡集) 『청파극담』(靑坡劇談)이 있다.

이 시는 원호의 문집인 『관란유고』(觀瀾遺稿)에 실려 있는 이륙(李陸)의 시다. 이 문집 편집자가 이 정자에서 읊은 시를 함께 실은 것 같다.

화자는 물가에 있는 정자를 지나 "버드나무가 무성하고 꽃이 활짝 핀 한 마을"을 지나고 있다고 읊었는데 이 시구는 중국 남송(南宋) 때 시인 육유(陸遊)의 「산서촌에서 놀다」(遊山西村)의 시에 나오는 "산이 겹치고, 물이 거듭되어 길이 없는가 의심했더니 버드나무가 무성하고 꽃이 활짝 핀 또 하나의 마을이 나타난다."(山重水複疑無路 柳暗花明又一村)는 시 한 구절을 몽땅 옮겨 왔다. 깊은 산속에서 전개되는 봄의 아름다운 경치를 읊었다. 걸어가면서 산수의 아름다움에 도취되어 있다.

밤이 되어 동쪽 바다에서 달이 떠오르니 물결은 넓고 아득하게 보인다. 물결은 운몽(雲夢 : 중국에 있는 큰 늪)의 큰 늪을 삼켜버리듯 기세가 당당하니 해가 있던 곳도 알 수 없게 되었다. 근엄한 마음을 간직하고 해가 나타나기를 기다렸는데 서쪽 끝 하늘에는 비가 와서 날씨가 어두우니 신선세계는 삼천리나 아득하게 떨어져 있는 것은 아니라고 생각하였다. 신선세계를 갈망하나 결국 불가능함을 감지한다.

정자 주변은 아름다운 봄을 맞이하였으나 날씨가 사나워지면서 화자가 바라는 신선세계는 아득하게 떨어져 있어서 마음의 구원을 얻지 못하고 좌절한다.

관란정

임효헌(林孝憲)

아침마다 붉은 해가 정오도 되기 전에
어찌하여 선생은 홀로 난간에 의지하였는가
신하의 절조는 바로 바다를 존중함 같이 크니
본래의 양심은 관란정을 위한 것 아니네
그 때는 떠돌이를 아름답게 느꼈으며
유명한 정자는 오히려 지나는 길손이 보았네
풍경은 돌아오는 길을 열어 두었고
회계장부를 만지는 낮은 관리가 부끄럽네

朝朝紅日未三竿　底事先生獨倚欄　臣節正應必宗海　道心豈是爲觀瀾
當年能使漂娥感　名榭猶存過客看　風物不收旋復路　緇衣朱墨愧微官
(林孝憲 : 觀瀾亭 · 『觀瀾遺稿』 4 · 14)

아침마다 일찍이 홀로 정자에 오르는 선생(원호)을 생각한다. 그리고 선생이 신하로서 단종에 대한 충성심을 찬미한다. 선생의 본심은 이 정자에 있는 것이 아니고, 바다와 같이 큰 절조는 바로 임금을 크게 존중하는 데 있었다.

자기 자신을 떠돌이로 자처하고 유명한 정자를 만난 것을 만족스럽게 생각한다.

"돌아오는 길을 열어 두었다" 함은 정자에 대한 의인법으로 화자는 언제든지 다시 찾아 볼 수 있는 자유를 누릴 수 있다는 사실에 만족한다.

그러나 화자는 일개 낮은 관리의 신분이 부끄럽다고 함은 생육신의 한 사람인 원호를 의식하여 자기를 낮춘 것이다.

관란정, 『퇴계집』의 관란헌운을 사용하여

최익현(崔益鉉)75)

정자에 오르거니 어찌 노쇠하다 하는가
머리를 돌리니 지난 세월이 아득하고 한탄스럽네
정자를 세운 지 백년이 지났으나 옛 모습 그대로이고
술단지를 열어보니 하룻밤은 넉넉히 마시겠네

이 시는 제목에 표현되어 있듯이 『퇴계집』에 있는 「관란헌」이란 시에 대한 각운을 사용하여 지은 시다. 퇴계의 시는 다음과 같다.

넓고도 가득 차니 그 이치 어떠한고
일찍이 성인께서 이와 같이 감탄하였네
도학의 본체가 다행이도 이로부터 나타나니
공부를 할려면 도중에 그만두는 일 없게 하소

登臨其奈老衰何 回首前塵謾發嗟 堂構百年風不替 開樽剩洽一宵多
(崔益鉉:觀瀾亭用退溪集觀瀾軒韻·『勉菴集』 2:21)

---

75) 최익현(崔益鉉:1833~1909) 호는 면암(勉庵). 항일파의 거두. 1855년에 문과에 급제. 호조판서로 있으면서 대원군 정책에 반대하여 제주도에 귀향 갔다가 사면. 을사조약이 체결되자 전라도 순창에서 의병을 일으켜 항전하다 체포되어 일본의 쓰시마로 유배되어 단식으로 운명하였다. 『면암집』(勉庵集)이 있다.

"성인에게 감탄하였다"는 표현은 확실한 것은 아니나 공자가 악사의 음곡을 듣고 "처음부터 끝까지 바다 물결처럼 귀에 가득하여라"(논어 : 태백산맥)하고 언급한 사실을 두고 말하는 것 같다. 도학의 본체라 하는 것이 바로 도가 충만함을 뜻하는 것으로 해석된다. 그렇기 때문에 도학에 정진하려면 도중에 그만두는 일이 없이 시종여일하라는 뜻이 된다.

도학자로서 퇴계의 근본정신을 이해할 수 있다. 그러나 당시에는 「관란헌」이 풍류의 공간이면서 한편으로는 도학의 학습장이었던지 모를 일이다.

이러한 시풍에 비하면 최익현의 시는 정자 본래의 기능인 서정적 풍류의 공간에서 읊은 것이다.

아직도 기력이 있어서 정자에 오를 수 있는데 사람들은 나더러 왜 늙고 쇠약하다고 하는가. 과거를 뒤돌아보니 아득하게 세월은 흘러 정자를 세운 지 백년이 지났는데 그 모습은 변하지 않고 그대로 있다. 술 단지를 열어보니 하루 밤은 넉넉하게 나그네의 회포를 충분히 풀 수 있는 즐거운 밤을 예고하고 있다.

남은 기력, 정자의 긴 수명, 넉넉한 술 등 화자에게는 모든 것이 만족스럽다. 그러면서 백년이 지나도 변하지 않는 정자의 모습과 늙어가는 자신을 대조하면서 인생의 무상에 대한 설움이 교차되면서 마음속에는 근심이 남아 있다.

푸른 소나무 속의 : 탁사정(濯斯亭)

— 충북 제천군 봉양면 구학리

  탁사정은 제천시 북부에 위치하고 있으며, 북부에는 감악봉과 구학산, 서부에는 시랑산과 박달재가 있고 남부에는 국사봉이 있다. 북부에서는 치악산에서 내려오는 용암천이 봉양면의 중앙부를 향하여 남쪽으로 흐르다가 주포리에서 장평천과 합류한 뒤 주포천이 되어 서남류한다. 이 하천들은 주로 산간 계곡을 흐르므로 유역에는 평야가 적다. 이 지역의 명소로 이 정자와 베론성지, 그리고 원박리의 박달재가 있다.
  이 정자는 조선조 선조 때 임응룡(任應龍)이 제주 수사(水使)로 있다가 귀향할 때 해송 8구루를 가지고 와서 옮겨 심었는데 그의 아들 희운(希雲)이 정자를 창건하여 팔송정(八松亭)이라 하고 암반 위에 세웠다.
  한 때 퇴락되어 1925년에 후손 임윤근(任潤根)이 옛터에 재건하였다. 그 후 원규상(元奎常)이 맹자에 나오는 다음과 같은 말을 근거로

탁사정

정자 이름을 탁사정(濯斯亭)이라 하였다.

『맹자』에서 맹자가 말한 「창랑가」(滄浪歌)를 듣고 공자가 "너희들은 저 노래를 잘 들어라 같은 내에 흐르는 물이라도 그것이 맑으면 갓끈을 빨겠다고 하고, 그것이 흐리면 발을 씻겠다고 한다. 이것은 모두 물자체를 취한 것이다."76) 하였다. 이 말은 결국 선을 행하면 존경 받고, 악을 행하면 천대 받는다는 뜻이며, 또는 길흉 화복은 모두 자초하는 것이라는 뜻도 있다. 굴원(屈原)의 초사(楚辭)에도 이 「창랑가」가 나오는데 거기서는 인생의 일은 모두 자연이 돌아가는 대로 맡겨야 한다거나 또는 시세에 따라서 진퇴를 결정한다거나 속세를 떠나 초연한 모습을 뜻하는 등 같은 말이지만 서로 다르게 해

---

76) 孔子曰 小子聽之 淸斯濯纓 濁斯濯足矣 自取之也 (『孟子』離婁章句)

석되는 것을 알 수 있다. 탁사정이란 이름이 이 노래에서 유래되었음을 알 수 있다.

정자의 구조는 정면 측면 각 2칸의 팔작기와지붕이다. 정자 아래 대암은 경치가 수려하고, 밑에는 용암천의 하얀 모래, 깨끗한 물, 노송에 둘러싸인 정자는 제천 주변의 여름 피서지로서 해마다 많은 사람이 모여드는 곳이다. 제천 10경 중 제9경에 해당된다.

탁사정 달밤

윤봉조(尹鳳朝)77)

숲속 나무에서 쓰르라미 떠나가고
누각에는 흰 달이 걸려 있네
섬은 평생 먼 곳에서만 완상하였으나
지금 난간에서 아득히 홀로 잠이 드네
깊은 생각을 많이 하다보니 마음은 깨끗하고
두 물줄기는 밝은 빛을 받아 아름답네
모래 가에서 나지막하게 들리는 말소리는
밀물배가 올라온다는 것을 알게 하네

林木寒蟬去 樓臺素月懸 島平生遠賞 欄逈委孤眠 幽意群出靜 晴光二水姸 微聞沙際語 覺有上潮船 (尹鳳朝: 濯斯亭月夜·『圃岩集』4:13)

---

77) 윤봉조(尹鳳朝:1680~1761) 호는 포암(圃岩), 1705년에 문과에 급제. 이조참의를 지냈고, 대제학에 보직되었으나 사양하고 다른 사람을 추천하였다. 문장에 능하였다. 『포암집』(圃岩集)이 있다.

쓰르라미와 흰 달을 통하여 정자 주변의 가을밤이 찾아오는 정경을 실감나게 읊었다.

섬처럼 생긴 숲속의 정자를 전에는 먼 데서만 감상하였으나 지금은 정자의 난간 옆에서 나그네가 되어 외로운 잠을 청한다.

깊은 생각을 많이 하다 보니 마음은 깨끗해진다. 그 때 두 물줄기는 밝은 빛을 받아 아름답게 보였다.

정자 밑에 모래 가에서 밀물배를 타고 오는 사람들이 나지막한 소리를 듣는다.

눈에 보이는 것과 귀에 들리는 것을 모두 놓치지 않고 시에 담았다. 평범하게 느껴지는 가운데 정감이 드는 작품이다.

충주시

　충주는 바다처럼 큰 호수가 옆에 있고 남한강 물이 유유히 흐르는 물의 도시다. 계족산과 탄금대를 중심으로 기름진 옥토를 거느리고 있으며, 사과는 이 고장의 특산물이다. 특히 충주시내 가로수는 모두 사과나무로 되어 있어 가을이면 길 가는 사람들의 호기심을 자아내기에 충분하다.
　충주는 역사의 고장이다. 그것은 신라의 악성 우륵(于勒)이 이곳에서 가야금을 탄주하여 탄금대라는 이름이 생겼고, 신라의 유학자 강수(强首)가 태어난 고장이며, 역시 신라시대 명필인 김생(金生) 등이 이 고장의 명예를 드러내고 있다. 뿐만 아니라 임진왜란 때 왜군과 싸우다 순국한 신립(申砬) 장군의 유적과 병자호란 때 명장인 임경업(林慶業) 장군의 사당 또한 이곳에 있다.

우륵의 전설을 담은 : 탄금대(彈琴臺)

— 충북 충주시 칠금동 대문산 (충북 기념물 제4호)

  탄금대는 남한강 지류인 달천(達川)이 남한강과 합류하는 지점에 있는 대문산에 위치하고 있다. 이 산은 약 10만 평 규모의 작은 산이며 산세가 평탄하면서도 기암 절벽에 송림이 울창한 수려한 경관과 유서 깊은 고적지이다.

  악성 우륵(于勒)이 가야국에서 자기가 만든 가야금을 가지고 신라로 도망 와서 신라 진흥왕 앞에서 새 곡을 지어 연주하니 감동하여 충주에 살도록 하였다. 탄금대는 우륵이 살던 곳이다.

  한편 1592년(선조25) 임진왜란 때 신립(申砬)장군이 왜군과 전투하다가 중과부족으로 전사한 전적지이기도 하다.

  200m 높이의 대문산 입구에는 「충주문화회관」과 「야외음악당」이 있고, 산책길을 따라 올라가면 아동문학가 권태응(權泰應)의 「감자꽃 노래비」와 「탄금대비」, 「악성우륵선생추모비」, 「탄금정」, 「신립장군 전적비」 등 기념물들이 눈을 끈다.

탄금대

대에 올라 바라보면 아래쪽으로 두 갈래 물줄기가 합쳐 하나가 되어 흐르는 광대한 풍경이 전개된다.

탄금대 아래 나루터에서 우륵이 가야금을 타다가 쉬던 곳이라 하여 금휴포(琴休浦)라는 곳이 있고, 강 건너에는 가야금 소리를 듣던 곳이라 하여 청금대(廳琴臺)가 있다.

탄금정은 언제 건립되었는지 분명하지 않다. 다만 지금의 정자는 1970년에 건립되었다. 정자의 건축 양식은 시멘트 2층 구조물이다. 1층은 공간이며 4각기둥이며, 2층은 원기둥이다. 너무 길어서 학다리 모양으로 전통적인 구조물에서 벗어났으며 안정감이 없고 긴 소나무가지에 덮여서 먼데서는 정체가 제대로 드러나지 않는다.

다시 탄금대에서 놀다

박상(朴祥)78)

지난 일 멀고 아득하여 찾을 수 없고
탄금대 아래 흐르는 물만 쪽빛 같네
문장으로 뛰어 났던 강수는 남아 있는 사당이 없고
글씨 잘 쓰던 김생은 허물어진 암자 뿐이네
지는 해에 강을 올라가는 배는 둘 둘이고
비낀 바람에 모래섬에서 머뭇거리는 백로는 셋 셋이네
도연명 「귀거래사」일랑 미인들이 부르게 하지 말게나
태수가 들으면 얼굴에 부끄러움 나타낼 것일세

往事迢迢不可探　琴仙臺下水如藍　文章强首無遺廟　翰墨金生有廢庵
落日上江船兩兩　斜風盤渚鷺三三　陶辭莫遣佳人唱　太守聞來面發慙
(朴祥 : 再遊彈琴臺・『訥齋集』 5:42)

　시인은 충주태수를 지낸 일이 있었다. 그 때 탄금대를 찾는다는 것은 그리 어려운 일이 아니었다. 그렇기 때문에 탄금대에 대한 제영이 다른 사람에 비해 많은 편이다.
　"지난 일"이란 탄금대를 중심으로 악성 우륵에 대한 전설과 임진

---

78) 박상(朴祥 : 1474~1530) 조선조 초기의 문장가. 자는 창세(昌世), 호는 눌재(訥齋). 1503년에 문과에 급제. 나주・순천・상주부사를 지냈다. 『눌재집』 8권이 있다.

왜란 때 이곳에서 전사한 신립 장군의 사적을 말한다. 모두 다 오래

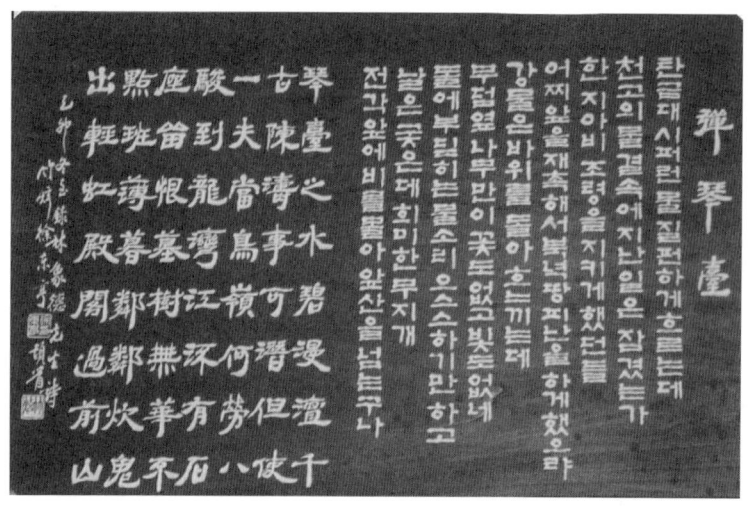

된 일이라 그 시절의 참모습은 찾을 수 없고 지금은 다만 탄금대 아래를 흘러가는 쪽빛 물만 예전과 다름없을 뿐이다. 화자는 세월이 덧없이 물과 함께 흘러 간 것에 대한 감회를 읊었다.

신라 때 문장가인 강수(強首)에 대한 아무런 자취도 없고, 글씨로 유명했던 김생(金生)은 암자의 흔적만 남았으니, 한때의 명성도 세월과 더불어 사정없이 흘러갔음을 아쉬워한다.

그러나 화자는 역사적인 과거에만 집착하는 것이 아니다.

현실에 눈을 돌리니 해가 지는 강물에는 올라가는 배가 둘씩 둘씩이고, 비낀 바람을 받아 머뭇거리는 백조는 물 위를 셋씩 셋씩 무리를 지어 날아가는 강변의 풍경을 호기심 어린 눈으로 쳐다 본다.

미련에서의 도연명의 등장은 벼슬을 내놓고 전원으로 돌아갈 때

지은 「귀거래사」를 연상하면서 아직도 벼슬자리에 미련이 있어 그만두지 못하는 자신을 부끄럽게 생각한다. 이 때 화자는 충주태수로 있었다.

　　　탄금대를 지나다가 느낀 바 있어
　　　박창세 선생의 시를 따라

유성룡(柳成龍)

　　상류의 좋은 경치를 이 속에서 찾으니
　　산은 금성을 호위하고 물은 쪽빛을 둘렀네
　　흥하고 쇠함에는 때가 있어 두 눈에서 눈물이 흐르고
　　드나드는 나루에는 의지할 곳 없는 암자 하나
　　도리어 가엾구나 부질없이 군사 만 명이나 보내고
　　앉아서 큰 고을 셋이나 잃었는데
　　국정 맡은 지 수 년에 작은 공로도 없으니
　　바람에 의지하여 생각하니 마음만 부끄럽네

　　上流形勝此中探　山擁金城水繞藍　興廢有時雙淚顏　關津無賴一茅庵
　　還憐銳卒空輸萬　坐使雄都盡失三　廊廟數年無寸効　倚風料理只心慙
　　(柳成龍：過彈琴臺有感次朴昌世先生韻・『西厓集』 1:18)

　이 시에는 "충주를 견고하게 지킬 줄 모르고 적을 평지로 끌어들여 성 아래에서 싸우다가 대패하여 열흘 동안에 삼도(서울・개성・평양)를 모두 지키지 못하였다…"는 서문이 들어 있다. 조령과 죽령에 요새를 구축하여 대비하고 탄금대에 성을 쌓아 웅거하여 지키도록 하였더라면 패전하는 일은 없었을 것이라는 나름대로의 질책과 회한이 들어 있다.

   그리고 박상이 충주 목사로 있을 때 지은 시를 소개하고 그 시를 차운하여 자신의 뜻을 붙인다고 하였다.

   탄금대를 찾아 와서 먼저 시선을 보낸 곳은 금성을 감싸고 있는 산과 쪽빛 물이 흐르는 아름다운 자연 환경이다.

   흥망성쇠는 인류가 걸어온 어쩔 수 없는 운명이나 눈앞에 전개된 탄금대에서의 패전은 화자로 하여금 눈물을 흘리게 한다. 이 전투에서의 패배는 결국 10일 만에 서울, 개성, 평양까지 적군이 진주 하는 비극을 겪게 되었다.

   "작은 공도 없으니"는 화자가 임진왜란 때 영의정이란 최고의 위치에 있으면서 국가를 위해 아무런 공도 세우지 못했다고 겸손한 자세와 아픈 마음을 토로하였다.

   바람 부는 누대에 의지하여 적의 진주를 사전에 막지 못하여 임금이 몽진하게 된 역사적 사실 앞에 고통스러운 심정을 함께 드러내었다.

탄금대

황오(黃五)

봄바람 부는 동쪽 탄금대를 바라보니
전쟁터에는 지금도 슬픈 구름에 울분이 걷히지 않네

하늘과 땅에 배수진을 쳐도 공이 없었으니
강산에서 한이 서린 나그네는 술잔만 기울이네
어촌의 저녁에 돛단배가 충주로 들어오고
바다 지키는 봄의 봉화가 조령에서 오네
해는 지고 신장사는 만날 길 없으니
아득하게 넓은 모래톱에는 백구만이 감돌고 있네.

東風東望彈琴臺　戰壘愁雲鬱未開　天地無功軍背水　江山有恨客含盃
漁村暮帆忠州入　海戍春烽鳥嶺來　日落不逢申壯士　平沙漠漠白鷗廻
(黃五：彈琴臺·『大東詩選』券9)

　화자는 지금 탄금대를 먼 곳에서 바라보는 위치에 있다.
　봄바람이 부는 현실과 지난날 임진왜란 때 패배한 전쟁에 대한 울분이 아직도 남아 있음을 토로한다.
　적의 공격에 철저하게 대비하였으나 공이 없이 함락하였으니 한이 서린 울분을 달래기 위하여 술을 마신다. 이뿐만 아니라 이곳에서 전사한 여러 영혼에 대한 슬픔 때문일 수도 있다.
　화자의 시야에는 지금 한강에서 충주로 들어오는 배와 먼 곳의 바다를 지키는 봉화가 조령에서 올라옴을 본다.
　이 탄금대에서 중과부족으로 수많은 군사를 싸움에서 잃고 자신도 전사한 신립 장군을 만나서 당시의 비극적 상황을 묻고 싶으나 지금은 만날 길이 없으니 아쉬움만 남는다.
　누대에서 바라보니 모래톱에서는 무심한 백구만이 감돌고 있다. 덧없이 흘러간 세월을 야속하게 여기며 백구에게서 정처없이 떠돌아다니는 의지할 곳이 없는 외로운 자신을 발견한다.

탄금대

이소한(李昭漢)79)

조각구름 비를 뿌리고 탄금대를 지나는데
충혼들을 불러 내어 술잔을 돌리네
당시 싸움에 이기고 진 일을 묻자 하니
해 지는 산은 말이 없고 물소리만 슬프다.

片雲飛雨過琴臺 招得忠魂酌酒回 欲問當時成敗事 暮山無語水聲哀
(李昭漢 : 彌琴臺 ·『玄洲集』 5:1)

화자는 탄금대라는 이름이 생기게 된 우륵과는 관계없이 처음부터 임진왜란 때 이곳에서 왜군과 싸우다가 전사한 비극에 초점을 모으고 있다.

'조각구름'과 '비'에서 여기가 비극의 고장이었음을 암시한다. '충혼'이란 용어도 싸움터에서 용감하게 싸우다가 전사한 영혼들을 말한다. 그들을 생각하니 슬픔을 참을 수 없어서 술잔을 돌리면서 서로의 마음을 달랜다.

격전지인 이곳에서 일어났던 싸움의 승패에 대하여 물어보고자 하나 산은 말이 없고 물소리만 슬프게 들려올 뿐이다.

---

79) 李昭漢(이소한 : 1598~1645) 조선조의 관리. 월사(月沙) 이정구(李廷龜)의 아들. 호는 현주(玄洲). 1621년에 문과에 급제. 형조판서를 지냄.『현주집』(玄洲集)이 있다.

화자는 산천이란 자연물을 의인화하여 자신의 감정을 거기에 이입하는 수법을 사용하여 당시의 비극적 현장에서 술을 마시면서 충혼을 위로하고 역사를 회고하면서 인생무상과 아울러 절대 고독을 의식한다.

 지금까지 보아온 것과 같이 이 탄금대의 제영(題詠)은 대부분 악성 우륵의 풍류스러운 생활 모습보다는 임진왜란 때의 치욕스러운 패배를 안겨 준 격전지로서의 탄금대에 초점을 맞추어 읊은 것이 지배적인 특성으로 부각된다.

진천군

진천은 충북 서북부에 위치하고 있으며 차령산맥의 북쪽과 서쪽에 자리잡고 있어 비교적 높은 산이 서부와 복부지역에 솟아 있다.
 미호천의 지루인 백곡천이 남류하여 평야를 형성하였을 뿐 대부분의 지역이 산지로 되어 있다. 옛날부터 조용하고 살기 좋은 고장으로 알려져 있으며, 땅이 비옥하고 물이 많아서 쌀 맛이 좋기로 유명하다.

물결 잔잔한 호수 가의 : 식파정(息波亭)

— 충청북도 진천읍 건송리

  누정의 대부분은 도심지를 피해 산속이나 계곡 높은 언덕의 산수가 수려한 것에 위치한다. 외지 사람이 누정을 찾으려면 마을 사람에게 길을 물어야 한다. 식파정도 예외가 아니다. 마을 노파에게 길을 물어 찾아가는데 「식파정 입구」라는 대리석 안내 표시가 보였다. 나지막한 산 정상에 오르니 저수지 기슭에 정자의 지붕이 보였다.
  저수지는 그 규모가 매우 커서 큰 호수를 방불케 하였다. 정자는 이 큰 물을 조망할 수 있는 위치에 있다. 먼저 있던 자리가 물에 잠기게 되어 이곳으로 옮기게 되었다고 한다. 정자의 현판도 제영시도 새로 만들어 걸어 놓았다.
  이 정자는 호조참의를 지낸 이득곤(李得坤)이 1616(광해군 8년)에 창건하였다. 그는 지조가 맑고 사서오경에 달통하고, 문장이 또한 뛰어났다. 산림에 은거하면서 학문에 정진하여 많은 인재를 양성하였다. 두건동의 수려한 산수에 정자를 짓고 냇물은 깨끗하고 물결이 조금도 일지 않아 문득 식파정이라 이름을 짓고 자신의 호로 삼았다. 1893년에 후손들이 중건하였고, 1954년에 다시 중수하였다.

건물의 구조는 정면과 측면이 각각 2칸이며 팔작기와집이다. 네모난 대리석 초석에 둥근 기둥을 세운 아담한 건물이다.

식파정에서

최명길(崔鳴吉)[80]

　　세월 따라가다가 중양절을 맞이하여
　　처사의 집에 찾아오게 되었네
　　첩첩이 쌓인 봉우리들은 단풍잎으로 밝아지고
　　기울어진 돌에는 국화꽃이 한가롭네
　　그물에 걸린 아름다운 물고기 즙기에 급하고
　　매가 날으니 고운 날개 비끼었네
　　돌아가는 이 길을 아무도 재촉하지 않으니
　　바람 부는 날 곱고 평화롭기만 하네.

　　趁得重陽節 來須處士家 疊巒明赤葉 欹石閑黃花 網袈銀鱗急 鷹飛錦
　　翼斜 未須催去路 風日正姸和 (崔鳴吉 : 題息波亭・『遲川集』6:19)

화자는 세월을 따라가다가 뜻밖에 중양절을 맞이하게 되어 친구의 집을 방문하게 되었다. 계절은 바야흐로 가을이 되어 첩첩이 싸인 산봉우리에는 어느덧 가을이 와서 단풍이 곱게 물들고 정자 주

---

80) 최명길(崔鳴吉 : 1586~1647) 조선조 문신. 호는 지천(遲川). 1605년에 문과에 급제. 병자호란 때 주화파(主和派)로 일관하였다. 좌의정에서 영의정에 이르렀다. 저서에 『지천집』이 있다.

식파정

변에는 노란 국화꽃이 한가롭게 피어 있다.

정자 앞에 개울에 쳐놓은 고기 그물에는 고기가 많이 잡혀 줍기에 바쁘다.

고기를 낚는 것이 아니고 그물로 잡으니 화자는 벌써 술안주를 준비하기에 마음이 급하다.

때마침 하늘에는 매가 고운 날개를 펼치며 날고 있으니 모든 것이 다정스럽기만 한다. 거기에 돌아가라고 길을 재촉하는 사람도 없으니 솔솔 불어오는 가을바람에 마음은 행복하고 평화스럽기만 하다.

화자의 넉넉하고 여유가 있고 자유스럽고 평화스러운 심정이 반영된 작품이다.

식파정

김득신81)(金得臣)

흰 구름 자욱하게 잠겨 있는 곳에
높고 편안한 집을 장만하였네
지금 가을이라 나뭇잎이 빨갛게 물들었고
옛적의 국화 향기 변함 없이 풍기네
거울 속에 산 그림자 거꾸로 비치고
처마 끝에는 수양버들가지 비꼈네
술 마시며 한 곡조 노래부르니
가슴 속에는 평화스런 기운이 움직이네

白雲深鎖處 高築逸民家 赤染今秋葉 薰開舊黃花 鏡中山影斜 檐外柳絲斜 一曲歌樽酒 胸襟動太和(金得臣 : 息波亭・『柏谷集』)

정자는 흰 구름이 잠겨 있는 깊은 산 속의 높은 곳에 있다. 이렇게 화자는 자연친화적인 분위기가 감도는 정자의 환경부터 관심을 보였다.

가을이 되어 붉게 물든 단풍이나 옛날과 다름없이 향기를 뿜는 국화에서 아름다운 가을의 정경에 빠져 있다.

정자 주변의 강물에는 산 그림자가 거꾸로 비치고, 강 언덕의 수양버들의 실가지는 바람에 나부낀다.

화자는 시종일관하게 시각에 의존하여 정자 주변의 경물을 놓치

---

81) 金得臣(金得臣 : 1604~1684) 조선조 문장가. 호는 백곡(柏谷). 1662년에 문과에 급제. 당나라 시인과 맞설 정도로 시에 능하였다. 문집에 『백곡집』(柏谷集)이 있다.

지 않고 관찰한다. 그 표현 솜씨 또한 절묘하여 시인다운 기풍을 십분 발휘하였다.

아름다운 자연을 만나면 먼저 술부터 마시는 것이 풍류객의 기풍이다. 거나하게 취하면 먼저 시 아니면 노래부터 나온다. 그러면 자연적으로 모든 근심 걱정이 사라지고 마음이 편안하고 만족감을 느끼게 된다.

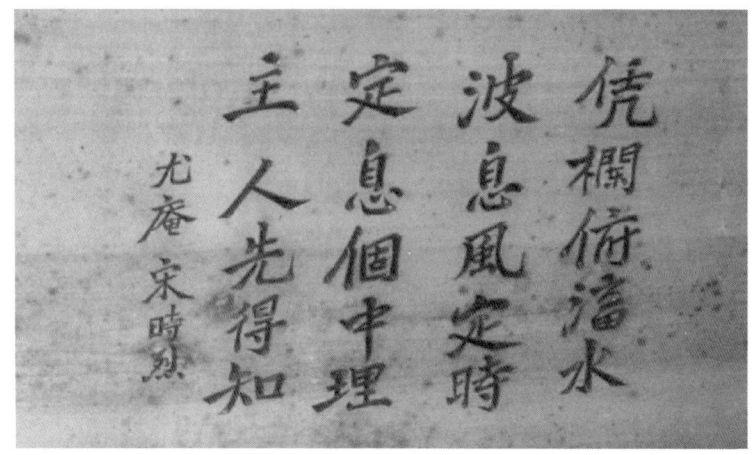

송시열의 현판시

식파정

송시열(宋時烈)82)

난간에 기대어 모이는 물 굽어보니
물결도 쉬고 바람도 멈추었네
멈추고 쉬는 개개의 이치를
주인은 먼저 잘 알고 있었네

凭欄俯潗水 波息風定時 定息個中理 主人先得知
(宋時烈 : 息波亭·懸板詩)

화자는 정자의 난간에 기대어 그 아래를 굽어보니 때마침 강물의 물결은 잔잔하고 바람마저 멈추고 있었다.

멈춘다(定)든가 그친다(息)에 대한 개개의 낱말의 뜻에 대하여 정자의 주인은 이미 그 이치를 터득하고 정자의 이름을 지었다고 생각하였다. 정자의 이름을 통하여 고요하고 평화스러운 분위기에 대한 찬사가 함께 포함된 작품이다.

---

82) 송시열(宋時烈 : 1607~1689) 조선조 중기 주자학의 대가. 호는 우암(尤庵). 봉림대군의 스승. 1633년에 사마시에 일등으로 합격. 1668년 우의정에 이어 좌의정에 제수. 1689년 기사환국으로 제주도에 귀향 간 것을 잡아올려 정읍에서 사사(賜死) 하였다.『송자대전』(宋子大全)이 있다.

괴산군

괴산군은 충북의 중동부에 위치하고 있으며 소백산맥을 사이에 두고 문경, 상주와 접하고 있다. 지세는 서쪽 차령산맥에서 분기된 노령산맥이 남하하여 남북으로 달리고 있어 군은 하나의 분지를 형성하여 달천(達川) 등이 히친을 따라 골짜기에 낮은 평야가 형성되어 있다. 괴산은 깊은 계곡과 높은 산이 많아서 풍경이 빼어나고, 산자수명(山紫水明)하여 예부터 시인묵객들이 즐겨 찾아 풍류생활 속에서 시를 짓고, 때로는 나라를 걱정하였다.

화양구곡(華陽九曲)이라 하여 기암괴석이 병풍처럼 서 있고 맑은 물이 옥처럼 부서진다. 이곳을 지나면 곧 선유구곡과 연결된다. 다시 발걸음을 계속하면 쌍곡구곡이 나타난다. 어느 것 하나 그냥 지나칠 수 없는 절경이다.

명미한 고장인 만큼 정자가 곳곳에 서 있었으나 지금은 대부분 퇴락하여 흔적도 없는 것이 많다. 그러나 피세정·고산정·애한정만은 곱게 중수와 단장을 거쳐 의연한 자세로 서있어 옛 모습을 되찾고 있다.

온 마을을 조망할 수 있는 : 피세정(避世亭)

— 충북 괴산읍 문광면 광덕리 산 94

    피세정은 고려시대 진사 피세정 조신(趙紳 : 1324~1402)이 고려가 망하고 조선이 개국되자 불사이군(不事二君)의 정신으로 괴산에 은거하면서 오마산(五馬山) 아래에 정자를 지었으나 그 뒤 허물어져 터만 남은 것을 그의 5대손 송재(松齋) 조세구(趙世球 : 1483~1550)가 그 터에 정자를 다시 세우고 선조인 조신의 호를 따서 피세정이란 간판을 달았다.
    이 정자는 조신의 굳은 충절과 조세구의 청렴과 결백을 기리고 추모하던 곳이다. 정자의 구조는 정면 3칸, 측면 2칸의 팔작목조기와집이다. 안에는 마루를 깐 통간에 난간을 둘렀다.
    정자 안에는 많은 제영시가 걸려 있었다고 하나 지금은 다 유실되고 조광조(趙光祖)가 지은 「피세정명」(避世亭銘)을 중심으로 하나의 현판 안에 2명, 또는 4명의 제영시를 이어서 기록한 현판이 둘만 남아 있다.

피세정을 지나면서 느낀 바 있어

조광조(趙光祖)83)

만물의 이치는 풀기에 따라 많아지고
넓고 넓은 땅 위에 남은 곳이 있었네
지금 바라보니 맑은 경치 넘치니
옛적에 큰 사람이 살았음을 알겠구나

物理隨贏積 恢恢地有餘 觀今淸景溢 認昔大人居 (趙光祖 : 過避世亭
有感・『靜庵集拾遺』 1:1)

이 시는 정암(靜庵) 조광조(趙光祖)의 문집에 실려 있는 시이며 정자에는 조광조의 「피세정명」(避世亭銘)의 끝에 기록하여 정자 안에 현판되어 있다.

만물의 이치는 그것을 풀어야 더욱 많은 것을 알 수 있는 것처럼 피세정이 바로 이런 이치에 따라 넓은 땅과 좋은 자리를 차지하였다고 지적하였다. 지금 여기서 바라보니 경치가 매우 깨끗하고 좋다고 감탄한다. 이러한 곳에 정자를 세운 것을 보니 큰덕을 가진 사람이 살아 있었음을 알겠다는 것이다.

화자는 정자의 수려함과 함께 자기 조상에 대한 업적에 찬사를 보냈다.

---

83) 조광조(趙光祖 : 1482~1519) 조선조 중종 때 성리학자. 호는 정암(靜庵). 1515년에 알성시(謁聖試)에 급제. 소격서(昭格署)를 폐지하고 유학자 정치를 구현, 대사헌이 되어 낡은 정치를 개혁하기에 힘썼으나 너무 과격하여 반대파의 미움을 받아 기묘사화 때 귀양 갔다가 사사(賜死)되었다. 『정암집』(靜庵集)이 있다.

피세정

피세정을 다시 세울 때의 시

조정식(趙定湜)

새로 정자를 중건하니 옛날로 돌아온 듯
그 때 은퇴하니 충성을 다함을 알겠네.
대궐 안 숲에 해가 지니 인간 또한 저물었고
소나무들에서는 맑은 바람이 시냇가에 불어 오네
처마끝 달세계에는 긴 세월의 외로움이 있고
난간 밖 산이 푸르니 오랜 세월 그대로다
우리 조상 정중하게 깊이 종적을 감춘 것은
실로 후세에 이름이 귀이하게 됨을 구함이 아니라오

重建新亭倚舊時　當年隱退盡忠知　御林落照人間暮　松野淸風澗畔遲
楣端月間千秋義　檻外山靑太古依　吾祖丁寧深海迹　實非後世釣名奇
(趙定湜 : 避世亭重修韻・懸板詩)

　이 작품은 정자 안에 현판된 시 중의 하나다. 창건자 조신의 19세 손에 해당하는 인물이며 지은 것을 중건할 때의 기쁨을 읊었다.
　정자를 다시 세우니 옛날 모습이 되살아났다고 전제하고, 돌이켜 보면 창건자는 자신의 선조이며 고려조에 충성을 다하였고 고려가 망하자 두 임금을 섬길 수 없다는 굳은 지조를 가지고 있었으며 이 곳에 와서 은퇴하였다는 사실을 밝혔다.
　해가 지는 것과 인간이 저물어 가는 사실을 결부시켜서 왕조의 몰락과 인간의 노쇠를 새삼 느낀다. 그러나 상대적으로 푸른 소나무에는 맑은 바람이 불어오고, 달은 오랜 세월 고독하게 우주를 비치고, 난간 밖의 산도 푸른빛을 그대로 간직하고 있으니 변하지 않는 자연에 대한 애정을 고스란히 담고 있다.
　조상이 정중하게 벼슬에서 물러난 것은 후세에 이름을 남기려는 것이 아니고 충절과 청렴결백을 통하여 자연스럽게 후세의 귀감이 되었을 뿐 명예를 위한 것은 아니라고 하였다.

삼가 피세옹에게 드림

이원84)(李原)

천고에 곧게 살아간 오직 한 분의 선비이며
사철 곧은 절개는 다만 외로운 소나무라네
삼한을 앞뒤하여 누가 의로운 사람인가
피세정의 높은 인품 널리 미쳤네

千古直行唯一士 四時貞節特孤松 三韓前後誰人義 避世亭亭高絶泱中
(李原:謹呈避世翁・『槐山郡誌』)

이 시는 직접 정자를 대상으로 읊은 것이 아니고 정자를 창건한 피세정 조신(趙紳)의 인물에 대하여 찬양하였다.

조신은 고려가 망하고 조선이 건국되자 불사이군(不事二君)의 굳은 절개로 모든 것을 버리고 괴산에 내려와서 은거하였다. 화자는 그의 이러한 지조를 찬양하였다.

삼국을 전후하여 역사상 이러한 정의로운 인물은 없었으며, 그의 높은 절조는 세상에 널리 알려지고 있다고 극구 찬양하였다.

---

84) 이원(李原 : 1368~1429) 조선 세종 때 재상. 호는 용헌(容軒). 정몽주 문하생으로 18세에 문과에 급제, 대사헌, 이조・병조판서를 역임, 1421년 좌의정으로 승진하였다.『용헌집』(容軒集)이 있다.

명나라 사신의 글이 걸려있는 : 고산정(孤山亭)

― 충북 괴산군 괴산읍 제월리(충북 기념물 제24호)

고산정은 괴산의 명승지인 고산구경(孤山九景)의 하나로 괴강이 내려다보이는 산 위에 있다.

충정도 관찰사로 부임한 서형(西坰) 유근(柳根 : 1549~1627)이 괴산의 아름다움을 발견하고 이곳에 정자를 지었다.(1596년) 당시에는 원시림에 가까운 소나무들로 가득 차 있었다. 그는 정자이름을 만송정(萬松亭)이라 불렀다. 광해군의 폭정을 피해 이곳에 와서 만년을 보내면서 고산정으로 이름을 바꾸어 불렀다.

고산정이 유명해진 것은 유근이 명나라 사신 주지번(朱之蕃)을 영접하면서 고산의 아름다움을 자랑한데서 비롯한다.

사신은 유근의 「고산지승도」(孤山之勝圖)를 보고 감탄하여 1696년(선조 36)에 「호산승집」(湖山勝集 : 산수의 아름다움이 모여 있는 곳)이란 글씨를 써 주었는데 지금 정자 안에 편액으로 걸려있고, 그리고 역시 중국사신인 웅화(熊化)가 1609년(광해군 1)에 「고산정사기」(孤山精舍記)을 썼다. 이것도 지금 현판되어 있다.

고산정

고산정 아래에는 괴강(槐江)이 흐른다. 속리산 북쪽 골짜기에서 흘러내려 정자 밑에서 암벽을 만나 잠시 멈췄다 다시 흐른다.
 정자의 구조는 정면·측면 모두 2칸 팔작목조기와집이다. 아쉽게도 정자 주변에는 출입을 막고 있는 높은 철책이 둘러 있다. 훼손을 막기 위한 조치라고 생각되지만 정자 본래의 풍류스러운 정경은 볼 수 없다.
 정자 안에 걸린 제영은 조선 말기에 일본인들이 약탈해 가서 지금 일본에 있다고 전한다.

고산정에 올라 읊다

이용태(李容兌)

바람이 세차게 불어 소나무가 성기고 늙었지만

청초한 아취가 무궁하고 밝은 달은 향기롭기만 하네
유근이 떠난 뒤에 누가 이을 것인가
다만 밭가는 이와 백구가 이곳의 주인이라네

風入久劫疎松老　清趣無窮霽月閑　柳公去後誰能續　只有耕鷗主此間
(李容兌：登孤山亭吟・『檀菴李容兌先生文集稿』)

 고산정 주위에는 늙은 소나무가 많다. 늘 바람에 시달려서 성기고 늙어왔다. 이러한 가운데 자연은 끝없이 맑은 아취를 제공하니 하늘이 개인 날 밤에는 달마저 한가롭게 보인다.
 정자 주변에 화자의 시선이 닿는 곳마다 자연의 아름다운 흥취에 사로잡힌다. 그때마다 이 정자를 창건한 유근이 이곳을 떠나간 후에는 누가 있어 이 정자를 애지중지할 것인가. 화자의 생각은 여기까지 미친다. 다만 밭 가는 농민과 이곳을 맴도는 백구들만이 이 고장의 주인 노릇을 할 것이라고 자문자답을 한다.
 주인 없는 정자는 한가롭고 쓸쓸한 모습에 대한 화자의 걱정이 담겨 있다.

고산구경 : 만송정

양유년(梁有年)

외로운 정자 후미져 해동의 모퉁이에 있으나
맑은 소리와 그윽한 향기가 오호에 넘치네
몇 권의 황정경은 옛 전자를 겸했고

소나무를 심어 짝을 삼았으니 만 그루나 되었네

孤亭僻在海東隅　淸籟幽香溢五湖　數卷黃庭兼古篆　種松爲伴十千株
(梁有年 : 孤山九景・萬松亭,『槐山郡誌』)

　이 시는「고산구경」중의 하나인 만송정을 읊은 시다. 고산정의 처음 이름이 만송정이다.
　화자는 "고산"이란 이름에 부합시켜서 "외로운 정자"라고 하였고, 정자의 위치도 험준한 산 아래에 있어서 궁벽하다는 표현을 하였다. 맑은 물소리와 주위의 소나무 향기가 온 나라에 넘치는 절승지로 미화하였다.
　『황정경』(黃庭經)은 도가(道家)의 경서이며 모두 4권으로 되어 있다. 이 고산지대가 신선이 사는 세계라는 뜻으로 이 책을 끌어왔고, 옛날 전서체로 되었다함은 주위에 있는 소나무의 모습을 뜻한다고 볼 수 있다. 그것은 결구에서 정자 주인이 소나무를 동반자로 심은 것이 지금 만 그루가 되었다고 하였으니 소나무가 숲을 이루는 신선세계를 상징적으로 표현하였다고 생각된다.
　화자는 만송정 주변의 그윽하고 기이한 자연환경이 절승지임을 읊었다. 그 속에서 은거하고 있는 정자의 주인공이 많은 소나무를 육성하여 신선세계의 경지가 되었다고 그의 인품을 찬미하였다.

달천의 물소리가 들려오는 : 애한정(愛閑亭)

— 충북 괴산군 괴산읍 검승리 76 정자마을

  비교적 높은 언덕 위에 자리하고 있다. 주위가 확 트이고 따라서 넓고 먼 곳을 내다 볼 수 있으며, 서쪽으로는 달천의 거센 물살을 일으키면서 요란한 소리를 내며 흘러가고 있다.
  주위는 사방이 산으로 둘러싸여 있어 깊은 산 속에 들어온 기분을 떨칠 수 없었다.
  애한정은 임진왜란 때 백의로 왕을 의주까지 모시고 간 공로로 별좌(別座)를 지내다가 광해군 때 벼슬을 버리고 낙향한 박지겸(朴知謙)이 1610년에 창건하여 자기 호를 따 이 정자 이름을 지었다.
  1673년에 허물어진 정자를 그의 손자 박연준(朴延俊)이 재건하고, 그 후 세 번이나 중수하였으며 지금 건물은 1979년에 중수하였다.
  정자 안에는 박지겸이 지은 「애한정기」와 「애한정 8경」을 비롯하여 무려 12명의 기문(記文)이 걸려 있다.
  정자의 구조는 정면 6칸, 측면 2칸 크기의 팔작목조기와집이다. 동쪽 2칸은 방으로 꾸몄으며, 주위는 흙돌담에 기와를 얹은 울타리

애한정(愛閑亭)

를 둘렸고, 서쪽에는 일주문이 달린 별채가 있고, 마루와 온돌방 한 채가 꾸며 있다. 아마 정자에서 제사를 올릴 때, 또는 공부한 학생들이 기숙하던 건물인 것 같다. 담장 밖에는 괴산이란 이름이 생긴 계기가 된 세 아름 나직한 느티나무가 있다.

애한정 시

김득신(金得臣)

아득하게 높은 정자 푸른 하늘에 솟아 있고
정자에 오르니 호방한 기운이 무지개를 넘었네
언덕과 들은 복잡하게 얽히고 넓은데
강물은 물소리만 요란하게 위 아래로 통하네

월로의 시는 후세에 전하여 기리 남고
창옹의 필적은 지금도 교묘하게 남아 있네
그대와의 교분을 기뻐하는 처지가 되고 보니
나는 어질고 아름다움을 얻었으니 보람되고 기쁘다네

縹緲飛亭聳碧穹　登臨豪氣太淩虹　邱原錯綜東南濶　江漢澎磅上下通
月老詩篇傳後遠　窓翁翰墨至今工　與君交誼懽娛地　賴我賢侯勸相功
(金得臣：愛閑亭韻・『柏谷集』47)

　화자는 높은 정자와 호방한 기운을 대조시키면서 정자의 아름답고 위엄이 있고 그 가운데 호걸스럽고 자유분방한 자신의 의기를 피력하였다.
　언덕과 들은 넓고, 정자 아래쪽에서 흘러가는 달천의 요란하게 흐르는 물소리를 듣는다. 시각과 청각을 통하여 넓은 공간과 활기 찬 분위기를 사실적으로 표현하였다.
　시 전반(前半)에서는 아름답고 활기에 넘치는 자연환경이 소재가 되어 정자의 의미를 고양시키고 있다. 후반에서는 전반과는 달리 이 고장에서 살다간 인간들의 예술적 발자취를 통하여 이 정자의 문화적 가치를 높이 평가한다.
　미련(7・8구)에서는 정자를 통한 사람들과의 교분을 소중하게 생각하면서 이런 분위기를 통하여 아름답고 어진 것을 간직하게 되었음을 보람으로 생각하고 있다.
　이 시의 작가는 월사(月沙) 이정구(李廷龜)의「애한정 8경」시에 대한 차운도 남겼다.

애한정 팔영, 박익경(지겸) 작품을 위하여

이정구(李廷龜)85)

아침에 상쾌한 기분이 빈 처마에 들어오니
일어나 앞산을 향해 발을 감아 올리네
짙은 화장 옅은 화장 나름대로 멋이 있고
농민들은 한가하게 비와 개인 날을 점치네
     (송악의 개인날 이내)

朝來爽氣入虛簷 起向前山捲却簾 濃抹澹粧俱有態 農人閑作雨晴占(李
廷龜 : 愛閑亭八詠 爲朴益卿知謙作・『月沙集』16:51)

연못에 가벼운 바람이 불어 오니
맑은 향기 도와서 밤은 서늘해서 좋네
하느님께서 다시 달그림자를 보내 주니
큰 나뭇잎과 번화한 꽃은 땅에서 떠났네
     (연못의 달빛)

池面輕風細細吹 淸香偏與夜凉宜 天公更借氷輪影 高葉繁花光陸離
(上同)

 월사 이정구가 「애한정 팔경」에 대하여 읊은 시에서 두 수만 골랐다.

---

85) 이정구(李廷龜 : 1564~1647) 호는 월사(月沙). 1590년에 문과에 급제, 병조판서, 예조판서, 우의정을 역임. 문집으로 『월사집』(月沙集)이 있다.

첫수에는 "송악의 개인 날 이내"라는 제목이 붙어 있다.

상쾌한 아침을 맞이하여 바깥 경치를 감상하기 위하여 발을 감아 올린다. 아름다운 자연을 마음대로 감상하겠다는 의지가 보인다.

가깝고 먼 경치의 아름다움을 미인의 화장술에 비유하였다. 이와 같은 표현수법은 송나라 시인 소동파의 영향을 받았다. 「호수 위에서 술 마시는데 처음에는 개이고 뒤에 비가 왔다」(飮湖上初晴後雨)는 시의 제목 제2수 결구에 "옅은 화장 짙은 화장 모두 풍미가 있다"(淡粧濃沫摠相宜)는 표현이 있는데 이는 항주 서호의 아름다움을 절세의 미인 서시(西施)의 화장술에 비유한 것이다. 이 시에서 화자는 이 소동파의 표현법을 빌어서 애한정 주변의 환경을 아름답게 표현하였다.

농민들의 날씨에 대한 예언은 소동파의 앞에 시의 앞부분에서 "개인 날과 비오는 날 그 나름대로 좋고 기이하다"는 시구를 수용한 표현법임을 알 수 있다. 화자의 자연친화적인 정서라고 볼 수 있다.

제2수에서는 「연못의 달빛」이란 제목이 붙어 있다. 제목 그대로 연못에 비친 달빛을 읊었다. 가벼운 바람이 불어 밤이 서늘해서 좋다는 행복한 분위기부터 표현하였다. 하느님께서 달빛을 보내 주어서 낮에 있었던 나뭇잎이나 변화한 꽃은 다 육지에서 어둠 속으로 사라지고 지금은 달빛을 받은 연못만이 아름다운 자태를 들어내고 있다. 낮이 아닌 달빛을 받은 연못가의 밤에 전개되는 또 하나의 풍경에 매혹되고 있다.

청주시

 청주시는 충청북도 서부 중앙에 위치하고 있으며, 시 중앙부를 무심천(無心川)이 북부의 미호천(美湖川)과 합류한다. 이 무심천은 청주분지를 북류하는 하천으로 남일면 고은리 삼거리에서 넓은 평야를 이루고 청주 시가를 남북으로 관류한다.
 청주에는 자랑거리가 있다. 경부고속도로의 청주 진입로에서 가경천 죽선교까지 6km 구간에 걸쳐 1527 구루의 플라타너스나무로 이루어진 가로수 터널은 가장 아름답고 쾌적한 길이며 사계절마다 특색 있는 모습으로 변하여 이곳을 지나가는 나그네에게 감탄을 자아내게 한다.

도심 속의 거대한 : 망선루(望仙樓)

— 충북 청주시 남문로 1가 154 (충북문화재 110호)

망선루의 처음 명칭은 취경루(聚景樓)였다. 청건연대는 분명하게 않으나 고려 말엽경이다. 청주 관아의 하나로 객사 동쪽에 있었다. 지금은 청주시 중심가에 자리잡고 있어 풍류스럽던 옛 운치는 사라져 버리고 공원 안에 있어서 시민들의 휴식처가 되고 있다.

1361년(고려 공민왕 10)에 공민왕이 홍건적을 피해 안동에 피난하였다가 도적이 평정되자 개성으로 돌아가는 길에 이곳에 수개월 동안 머물렀다. 그 사이에 문과에 감시(監試 : 국자감이 진사를 뽑던 시험) 합격자의 방(榜)을 붙였다. 훗날 사람들이 그 때의 방을 써서 누각에 게시하였다고 한다.

1461년(세조 7)에 목사 이백상(李伯常)이 중수하고, 한명회(韓明澮)가 망선루라고 고쳤다. 다시 목사 이수득(李秀得)이 중수하고, 1921년에 헐리고 무덕전(武德殿)으로 신축하고, 한때 학교와 교회에서 사용하였고, 1923년에 남석교(南石橋) 근처 제일교회 동쪽으로 이전하였다.

건물 구조는 정면 5칸 측면 3칸으로 최대 규모를 자랑한다. 원기둥, 초익공, 팔작지붕, 1층은 기둥만 되어 있고, 2층은 난간이 있는 누마루 형식이다.

염주 취경루 판상시에 차운하여

정총(鄭摠)86)

이 누각은 누가 처음 지었는가?
그 모양이 옛과 다름없네
연못 속 나무의 붉은 빛이 사랑스럽고
푸른빛은 바다 위의 산봉우리 같네
시가를 읊는 시인묵객이 많고
천사들이 옛날 이곳에 올라왔다네
아름다운 경치에 술이 없으면
무엇으로 나그네의 마음을 위로하리
말에서 내려 관사에 들어와서
넓은 옷 입고 마을 누각에 오른다네
빈들에서는 나뭇잎 떨어지는 소리 들리고
강에서는 멀리서 돌아오는 배가 보이네

玆樓孰経始 物色古猶今 紅愛池中樹 靑如海上岑 詞人多諷咏 天使昔
登臨 嘉景無尊酒 何由慰客心 下馬入官舍 寒衣登縣樓 庭空聞落木 江

---

86) 정총(鄭摠) 고려말 이조 초의 학자. 호는 복재(復齋), 고려 우왕 때 문과에 급제, 조선초에 정도전(鄭道傳) 등과 고려사를 편찬, 1396년에 명나라 태조가 고려사 표(表)의 글이 불손하다 하여 유배 가는 도중에 사망하였다.

迥識歸舟 (鄭摠 : 塩州聚景樓次板上韻二首中第一首・『復齋集』上:7)

망선루

망선루의 처음 이름이 취경루다. 화자는 이 누각이 옛 모습과 다르지 않은 것을 매우 반가와 한다.

연못에 비친 단풍의 붉은 빛과 바다 위 산봉우리와 같은 푸른빛을 발견하고 자연의 신비에 감탄한다.

명미한 이 누정의 승경 때문에 오래전부터 많은 시인묵객들이 찾아와서 시를 읊었고, 천사들도 이 누정에 올라와서 아름다운 경치를 구경한 사실을 상기한다.

시의 후반부터는 아름다운 환경에 촉발된 자신을 발견한다. 이렇게 좋은 곳에서 맛있는 술이 있어야 나그네는 그 마음을 위로 받을 수 있다고 생각한다.

화자는 관사에 돌아와서 근처 누각에 오른다. 마침 계절이 늦가을이어서 빈들에서는 나뭇잎이 떨어지는 소리가 들리고 그때 마침 멀리 강에서는 돌아오는 배를 본다.

시각 청각을 통하여 늦가을 풍경을 원근법에 의하여 서정적으로 평화스럽게 잘 표현하였다.

서원 망선루에서 김교수 효정에게 화답하여

김종직(金宗直)

낭비의 명승지가 마한에 인접하였는데
찌는 더위에 하루 종일 때 묻은 안장에 앉아 왔네
갑자기 시문의 대가를 만나게 되니 마음이 상쾌해지고
점차 신선이 사는 곳 가까워지니 마음이 너그러워 지네
사방 들판이 아득하니 의당 먼 데를 바라보아야 하고
백년 동안 일에 골몰하였으니 감이 편안함을 도모하리
기뻐서 초나라 곡조에 따라 긴 젓대를 부니
오래 머물러 모두 한번 즐기는 일 괴이하게 여기지 마오

娘臂名區接馬韓　炎烝竟日擁塵鞍　忽逢詞伯襟期爽　漸近神州意緒寬
四野茫茫宜望遠　百年役役敢偸安　好憑楚詞吹長笛　莫怪淹留罄一歡
(金宗直:西原望仙樓和金敎授孝貞 二首・『佔畢齋詩集』23:1)

이 시는 두 수로 되어 있는데 첫째 수에 해당된다.

서원(西原)이나 낭비(娘臂)는 모두 청주의 옛 이름이다.

화자는 망선루에 오르기 위하여 찌는 더위를 무릅쓰고 먼 곳으로부터 때 묻은 말안장에 앉아서 이곳에 왔다.

첫 번째 기대는 시인묵객을 만나는 일이고, 다음은 신선이 사는 고장을 찾는 일이다. 그렇게 되면 화자는 마음이 너그럽고 상쾌해진다고 하였다.

누각에서의 전망은 넓고 멀어서 아득하게 바라볼 수 있다. 이렇게 좋은 곳을 보고 화자는 오랜 세월 힘든 일에 종사해 온 자신을 생각하면 이제 와서 편안함을 도모할 것이 못되지만 자기 앞에 전개되는 명미한 절승은 스스로 얻어지는 것이니 마음껏 즐겨도 좋다는 심정이다.

마음은 한없이 기뻐서 초나라의 곡조에 따라 긴 피리를 신나게 불고 있다. 오래 머물면서 마음껏 즐기는 것이 이상할 것이 무엇이 있겠는가. 다시 찾아온다는 보장도 없으니 지금 이 자리에서 흥청거리며 즐기고 싶은 충동을 느낀다.

망선루시에 차운하여

양희지(楊熙止)[87]

마을 언덕에 보슬비 내리고
산사의 저녁 종소리 울리기 시작하네
이끼 낀 벽에 달팽이는 글자를 이루었고
모래 언덕의 새 발자국은 전서체 같네
못은 깊어도 바닥까지 맑게 보이고

---

87) 양희지(楊熙止:1439~1504) 호는 태봉(太峰). 조선조 문신. 충청도 관찰사, 대사헌을 지냈다. 글씨를 잘 썼으며 『대봉집』이 있다.

누각은 멀리 훤하게 앞이 트이었네
임금의 수레는 떠난 후 소식이 없고
귀뚜라미 울음소리 내게 호소하는 듯

村墟微雨裏 山寺溪鐘初 苔壁蝸成字 沙階鳥篆書 池深淸到底 樓逈白
生虛 翠輦無消息 吟蛩似訴予 (楊熙止 : 次望仙樓韻·『大峰集』 1:10)

"마을 언덕"과 "산사"(山寺)는 평화스러운 풍경을 상기시키고, "가랑비"와 "종소리"는 시각과 청각을 자연스럽게 촉발시켜서 전형적인 마을 풍경을 서정적으로 표현하였다.

이끼 낀 벽에 있는 달팽이 모습을 글자로 표현하였고, 모래 언덕의 새발자국을 전서체라는 글씨체로 비유한 것은 기발한 생각이며, 특출한 표현법이다.

깊은 바닥까지 보이는 연못은 깨끗함을 뜻하는 것이며, 멀리까지 내다볼 수 있는 누각은 여유 있는 주위 환경을 말하고 있다.

"임금의 수레"는 고려말에 공민왕이 피난 왔다가 돌아간 역사적 사실을 말하는 것이다. 그 후 소식이 없음을 귀뚜라미에게 감정을 이입하여 야속하게 생각한다.

옥천군

 옥천군은 지형상 소백산맥과 노령산맥이 갈라지는 중간에 위치하여 대부분 구릉성 산지로 이루어져 있다. 사방이 산지로 싸여 있고 옥천읍을 중심으로 산간 분지가 발달되어 있다.

 보은군에서 출발한 보청천(報靑川)이 남쪽으로 흘러 군중앙에서 금강(錦江)과 합류한다. 금강은 연주천(蓮舟川)과 서화천(西華川) 등 지류를 합치면서 군의 서부를 곡류하여 대전으로 흘러간다.

강산의 절경을 모두 간직한 : 독락정(獨樂亭)

― 충북 옥천군 안남면 연주리

독락정의 아래로는 강물이 흐르고 위로는 암벽이 병풍처럼 둘러있어 주변 경관이 매우 수려하여 선비들이 많이 찾던 고장이다.

산중턱에 새로 단장한 정자는 2003년 여름 매미 태풍 때 앞의 담장이 무너져 외인의 출입이 통제되어 안에 들어 갈 수 없었다.

정자의 뒤뜰은 비교적 넓은 공간으로 은행나무와 소나무 한구루씩 정자의 파수병인양 서 있다.

정자 입구에는 「초계주씨시조한림학사휘황위령비」(草溪周氏始祖翰林學士諱璜慰靈碑)가 서있고, 정자로 올라가는 길 오른쪽에는 사당이 있다.

저물어 가는 강가에는 멀리 갓을 쓰고 낚시하는 노인이 혼자서 서향 햇빛을 받으며 세월을 낚고 있다. 강물이 흐르는 방향에서 산들이 양쪽으로 겹겹이 쌓여 원근법으로 처리한 동양화를 보는 느낌이었다.

독락정

 이 정자는 1607년(선조 40)에 초계 주씨인 주몽득(周夢得)이 창건하였다. 1607년에 일본에 건너가서 임진왜란 때 잡혀간 포로 9천여 명을 데리고 귀국하였으며, 1624년에는 이괄의 난에 공을 세워 첨지중추부사(僉知中樞府事)가 되었다.
 정자의 구조는 정면 2칸, 측면 2칸의 팔작목조기와집이다. 방이 한 칸에 마루가 있다. 조선시대 전형적인 정자 건물이라고 한다.
 처음에는 정자였으나 후에는 서원 같은 구실을 하였다. 1772년에 중수 후, 두 번이나 다시 중수하였고 1965년에는 문중에서 대대적으로 보수하였다.

독락정에 올라 동주 선생 시에 삼가 차운하다

윤선학(尹宣學)88)

오랜 세월 좌절하여 병 들어 쇠약해지고
만번 죽어도 숨을 곳은 이 물가라네
하늘을 향한 유명한 독락정은 오래되었고
창량곡 한 곡조에 아름다운 봄을 기뻐하네
술단지 속에 술이 있으니 스스로 마시게 되고
거문고 위에 줄이 없으니 누가 마음을 모으리
소생이 어찌 화답하는 이의 도리를 알겠는가
다만 맑은 바람이 백이·숙제의 가난을 우러르겠네

百年顚沛病矢身 萬死行藏此水濱 天向名亭獨樂古 滄良一曲笑仙春
壺中有酒自爲跡 琴上無絃孰會神 小子何知和者道 淸風徒仰伯夷貧(尹
宣學 : 登獨樂亭 敬次東洲先生卷中韻·『魯西遺稿』2:6)

  이 시는 동주(東洲) 이민구(李敏求) 선생의 문집에 있는 시를 읽고 차운한 작품이다. 동주는 병조참판을 지냈으며 시문에 능한 사람으로 알려졌다.
  화자는 자기의 몸을 의지할 곳이 이 독락정이라고 생각한다. 그만큼 모든 환경에 사로잡혔다. 정자는 오래되어 이미 낡았지만 이름이

---

88) 윤선학(尹宣學 : 1610~1669) 조선 중기 학자. 호는 노서(魯西). 1633년에 생원·진사 두 시험에 합격, 병자호란 때 쓰라린 변을 겪고 과거의 뜻을 버리고 성리학에 힘썼다. 죽은 후에 영의정에 추증.『노서유고』(魯西遺稿)가 있다.

알려진 유명한 정자로 보았다. 봄을 맞이하여 중국 초나라 때 문장가인 굴원(屈原)이 부르던 창랑가(滄浪歌)를 부르니 봄을 맞이한 몸이 한결 기뻐진다.

술단지 속에는 술이 있으니 따라 마시면 시문이 저절로 나올 것 같다. 거문고 위에는 줄이 없어 아무도 들려줄 수 없으니 안타까울 뿐이다.

중국 진나라 때 도연명(陶淵明)은 무현금(無絃琴)으로도 충분이 소리를 들을 수 있는 풍류를 즐겼다. 화자는 자기가 어찌 화합하는 사람의 도리를 알겠는가 하면서 개탄한다. 다만 맑은 바람만은 가난할 때 지조를 지킨 백이·숙제 형제의 지조를 추앙할 것이라고 생각한다.

화자는 이 정자에 몸을 위탁하고 술을 마시고 노래 부르고 거문고도 연주하고 싶으나 그것도 뜻대로 되지 않으니 욕심 없는 맑은 바람만이 믿을 만한 대상으로 생각한다.

서울에서 고향에 돌아와서 독락정에

송규렴(宋奎濂)89)

외로운 정자 우뚝 솟아 강가를 내려다 보고
큰 들판 먼 하늘을 바라보니 기세가 기이하네
구름 사이 여기저기 솟아 나온 봉우리 칼과 창처럼 늘어서고
난간 앞으로 흐르는 물은 유리처럼 비치네

---

89) 송규렴(宋奎濂 : 1630~1709) 조선 숙종 때 문관. 호는 제월당(霽月堂). 예조참판, 대사헌을 역임. 『제월당집』(霽月堂集)이 있다.

험준한 길 익숙하게 지나니 천겹이나 높으니
어찌 두렵고 높게 이루어진 백척을 높다하리
잠깐 찾아든 저녁 햇빛의 무한한 흥취를
물가 모래 위의 오직 백구는 알고 있겠지

孤亭突兀枕江渚　大野長天面勢奇　雲際亂峯森劍戟　檻前流水暎琉璃
慣經畏道千重險　寧怕高構百尺危　徙倚夕陽無限興　汀洲唯有白鳩知
(宋奎濂：自京歸鄕 登獨樂亭·『霽月堂集』1:10)

　화자는 먼저 우뚝 솟은 정자의 기세가 기이한데 호기심을 가진다. 그리고 구름 사이에 칼날과 창처럼 늘어 서 있는 높은 산과 정자 앞으로 흐르는 유리 같은 강물 등 특출한 환경도 놓치지 않고 형상화하였다.
　"칼과 창이"란 용어를 사용하여 험준한 산의 모습을 적절하게 읊었고 "천겹"이나 "백길"이라는 용어도 역시 겹겹이 쌓인 산과 낭떨어지를 표현하는데 조금도 손색이 없다.
　정자 주변의 저녁 햇빛이 들어와서 무한한 흥취를 자아내는데 같이 즐길 수 있는 벗이 없어서 백구를 불러온다. 화자의 외로운 정서를 알 수 있다.

구일(九日) 독락정을 지나서 바람이 심하게 불 때 만질(萬姪)에게 보임

채팽윤(蔡彭胤)[90]

늙고 성긴 소나무 깎은 듯한 언덕을 둘러싸고
푸른 난간이 옆으로 기울었으니 세월이 많이 지났네
강가에는 중양절인데도 국화는 보이지 않고
눈 온 뒤 바람이 멎으니 흰 물결 일어나네
옛날 숲속 동산에서 누가 혼자 즐겼는가
맑은 가을 안장 없는 말을 타고 이곳을 지나가네
막걸리를 가져오게 하고자 하나 마을은 멀고
가을 바람이 쓸쓸하게 부니 고향 생각 견딜 수 없네

老樹疎松繞斷阿　碧欄傾側歲年多　江頭九日無黃菊　雪後終風有白波
伊昔林園誰獨樂　淸秋鞍馬此回過　濁醪欲致前村遠　蕭瑟鄕心不奈何
(蔡彭胤:九日過獨樂亭 風勢猶甚示萬姪·『希菴集』8:25)

  늙은 소나무에 둘러싸인 정자가 세월의 무게를 이기지 못하여 기울어진 모습을 하고 있으니 긴 역사를 간직하고 있다고 생각한다.
  화자가 정자를 찾아올 때는 마침 중양절(重陽節)이었다. 음력 9월 9일을 중양절이라고 하여 중국에서는 큰 명절이다. 그러나 우리 나라에서는 그리 중시하지 않았다. 다만 유한계급에서는 교외로 나가

---

[90] 채팽윤(蔡彭胤 : 1669~1731) 조선 영조 때 문관. 호는 희암(希庵). 21세 때 문과에 급제, 예문제학(藝文提學)에 이르렀고, 시와 글씨에 능하였다. 『희암집』(希庵集)이 있다.

서 단풍이나 국화 놀이를 하면서 시인묵객들이 시를 짓고 읊으며 국화주를 마시며 하루를 즐겼다.

국화가 만발해야 할 계절인데 화자의 눈에는 보이지 않고 다만 앞의 강가에는 흰 물결이 출렁거린다.

안장 얹은 말을 타고 이 정자를 지나면서 옛날 숲속에서 혼자 지낸 정자의 주인을 생각한다. 정자의 이름에서 생각난 것이다. 막걸리라도 마시고 싶으나 마을이 멀어서 잘 되지 않는다. 더욱이 쓸쓸하게 가을바람이 불어오니 고향 생각에 괴로워한다.

영동군

 충청북도 최남단에 위치한 영동은 물이 맑고 공기 좋은 청정지역으로 유명한 고장이다.
 지형은 소백산맥이 군의 동북부에서 서남동부로 뻗어 내리고 있어 남동부가 낮은 지형을 형성하고 있다. 남동부에는 매우 험준한 산지를 이루고 있으며, 동북부에는 700~900m의 산이 솟아 있다. 군의 북부로 금강의 지루인 초강, 영동천등이 서쪽으로 흘러 금강과 합류하여 옥천군으로 흘러 들어간다. 이들 하천 유역의 곳곳에 협소한 침식분지가 산재하고 있을 뿐이며 평야의 발달은 미약한 편이다.

높은 절벽 위의 전망 좋은 : 가학루(駕鶴樓)

— 충청북도 영동군 황간면 남성리 (지방유형문화재 제22호)

  누각은 매우 높은 절벽 위의 자리잡고 있다. 그 아래는 초강(草江)이 흘러내려 오다가 꺾어서 서쪽으로 급하게 흘러 소용돌이쳐 바위에 부딪치니 악기를 연주하는 소리 같다.
  누각의 입구에서 최근에 새로 조성한 높은 계단을 밟아야 올라갈 수 있다. 좌우에는 대나무 군락이 있어 바람에 대잎 스치는 소리를 들을 수 있다.
  누각 위에서 바라보는 경치는 경부철도선과 경부고속도로가 평행하여 열려 있어 기차와 자동차가 앞 다투어 경쟁하는 것 같은 모습이 보인다.
  강이 흘러가는 끝자락에는 높은 산이 원근법에 의한 수묵화처럼 아름답게 전개된다. 누각 앞뜰에는 참나리 꽃이 외롭게도 한 송이만 피어 바람에 한들거리고 있다.
  이 누각은 1393년에 이 고을 현감 하담(河澹)이 창건하였다. 임진왜란 때 소실, 1716년 현감 황도(黃鍍), 1781년 현감 이운영(李運永), 1930년에 군수 전석영(全錫永)이 각각 중수하였다. 1978년에 마루,

난간 등을 보수하였다.

 건물 구조는 정면 4칸, 측면 3칸 팔작목조기와집, 익공계 양식이며 기단은 콘크리트에 자연석 초석, 네모기둥, 홑처마에 사면은 모두 개방, 마루 위에는 난간을 둘렀다.

가학루

안숭선(安崇善)91)

나라일이 긴요하고 급한데
반나절 시 짓느라 머물렀네
늙은 나무에 바람소리 요란하고
긴 강에 산 그림자 흘러내리네
산새들은 성긴 대나무 숲에서 지저귀고
조그마한 밭머리에는 소가 누워 있네
올라가 바라볼 땅도 없는데
돌아갈까 학과 함께 노닐까 머뭇거리네

 恩恩王事緊 半日爲詩留 老樹風聲急 長江山影流 鳥啼疎竹裏 牛臥小田頭 登眺臨無地 還疑共鶴遊 (安崇善 : 駕鶴樓・板上詩)

 이 누대의 판상시(板上詩)이다. 옆에는 후손들의 차운시 두 편이 걸려 있다. 판상시 끝에는 「대제학옹재안숭선고」(大提學甕齋安崇善

---

91) 안숭선(安崇善 : 1392~1452) 조선조 세종 때 명신. 호는 옹재(甕齋). 1420년에 문과에 급제, 집현전 대학, 병조판서, 고려사 편수, 벼슬이 좌참찬(左參贊)에 이르렀다.

가학루

稿)라고 분명하게 시인의 이름이 기재되어 있다.

화자는 긴요한 나라 일을 담당하고 있는 지위가 높은 관리이다. 마침 이 누각에 올라서 뜻밖의 승경에 충격을 받아 시를 쓰고픈 충동을 느껴서 시 쓰기에 고민한다.

바람소리, 지저귀는 새소리 등 귀에 들리는 소리와 긴 강에 비친 산 그림자와 누워 있는 소 등 눈에 보이는 평화스러운 전원풍경에 깊은 호감을 가진다.

절승지인 이곳에 오래 머물고 싶으나 나라 일을 맡고 있는 관리로서 망설이는 수밖에 없는 불안한 심정을 나타내었다. 학과 함께 놀고 싶다는 생각도 이 정자의 이름에 촉발된 결과라고 생각된다.

황간 가학루

서거정(徐居正)

황주는 모두 깨끗한 절경이어서
돌아가고자 하나 다시 늦도록 머물렀네
학은 떠나갔는데 누각은 그대로 있고
산은 높고 물은 스스로 흘러만 가네
굽어보니 날으는 새 등이 보이고
곧바로 장원급제에 오르는 듯
바쁘게 올라서 흥취에 임하니
길게 노래하고 시도 지었다네

黃州儘淸絶 欲往更遲留 鶴去樓仍在 山高水自流 俯看飛鳥背
直上巨鰲頭 兗兗登臨興 長歌賦遠遊 (徐居正：黃澗駕鶴樓·『四佳詩集補遺』3:22)

황주는 황간의 옛 이름이며, 산 좋고 물 좋고, 깨끗하고 수려한 고장이다. 떠나고 싶지 않아서 늦도록 머물고 있다고 하였으니 화자가 여기 승경에 매혹되었음을 헤아릴 수 있다.

"학은 떠나갔는데 누각은 그대로 있고"라는 시구는 당나라 최호(崔顥)의 「황학루」(黃鶴樓)라는 시를 의식한 것이며 그 시는 다음과 같다.

옛 사람은 이미 흰 구름 타고 떠났고
이 땅에는 지금 다만 황학루만 남아 있네
황학은 한번 떠난 후 다시 돌아오지 않고

흰 구름만 천년 동안 변하지 않고 흘러가네…

昔人已乘白雲去 此地空餘黃鶴樓 黃鶴一去不復返 白雲千載空悠悠…
(崔顥 : 黃鶴樓)

이 시는 칠언율시의 전반부에 해당하며 전설의 내용을 형상화한 부분이다. 화자는 이 시를 의식하고 수용한 흔적을 남겼다.

학이 날아간 빈 누각에서 바라보니 높은 산과 흐르는 물은 예나 지금이나 변화가 없으니 '산천은 의구'하다는 시조의 한 구절을 생각한 것이다.

누각의 아래에는 새가 곧바로 장원급제의 등용문에 오르듯 바쁘게 날아 올라가는 것을 보고 시흥에 겨워서 길게 노래도 하고 고상한 놀이도 하면서 멋있게 시도 짓는 풍류를 맛보기도 한다.

황간 가학루 판상시에 차운하여

권문해(權文海)92)

학이 떠난 지 천년이 지났는데
신선의 누각에는 이름만 남았네
밤이 깊으니 사람들 말소리는 적어지고
처마에는 큰 달빛이 아름답게 흐르네

---

92) 권문해(權文海:1534~1591) 조선조 학자. 호는 초간(草澗). 퇴계 선생에게 사사. 학봉·서애 등과 교우, 외직으로 대구에 오래 있었다. 『대동운부군옥』(大東韻府群玉), 『초간집』(草澗集)이 있다.

냇물소리는 바위 밑에서 들리고
산빛은 난간 머리에 들어오네
동남방향으로 여행하는 가운데
어찌하면 신선이 되는 행운을 얻으리오

鶴去千年後 仙樓名獨留 夜深人語少 簹割月華流 溪響鳴岩底 山光入檻頭 東南行役裏 何幸得天遊 (權文海 : 黃潤駕鶴樓次板上韻·『草澗先生文集』1:35)

이 시의 수련도 결국 앞에 시에서와 같이 당나라 최호의 「황학루」시의 전반부를 의식하고 그 시법을 수용하였다. 그것은 이 누각 이름이 학과 연결되어 있기 때문일 것이다.

말소리, 냇물소리와 같은 청각적인 감각과 달빛, 산빛과 같은 시각적인 시어를 적절하게 구사하여 누각의 아름다운 분위기를 읊어내었다.

화자는 지금 나그네의 몸으로 이 누각을 찾았다. 학을 탄다는 누각의 이름에서 생각한 것은 어떻게 하면 학을 타고 신선이 살고 있는 하늘 나라에 오를 수 있을 것인지 고민한다.

평화스럽고 서정적인 누각의 분위기에 대한 표현과 학을 통한 이상세계에 대한 동경심을 자연스럽게 형상화하였다.

푸른 바위 위에 우뚝 솟은 : 빙옥정(氷玉亭)
— 충청북도 영동군 양강면 남전리 산 662 (지방기념물 제89호)

　영동은 산과 물이 조화롭게 이루어진 유달리 관광명소가 많은 고장이다. 양산의 국립관광단지, 심천의 옥계폭포, 상촌의 물한계곡, 황간의 한천팔경 등은 모두 이 고장의 자랑거리이다. 아름다운 자연뿐만 아니라 문화적 유적도 많은 곳이다. 그 중에서 여기 저기 산재해 있는 누각과 정자를 들 수 있다. 퇴락한 흔적만 남은 것도 있으나 지금 가장 자랑스러운 것은 황간의 가학루와 남전의 빙옥정이다. "빙옥정은 영동의 기산(箕山) 밑에 있는 푸른 바위가 대를 이루고 냇물이 감싸 안아 바라보면 우뚝하게 솟아 있다. 항상 송죽이 서로 어울려 푸르고 아취와 형상이 시원하고 깨끗하니 마땅히 높은 인사들이 몸을 닦고 숨어 지냈던 곳이다"(송병선 : 빙옥정기) 이렇게 정자의 위치와 명미한 주위의 자연 환경에 찬사를 보냈다.
　정자의 입구부터 노송이 주위를 감싸고 있다. 세월의 무게를 이기지 못한 소나무들은 가지를 땅에 닿을 정도로 축 두리우고 있다. 아

빙옥정

마 백년은 쉽게 넘은 듯하다. 정자 주위는 울타리로 둘러 있고 입구에는 기와를 얹은 문이 있다. 들어가기 바로 앞에 「홍성판윤장공지단」(洪城判尹張公之壇)이란 푯말이 보인다. 문 안으로 들어가니 정자 바로 뒤에는 두 분묘의 자리를 잃어서 제단을 만들었으며 해마다 10월 1일(음력)이면 두 집안에서 지금도 제사를 올린다고 한다.

이 정자는 신라 신무왕의 후손이며 고려 말에 전객사령(典客寺令: 고려 때 빈객과 연회를 맡아보던 관리)인 김금이(金今貽)가 사위 홍성판윤 장비(張丕)를 데리고 이곳에 정착하였고, 후손들이 두 분의 제사를 올리는 곳이다.

김금이는 고려 충렬왕 26년(1300)에 출생하여 벼슬이 전객시령에 이르렀으나 당시 고려는 외우내환의 국난에 휩쓸려 있어서 국론이 분열되어 어찌할 수 없이 벼슬을 버리고 아들과 사위를 데리고 영동군 양구(楊口)면으로 낙향하여 우국애민의 나날을 보냈다. 두 분이 집거하던 자리에 후손들이 1764년(영조 40)에 정자를 세우고 이름을 빙옥정이라 하였다.

빙옥(氷玉)의 뜻은 장인과 사위의 관계를 비유한 말이면, 중국 고사에서 유래하였다. 중국 진나라 사람 위개(衛玠)가 장인 악광(樂廣)과 함께 덕망이 높아서 당시의 인사들은 "장인은 어름처럼 맑고, 사위는 구술처럼 광택이 난다."(婦翁氷淸 女壻玉潤)라고 하였는데 이는 두 사람의 맑고 깨끗하고 아름다운 인품을 비유한 말이다. 빙옥의 뜻은 여기서 나왔다.

정자는 그 후 후손들이 여러 번 중수하였다. 구조는 정면 2칸, 측면 2칸의 팔작기와집이며 바닥에는 화강암을 깔았고 단청을 입혔다.

빙옥정

장인철(張寅哲)

악광과 위개의 아름다운 이름을 그대로 지니고 있으니
사위는 빛남이 옥 같고 장인은 얼음같이 맑았네
남전(藍田)의 물은 맑아서 산간을 따라와서 떨어지고
갈봉(葛峰)을 가로 둘러 그림 같은 병풍이 생겼네
정령이 오르내리면서 구름이 늘 덮여 있고

시 짓는 길손들이 취하고 깨면서 달을 함께 맞이하네
두 집안에 봄빛이 오르니 오히려 푸르고
해마다 정자에 올라와서 옛정을 말하네

樂衛嘉名取不庚　玉如其潤又氷淸　籃水遠從山間落　曷峰橫繞畵屛生
精靈陟降雲常覆　詞客醉醒月共迎　兩家春色揚猶綠　每歲登臨話舊情
(張寅哲 : 氷玉亭 ·『永同樓亭板文』)

　빙옥정에 대한 제영(題詠)을 찾을 수 없어서 영동군청 문화재계 박선생에게 부탁드렸더니 즉석에서 팩스로 보내 왔다. 장씨 후손들의 시만 4수가 있었다. 그 가운데 2수만 선정하였다.
　악광(樂廣)과 위개(衛玠)는 중국 진나라 때 사위와 장인이며, 두 사람 사이가 매우 훌륭하였다는 고사를 인용하여 이곳에 처음 터를 잡있던 어름같이 맑은 장인 김씨와 옥같이 빛나는 장씨 두 사람을 찬미하였다.
　"남전"이나 "갈봉"은 이곳의 지명과 산 이름이며 모두 정자 주변의 아름다운 자연환경을 말하는 것으로 여기는 늘 정기가 깃들어 있어 시 짓는 길손들이 몰려 와서 시주(詩酒)를 즐기며 달을 희롱하는 풍류스러운 정자임을 부각시켰다.
　김씨와 장씨 두 집안에는 봄빛이 찾아와서 늘 화기가 넘친다. 화자는 제사 지내려 이곳에 찾아오는 집안 식구들의 조상들을 숭배의 사상을 찬양하였다.

빙옥정

장리섭(張理燮)

사람이 얼음과 옥같이 깨끗함이 변하지 않으니
기산과 영수의 중간 지경이 더욱 맑구나
많은 사람에게 샘을 파서 후손들에게 남기고
온 세월 풍월은 선생을 그리워하네
반송을 물이 휘감으니 신령한 거북이 엎드리고
늙은 잣나무 구름을 구하니 학이 맞이하여 졸고 있네
스승의 글이 빛나서 옛 사적을 밝히니
때때로 대에 올라 우러러 보니 나는 깊은 정을 느끼네

人如氷玉潔無更　箕潁中間境轉淸　別衆採泉遺後裔　滿歲風月慕先生
盤松擁水靈龜伏　老柏干雲睡鶴迎　師筆煌煌徵古蹟　有時瞻仰感吾情
(張理燮:氷玉亭·永同樓亭板文)

　　빙옥정에 대한 명칭의 풀이를 하면서 김씨와 장씨가 장인과 사위가 되며 두 분을 얼음과 옥같이 깨끗하고 맑은 인품에 비유하면서 그 관계가 변하지 않았음을 찬양하였다.
　　이 두 분은 중국 요(堯)나라 때 허유(許由)와 소부(巢父)가 (箕山)과 영수(潁水)에 살면서 세상의 명리를 바라지 않았던 고사(高士)에 비유하였다.
　　그 두 분은 "샘을 파서 후손들에게까지 남겼다"고 한 것은 후손을 위해 삶의 터전을 마련한 업적을 높이 평가한 것이다.
　　오랜 세월이 흘러도 아름다운 자연을 대할 때마다 변함없이 두

분을 사모한다. "반송"이나 "거북"은 긴 역사를 통하여 신령스러운 터전을 유지하였고, 늙은 잣나무는 학의 보금자리가 되고 있다.

조상들이 남겨 놓은 훌륭한 문장을 통하여 지나간 일들을 분명하게 알 수 있게 되었을 뿐만 아니라 정자에 오를 때마다 조상에 대한 깊은 정을 느낀다.

정자 뒷뜰에 두 분의 제단이 있어서 정자보다 그 두 분의 인품을 찬미하는데 초점이 맞추어 읊은 작품이 많이 있음을 알 수 있다.

대전광역시

　충남 동남부에 위치한 대전은 충남의 중심지이며 경부선철도, 경부고속도로, 호남선철도, 호남고속도로의 분기점으로 교통의 요지이다.
　대전의 옛이름은 한밭이다. 일제 시대 행정구역 개편으로 대전이란 명칭으로 바뀌게 되었다. 금강의 지루인 대전천을 중심으로 넓은 들 때문에 그렇게 부르게 되었다.
　지형적으로 보문산과 직장산등에 둘려 싸여 있어서 분지를 이루고 있으며, 이러한 지형 때문에 사나운 북풍을 막아서 기후가 다른 지방에 비하여 온화한 편이다.
　전북 태봉산에서 발원한 대전천은 시의 중앙부를 동남에서 서북부로 관류하여 시의 중서부를 동북류하는 유등천과 중촌등에서 합류하고 다시 대화동에서 시의 서쪽에서 흐르는 갑천과 합류하고 금강으로 흘러간다.

이러한 환경 속에서 문화의 유적도 고루 분포되어 있다. 그 중에 대표적인 것은 회덕에 기반을 닦는 은진 송씨의 유적을 들 수 있다. 본래 대전에는 고려 때부터 회덕 황씨의 근거지였으나 집안이 점점 기울어지고 사위인 은진 송씨가 낙향하여 처가의 재산을 분배 받아 배달촌에 정착하였다.

　조선 후기에는 은진 송씨와 안흥 권씨가 이 지방 세력으로 등장하면서 문화공간이 생겼다. 그 일부가 은진 송씨의 누정이다. 다른 누정은 일부만 현재 남아 있고 나머지는 폐허가 되었다.

맑은 바람 밝은 달을 담은 : 쌍청당(雙淸堂)

― 대전광역시 대덕구 중리동 71 (유형문화재 제2호)

　이 건물은 고려말과 조선초기 부사정(副司正)을 지낸 쌍청당(雙淸堂) 송유(宋愉 : 1389~1446)가 1432년(세종14)에 창건한 별당이다. 송유는 조선조 태종의 왕자난 이후 1401년에 벼슬을 버리고 대전 회덕(懷德)현 배달촌(白達村)에 내려와 학문과 효행에 힘썼다. 이때부터 선조(先祖)의 처가 집안인 토착민 황씨를 누르고 은진 송씨 집성촌이 되었다. 송유의 성품이 맑은 바람과 밝은 달과 같다 하여 쌍청당이란 호가 자연스럽게 어울렸고, 당의 이름도 여기서 나왔다. 송촌동에 있는 송준길(宋浚吉)의 별당 동춘당(同春堂)과 함께 은진 송씨의 정신적인 구심점이 되었다. 쌍청당의 기능은 강학과 제례, 그리고 시회(詩會) 등 다양하였다.
　조선 초기에 지은 이 건물은 지금까지 여러 차례 중건하였다.
　송유의 증손자 송여림(宋汝霖)이 벼슬을 내놓고 고향에 돌아와 1524년에 중수하였고, 박상(朴祥)이 중수기를 지었다. 송유의 5대손 송남수(宋柟壽)가 두 차례나 중건하였다. 그는 1592년에 통천군수로

쌍청당

있을 때 임진왜란이 일어나서 아들 희건(希建)에게 편지를 써서 쌍청당의 현판 글을 모두 적어 가지고 오라고 하였다. 병란에 소실될 것에 대비한 것으로 결국 예상대로 소실되었다. 그 후 180년 동안 일부분씩 수리하다가 1937년 6차로 중수하였고 1970년에 7차를 중수하여 지금에 이르렀다. 쌍청당은 현재 도심지에 위치하여 옛날의 운치는 거의 볼 수 없다.

건물 구조는 정면 3칸, 측면 2칸의 홑처마 팔작기와집이다.

쌍청망 안내석

맑은 바람 밝은 달을 담은 : 쌍청당(雙清堂)   347

살림집처럼 전면과 측면에는 모두 문이 달려 있고, 오른쪽 2칸에는 우물마루를 깔아 대청으로 사용하고 왼쪽 1칸은 온돌방으로 사용하였다.

쌍청당

박연(朴堧)93)

쌍청당 작은 누각이 긴 길을 굽어보며
아침 저녁 명리를 위해 달리는 사람 한가롭게 보네
개인 달빛이 뜰에 가득하니 빌려온 것 아니며
개인 날 부는 바람 난간을 스치니 어찌 불러서 맞으리
찬 기운이 술잔에 숨어들어 금물결이 출렁이고
서늘한 바람이 구름 길을 쓸자 나뭇잎을 가볍게 흔드네
이 경치 이 마음 같은 뜻인데
다시 어느 곳에서 내 몸을 부려야 하나

雙淸小閣俯長程　朝暮閑看走利名　霽月滿庭非假借　光風拂檻豈招迎
冷侵酒斝金波灔　凉掃雲衢玉葉輕　此景此心同意味　更於何處役吾形
(朴堧:雙淸堂·懸板詩)

이 시는 박연(朴堧)이 유성온천에 왔다 돌아오는 길에 이곳에 들려 당(堂) 이름을 쌍청(雙淸)이라고 짓고 시를 지었는데 맨 처음 지

---

93) 박연(朴堧 : 1378~1458) 세종 때 신하. 악률(樂律)에 정통하였으며, 1411년에 문과에 급제, 벼슬이 이조판서와 대제학에 이르렀다. 우리 나라 3대 악성의 한 사람이다. 『난계집』(蘭溪集)이 있다.

은 제영(題詠)이라고 한다.

　박팽년(朴彭年)의 기문(起文)에 "천지 사이에 바람과 달이 가장 맑으며, 사람의 마음의 신묘함도 또한 이와 다름이 없다. 충주부사 박연이 그 별당에 쌍청이란 편액을 지어주고 또 시를 지었다. 나는 이를 듣고 옷깃을 여미고 말하기를 참으로 쌍청이란 뜻이 이러하구나…" (쌍청당기문) 쌍청이란 뜻이 바람과 달이 가장 맑다.는 뜻에서 유쾌함을 알 수 있다.

　송사(宋史) 주돈이전(周敦頤傳)에서 "인품이 매우 고상하고 마음이 깨끗하여 광풍제월(光風霽月) 같다"고 그를 비유하였다. 이때부터 이 말은 도학자들의 인품을 표현하는데 사용하였다.

　박연은 이곳에 와서 우선 별당 주변의 경치가 광풍제월 같다고 생각하였고, 이 별당 주인인 송유의 인품이 또한 그렇다고 생각하여 쌍청당이란 이름을 짓게 되었다. 깨끗한 달빛은 빌려온 것이 아니며 "난간을 스치는 바람도 불러서 온 것이 아니라" 함은 이 모든 것이 자연의 섭리이며 인품 또한 자연적 발로인 것으로 보았다.

　화자는 시 전반부에서는 쌍청당 주변의 맑고 깨끗한 분위기와 그 속에 살고 있는 처사의 깨끗한 마음씨와 인품을 찬양하였다.

　후반부에서는 자신의 현재 위치로 돌아온다. 어느덧 세월은 바뀌어 서늘한 가을바람이 불고 술잔에는 찬 기운이 감도는데 화자는 내일다시 벼슬길에 오르는 부자유스러운 자기 처지를 생각하고 불편한 마음에 사로잡힌다.

쌍청당

안평대군(安平大君)94)

당이 하늘 남쪽에 있으니 몇 길이가 되는가
와룡이나 서봉처럼 이름은 듣지 못하였네
뜰이 깊고 나무가 무성하니 비바람이 일고
긴 길을 문이 막아서 손님 보내고 맞이하네
세상을 피해 누대에 오르니 황학은 멀리 날아가고
느긋한 몸으로 물가에 떠 있는 백구는 가볍게 보이니
「양보」시나 읊으며 내 몸 의지하고 싶네

堂在天南問幾程　臥龍棲鳳不聞名　庭深茂樹生風雨　門壓長途管送迎
遁世登樓黃鶴遠　寬身泛渚白鷗輕　却看意遺羲皇上　梁甫吟中欲寄形
(安平大君 : 雙淸堂 懸板詩)

이 시는 안평대군의 앞에서 언급한 박연의 현판시에 차운한 작품이다.

"하늘 아래 남쪽은"은 쌍청당이 있는 대전이며, 서울에서의 거리에 대한 언급이다. "와룡"(臥龍)은 중국 삼국시대 촉한 사람으로 이름은 제갈량(諸葛亮)이며, 서서(徐庶)가 와룡(臥龍)이라고 불렀다. 유비를 도와 촉한의 건국에 공이 많았다. "서봉"(棲鳳)은 방통(龐統)을 말하는 것으로 중국 삼국시대 양양 사람이며, 유비에게 출사하여 촉

---

94) 안평대군(安平大君 : 1418~1453) 조선조 세종의 셋째 아들. 이름은 용(瑢). 호는 비해당(匪懈堂). 수양대군에 의해 살해되었다. 학문을 사랑하고 시문과 글씨에 뛰어났다.

한 건국에 공을 세웠다. 이 두 사람을 중국 촉나라 사람인 사마휘(司馬徽)가 복룡봉추(伏龍鳳雛)라고 부르면서 재주와 슬기가 뛰어난 사람으로 유비에게 추천하였다.(촉지・제갈량전) 중국 삼국시대 뛰어난 인물들인데 쌍청당을 이들과 비교한 것만으로 유명한 처사임을 인정한 것이다.

가보지도 않고 쌍청당의 주위환경을 묘사한 것은 박연의 제영과 박팽년의 기문(起文)을 읽었을 것이며, "황학은 이미 멀리 떠나고"는 당나라 때 최호(崔顥)의 「황학루」(黃鶴樓)의 시를 생각한 것이다. 황학이 아닌 백구가 한가롭게 놀고 있는 모습이 시야에 들어온다.

미련(7・8구)에서는 속세를 떠나 제갈량이 지었다는 만가(輓歌) 「양보시」(梁甫詩)나 읊으며 살아가고 싶다고 다짐한다. 화자는 인생을 외롭고 쓸쓸하게 생각하는 모습을 보여 주었다.

삼가 쌍청당 현판의 여러 선현의 시운에 차운하다

송시열(宋時烈)

저 옛날에는 바람과 달은 염계와 명도에 속했는데
우리 선조 쌍청당을 만드니 그 이름에 합당하네
개인 달빛은 문 열어 멋대로 들어오게 하고
오는 빛 정이 좋아 난간에 기대어 맞이하네
자손들이 함께 보전하여 끝이 없으니
부귀도 이제부터 모두 다 가벼이 여기리
태극도 속에서 이 즐거움 찾게 되면
아마도 천년 뒤에 내몸 바르게 되리라

當年風月屬周程　我祖堂成合有名　霽處任他開戶入　光來正喜倚欄迎
子孫共保藏無盡　富貴從今摠可輕　太極圖中尋此樂　庶幾千載踐吾形
(宋時烈 : 謹次雙淸堂板上諸賢韻・『宋書拾遺』)

광풍제월(光風霽月)은 비가 갠 뒤의 바람과 달이란 뜻이며, 깨끗하고 맑은 마음을 비유한 말이다. 중국 송나라 때 대유학자인 주돈이(周敦頤)의 제자인 정호(程顥)와 정이(程頤) 두 형제도 대유학자였다. 쌍청당 주인인 송유도 인품이 또한 이들과 합치된다고 보았다.

문을 열어 놓고 바람과 달빛을 맞이하는 조상을 화자는 생각한다. 쌍청당의 건물은 물론 조상의 정신도 함께 후손들이 보존하여 부귀도 뜬 구름처럼 가볍게 여긴다고 보았다.

주돈이는 우주의 근본을 도해하고, 만물 발전의 이유를 분명히 한 『태극도』라는 도해를 저술하였다. 화자는 이 도해 속에서 즐거움을 찾는다면 오랜 세월이 지나면 스스로 후손들이 바르게 살아갈 것이라고 내다보았다.

지신의 조상이 송나라 유학자들의 맑고 깨끗한 성품을 본받아 청빈하게 살아온 것처럼 후손들도 그렇게 살아갈 것이라고 희망하였다.

대청마루 밑으로 샘물이 흐르는 : 남간정사(南澗精舍)
— 대전광역시 동구 가양동 65

　남간정사는 성리학의 대가 우암(尤庵) 송시열이 노년인 1683년에 세운 강학당이다.
　고산봉 자락의 정사 바로 옆으로는 도로가 나고 주위 전체는 우암사적공원으로 새로 개발하여 말끔히 공원답게 꾸몄다. 자연을 그대로 이용하여 대청마루 밑으로 샘물이 그대로 흐르게 했고, 계곡물을 막아 연못을 만들어 그 가운데에 섬을 만들고 나무를 심어서 운치 있게 하였다.
　이 정사는 우암이 전국의 유림과 제자들을 모아 학문을 강론하였으며, 병자호란의 치욕을 씻으려 북벌정책을 강구하던 유서 깊은 곳이며, 돌아가신 후 제자들이 『송자대전』(宋子大全)을 판각 간행한 것도 이곳이다.
　건물의 구조는 정면 4칸, 측면 2칸의 팔작기와지붕이다. 중앙 2칸은 통간(通間)에 우물마루의 넓은 대청을 드렸고, 그 좌측으로 앞뒤 통간의 온돌방을 꾸몄다. 팔각주 초석을 놓았으나 계곡물이 흐르

남간정사

는 대청 밑에는 장초석을 놓고 원형 기둥을 세웠으며 건물의 네 모퉁이에는 팔각 주초석 위에 활주(活柱)를 세워 길게 뻗은 처마를 받쳐 주고 있다. 건물 좌우측에는 돌담과 솟을삼문이 답답해 보이는데 이는 우암의 사후에 정사 뒤편에 사당을 지으면서 설치한 문이다.

우암이 1654년에 벼슬을 사양하고 소제리에 낙향하여 그곳에 구기자와 국화를 심고 기국정(杞菊亭)이란 정자를 지었다. 소제가 도시계획에 따라 매몰되어 1927년에 남간정사와 ㄱ자형으로 그 옆에 옮겨 세웠다. 정자의 구조는 홑처마 팔작기와지붕이다.

정사 옆 산언덕에는 우암사적공원이 있고 그 안에 남간사(南澗祠)라는 사당을 크게 짓고, 우암의 유품을 전시한 유물관도 따로 지었다.

남간정사, 주부자시를 차운하다

권상하(權尙夏)95)

작은 집이 그윽한 샘 가에 임해 있고
난간 창에는 울창한 산기운이 비치네
세상일은 옛날과 달라졌는데도
숲 골짜기는 그대로 맑고 곱구나

小院臨幽泉 軒窓暎空翠 人事異昔時 林壑自淸麗 (權尙夏:南澗精舍,
次朱夫子韻·『寒水齋集』 1:44)

이 시는 중국 송나라 대성리학자 주희(朱熹)의 「운곡(雲谷) 26영」 중에서 '남간'(南澗)이란 소제목의 시를 차운하였다. 주희시는 다음과 같다.

높은 바위 아래는 험준하고
큰 나무 숲은 싱싱하게 푸르네
그 속에 나는 듯 떨어지는 샘이 있어
무너질 듯 급하게 흘러 몹시 아름답구나

危石下崢嶸 高林上蒼翠 中有橫飛泉 崩奔雜奇麗 (朱喜:雲谷二十六
韻 <南澗>·『朱文公文集』 6)

---

95) 권상하(權尙夏:1641~1721) 조선조 숙종 때 학자. 호는 한수재(寒水齋). 송시열의 제자이며 주자학으로 촉망을 받았다. 좌의정 벼슬을 사양하였다. 『한수재집』(寒水齋集)이 있다.

중국 남간의 높은 바위의 험준함과 나무숲의 싱싱하게 푸른 자연환경을 사실적으로 읊었다. 쏟아지는 듯 급하게 떨어지는 샘의 아름다운 정경을 애정이 깃든 눈으로 화자는 바라보았다.

시 전반은 정적인 풍경이며, 후반은 샘물을 통해 동적인 모습을 읊었다. 청각적인 표현을 배제한 채, 처음부터 눈에 들어오는 산속의 분위기를 시각적으로만 고찰한 아름답게 표현한 작품이다.

우암은 이 시에 감동되어 남간정사가 바로 이와 같은 환경에 놓여 있다고 생각하여 '남간'이란 정사의 이름을 짓게 되었음은 너무나 분명하다.

권상하의 차운시도 결국 우암과 꼭같이 주자의 시를 인상 깊게 보았다.

주자의 시와 동일한 선상에서 산과 샘물을 소재로 정적인 분위기를 형상화하였다.

남간정사의 대청마루 밑으로 흐르는 샘물을 의식하고 있다는 것을 쉽게 알 수 있다.

세상일을 끊임없이 변해 가지만 쉴새없이 흐르는 골짜기의 샘물의 맑고 고운 모습은 변하지 않았다. 자연의 아름다움에 충격을 받은 화자의 심정은 주희의 그때 심정과 다르지 않았다.

계곡을 가로질러 세운 : 옥류각(玉溜閣)

— 대전광역시 대덕구 비래동 1-11

옥류각은 대전시 동쪽의 비래암(飛來菴) 앞에 있는 누각이다. 암자는 송준길(宋浚吉)의 문하생들이 창건한 것으로 수석이 맑고 뛰어난 경승지이며, 송시열과 송준길이 강학하던 곳이다. 누각은 송준길이 34세 때인 1639년(인조 17)에 건립하였다. 계족산맥에서 뻗어 내려온 한 줄기 산이 휘어져 내려와서 좁은 골짜기가 깊게 패어져 양쪽으로 갈라지고 그 골짜기 중간 끝에 가로 걸어 건물을 세운 점이 특이하다.

구조는 중층식이며 옆으로 출입하게 되어 있다. 이 누각의 상부에서 흘러 내려오는 샘물이 사철 옥같이 흘러 내려오고 있어서 이름이 옥류가 되었다. 누각에 들어서는 왼쪽 암벽 밑 부분에 송준길이 직접 쓴 '초연물외'(超然物外 : 세상을 초월하여 세상밖에)라는 글자가 새겨져 있다.

건물은 정면 3칸, 측면 2칸이며, 좌측에 2칸은 통간으로 우물마루

의 넓은 대청이 있고, 조망과 강학을 하던 공간이다. 우측 1칸은 온돌방이며 그 밑으로 계곡물이 흐른다. 1653년에 중수하고 그 후에도 여러 번 중수하였다.

옥류각

송준길(宋浚吉)96)

좋은 친구 인연 따라 찾아오니
지팡이를 의지하여 대에 오르네
험한 바위에 구슬 같은 물방울이 날으고
장마에 푸른 이끼를 씻어 버렸네
부드러운 말에 정은 깊어지고
높은 소리로 읊으니 기세는 우뢰소리 같네
하늘에 오르면 본시 다시 돌아오는 법
좋은 날에 벗이 다시 오겠지

---

96) 송준길(宋浚吉 : 1606~1672) 조선조 중기의 학자. 호는 동춘당(同春堂). 대사헌, 병조·이조 판서가 되었다. 문장과 글씨에 능하였다. 『동춘당집』(同春堂集)이 있다.

良友隨緣至 扶筇共上臺 層岩飛玉溜 積雨洗蒼苔 軟語情如深 高吟氣 若雷 天行元有復 七日更朋來 (宋浚吉 : 玉溜閣・『忠南道誌』下 p.801)

좋은 친구가 와서 함께 누대에 오르는 모습 보는 듯이 읊었다.

깊은 골짜기에서 급하게 흐르는 물이 구슬 같이 날아 올라와서 푸른 이끼를 씻어 버린다. 옥류라는 이름이 실감난다.

친구와의 다정스러운 이야기와 우뢰 같은 시를 읊은 높은 소리는 하늘까지 울렸다가 다시 돌아온다. 기세가 당당한 놀이의 모습을 보여주고 있다. 앞으로 좋은 친구 찾아오면 정답고 즐겁게 놀기를 희망한다.

화자는 누각의 주인답게 찾아오는 친구가 반갑고 함께 시를 읊으며 한때를 지낸 기쁨을 읊었다. 매우 다정스럽고 풍부한 정서를 볼 수 있는 작품이다.

새로 세운 옥류각의 시

송규렴(宋奎濂)[97]

냇가 작은 누각 처음 세우니 기쁘고
난간에 기대니 어찌하여 뉘우침이 쉽게 일어나는가
옛날과 다름없이 푸른 봉우리는 천길이나 빛나고
마침 개인날 퍼붓는 한줄기 샘 소리 들리네

---

[97] 송규렴(宋奎濂 : 1630~1709) 조선조 숙종 때 문관. 호는 제월당(霽月堂). 대사간, 대사헌, 예조참판을 역임하였다. 『제월당집』(霽月堂集)이 있다.

높은 대에는 아직도 묵은 자취 그대로 남아 있고
왼쪽 바위에는 귀중한 글이 부질없이 뚜렷하네
유림들이 남긴 옥류각 시운은 명성이 높아서
장차 옛 시운에 새 이름 걸어 놓음이 알맞겠네

臨流小閣喜初成 底事憑欄恨易生 依舊碧峰千丈色 今晴瀑一泉聲 高臺尙有陳蹤左 古壁空留寶藻明 膾炙儒林玉溜句 合將遺唾揭新名 (宋奎濂 : 題玉溜新閣・『霽月堂集』 2:37)

화자는 새로 세운 누각에 올라와서 난간에 의지하니 일찍 찾아오지 못한 것을 뉘우친다.

누각 주변의 푸른산은 옛날 그대로 푸른빛이 아름답고, 샘물이 급하게 흐르는 소리 또한 그러하다.

이 누각 주인이 왼쪽 바위 위에 새겨 놓은 '초연물외'(超然物外)라는 글씨는 지금도 그대로 뚜렷하게 남아 있다.

유림들이 이 누각에 남겨 놓은 시문은 명성이 높아서 옛 시운과 나란히 함께 벽에 걸어 놓는 것이 알맞다고 화자는 생각한다.

후진 양성의 교육도장 : 봉소루(鳳巢樓)

— 대전광역시 중구 석교동 61-2 (시문화재료 제35호)

봉소루는 한가하게 시를 짓기 위하여 세워진 것보다 후진양성을 위하는 데 무게를 둔 도장이었다.

이 누각은 조선 인조 때 남분붕(南奮鵬 : 1607～1674)이 건립하였다. 확실한 연대는 알 수 없으나 대체로 17세기 후반으로 추정할 수 있다. 남분붕의 호는 봉소재(鳳巢齋)다. 만년에 산수를 사랑하여 봉무산(鳳舞山) 기슭에 별업을 열고 후진을 양성하는데 주력하였다. 성리학자 조광조(趙光祖)의 학통을 계승하여 의리를 진작시키고 후학지도를 통한 인재양성에 전념하였다. '봉소'는 봉황의 보금자리란 뜻이며, 이곳 학생들이 후에 국가 도량이 된다는 큰 포부를 가지고 있었다.

봉소루가 있는 보문산(寶文山) 기슭은 예전에는 대전의 중심지에서 빗겨 있었으며 경치가 좋기로 이름난 곳이었다.

「봉소루 10경」이란 시도 이때에 나왔다. 지금은 그 아래 큰 길이 뚫리고 상가와 주택지가 되었다. 그러나 누각 주위에는 아직도 나무

봉소루

가 많이 남아 있고 뜰 안에는 400년 가까운 나무가 서 있는데 누각을 세울 때 심은 것 같다.

누각 구조는 ㄱ자형이며 왼편 건물은 정면 3칸, 측면 2칸의 단층 서재가 있고, 오른편에 합각으로 2층 누각이 있다. 단층 가옥은 기단석 위에 장대석을 깔고 주초 위에 네모기둥을 세웠다. 2층 누각은 기단석 위에 둥근 돌기둥을 높이 세워 1층은 빈 공간이고 2층은 누마루방으로 되어 있다. 단층 가옥은 홑처마에 팔작지붕이지만 2층 누각은 겹처마이며 정면에 봉소루라는 현판을 달았다.

1714년, 1767년, 1920년에 중수하였고, 1957년에 현판들을 새로 새기고 '봉소루 10경'을 새겨 기둥에 걸었다.

봉소루 10경운 : 봉소서루(鳳巢書樓)

박승위(朴承緯)

이름난 정자 다시 수리하니 이 고을에서 뽐내고
별 같이 빛나는 문장이 누각에 모였네
편안하고 한가롭게 사는 곳을 좋아하여
푸른 난간 밭두둑에 봉황새들이 놀고 있네

重修名榭擅斯州　齊斗文章此一樓　好借安閒樓息處　碧欄干畔鳳來遊
(朴承緯 : 鳳巢樓10景韻:鳳巢書樓・『내고장先賢詩文選』)

『봉소루지』(鳳巢樓誌)에 보면, 남준식(南準植) 이후 여덟 사람이 지은 「봉소루 10경운」이 있는데 모두 남준식의 시를 차운하였다. 박승위의 이 시는 그 중 하나다.

화자는 중수한 누각이 더욱 명성이 높아서 이 고을 문장가들이 여기에 모여 별처럼 빛나는 시운을 남겼다고 전제하고 한편으로는 이곳은 평안하고 살기 좋은 공간이어서 이 누각을 중심으로 그 주위에는 많은 봉황이 와서 놀고 있다고 하였다. '많은 봉황'이란 표현은 봉소루라는 이름 자체가 봉황의 둥지라는 뜻이며, 이것은 누각에 공부하러 모여든 뛰어난 젊은 학생들을 의미한다. 화자는 결국 봉소루의 설립 목적과 취지와 기능을 함께 형상화하였다.

봉소루 10경운 : 안봉의 밝은 달

박승위(朴承緯)

백 길이의 누각 앞에 아홉 길이 산이 있어
그림 같은 처마에는 산봉우리에 머문 달이 씻은 듯하네
하남의 우리 길이 이제 분명하니
길이 찾아오는 사람들이 그것을 배우리라 생각하네

百尺樓前九仞山　畫楣如洗峰留月　河南吾道今分明　長使來生想修厥
(朴承緯 : 鳳巢樓10景韻:案峯霽月 · 『내고장先賢詩文選』)

　이 시의 제목이 밝은 달이다. 그저 밝은 것이 아니고 씻은 듯한 달이다. 화자는 "맑은 바람과 밝은 달"과 같은 성품을 가진 송나라 대성리학자 주돈이를 내세울 의도가 분명하다. 그것은 다음의 "하남"(河南)은 주돈이에게 성리학을 전수 받은 정호(程顥)와 정이(程頤) 두 형제가 살던 곳이다. "하남으로 가는 길이 분명하다"면 봉소루에 유학(성리학)을 배우러 가겠다는 의지가 분명하다는 뜻이 된다. 주돈이의 『태극도설』(太極圖說)에 나오는 우주의 원리와 만물 발전의 이치를 배우기 위하여 이 누각을 찾아올 것이라고 생각한다.
　화자는 봉수루가 다만 아름다운 자연을 즐기기 위한 공간만이 아니라 학문 연마의 수련장임을 일깨워 주는데 무게를 두었다.

봉소루 중수운

남준식(南準植)

봉소루 서각이 산머리에 있고
난간 밖에는 긴 냇물이 십리를 흐르네
시월 겨울에 수리를 끝냈으니
비로소 가을 석 달 동안에 다시 지었네
하늘에 닿을 듯한 느티나무는 높은 탑에 기대고
현판에 새긴 서문은 단청 누각에 걸었네
상 앞에서 술잔 돌리기를 아끼지 말게나
날이 저물어도 돌아가는 것 잊고 맘껏 취해 놀아 보세

鳳巢書閣在山頭　欄外長洲十里流　已畢繕修冬十月　始成重創節三秋
連空槐樹依高塔　登刻序文掛畫樓　床前不惜巡盃酒　竟日忘歸沸醉遊
(南準植 : 鳳巢樓重修韻・『鳳巢樓誌』)

봉소루를 중수한 것을 기린 작품이다. 누각의 위치와 주변 환경에서 시작하여 중수하는데 가을의 석 달이 걸렸다. 누각의 높은 탑에는 큰 느티나무가 기대었다는 풍경 묘사와 단청한 아름다운 누각에는 많은 시문들이 현판 되어 있다는 사실을 형상화하였다. 쉬지 않고 술잔을 돌리며 집에 돌아가는 것을 잊고 실컷 마시며 놀아보기를 권장한다. 누각을 중수한 기쁜 마음이 도리어 흥분할 정도로 가득 차 있다.

충남권

○ 아산시(牙山市)

 아산시는 충청남도 서부에 위치하고 있으며 차령산맥이 군 남부를 지나 높은 산지를 형성하여 주위의 산들은 대부분 화강암 침식으로 매우 낮아진 저산성 구릉이 발달되어 있다.
 시내 중심지에는 오랜 역사를 간직한 유명한 온천이 있어서 찾아오는 사람들이 많아서 관광호텔이 집단을 이르고 있다.
 시내에서 가까운 배방산(排蒡山)은 네 봉우리가 기러기 지나가는 형상이라 하여 과안산(過雁山)이라고도 한다. 산의 서남쪽 설화산과의 사이로 양천(陽川)이 흐르고, 아산시와 청원군 광덕면과의 지방도로가 지나가는 곳에 아산의 오랜 유적지로 맹씨 행단(杏壇)과 구괴정(九槐亭)이 있다.

세 정승이 시를 읊던 : 구괴정(九槐亭)

― 충청남도 아산시 방배면 중리 300 (사적 109호)

아산 온천지대에서 서남쪽으로 비켜 앉은 구괴정은 설화산(雪華山)을 배경으로 앞에는 북풍을 막아주는 방배산과 복부성(伏釜城)이 병풍처럼 둘러 있고 금곡천(金谷川) 맑은 물이 활처럼 휘어져 굽어 흘러 시인묵객들의 발길이 끊어지지 않았다.

맹사성(孟思誠)이 세종 조에 좌의정을 지내면서 영의정 황희(黃喜)와 우의정 허조(許稠)와 함께 국사를 이끌었는데 때때로 한가한 틈이 생기면 두 분 정승을 초청하여 이 곳 고택과 정자에서 국정을 논하거나 농민들의 민정을 살피는 한편 시를 지으면서 망중한을 보내기도 하였다.

삼정승은 기념으로 정자 주변에 홰나무를 각각 세 그루씩 아홉 그루를 심었다. 구괴정이란 이름이 여기서 생겼다. 오랜 세월의 풍상에 견디기 힘들었던지 지금 두 그루만 남았고 그중의 한 그루는 옆으로 비스듬히 누워 받침대에 의지하여 근근이 버티고 있다.

구괴정은 1432년에 창건되었으며 일명 삼상당(三相堂)이란 이름도 있다.

삼정승은 고택 주변에 은행나무 한 그루씩 세 그루를 심었는데 근 600년이 지난 지금 두 그루만 고목으로 남아 있다.

구괴정은 1432년에 창건되었으며 일명 삼상당(三相堂)이란 이름도 있어서 이 정자에는 두 가지 명칭의 현판이 걸려 있다.

건물의 구조는 정면 3칸, 측면 2칸, 팔작기와집이며, 널판을 깐 빈 공간에 사방에는 난간을 둘렀다.

경내에는 맹씨 고택이 있다. 고려 말에 최영(崔瑩)장군이 살던 집으로 장군이 사망 후 비어 있던 집을 장군의 손녀 사위인 맹사성이 살았다. 이 밖에 맹사성과 그의 조부, 부친, 세 사람이 위패를 모신 세덕사(世德祠)와 정려(旌閭)와 기념관 등이 있다.

강호사시가

맹사성 (孟思誠)98)

강호에 봄이 드니 미친 홍이 절로난다.
탁료계변(濁醪溪邊)에 금린어(錦鱗魚) 안주로다
이몸이 한가히옴도 역군은(亦君恩)이샷다

강호에 녀름이 드니 초당에 일이 업다
유신(有信)호 강파(江波)는 보내느니 브람이로다
이몸이 서눌히옴도 역군은(亦君恩)이샷다

강호에 ᄀ올이 드니 고기마다 술져 잇다
소정(小艇)에 그믈 시러 흘려 띄여 더뎌 두고
이몸이 소일히옴도 역군은(亦君恩)이샷다

강호에 겨월이 드니 눈 기픠 자히 남다
삿갓 빗기 쓰고 누역으로 오슬 삼아
이몸이 칩지 아니히옴도 역군은(亦君恩)이샷다99)

    이 작품은 강호의 사계절을 읊었다하여 「강호사시가」(江湖四時歌)라고 불렀고, 자연을 사랑하는 시조의 원류가 되었다. "강호"라는 말로 시작하여 "역군은이샷다"로 끝나고 있다.

---

98) 맹사성(孟思誠 : 1359~1431) 세종 때 좌의정. 호는 고불(古佛). 고려 우왕 때 문과에 장원 급제, 청백리로 통소를 잘 불었다.
99) 맹사성, 「강호사시가」(江湖四時歌), 『시조문학사전』 p.26~7

형식상 연시조로 최초의 작품이며, 자연애를 읊은 강호가도의 시발점이기도 하다. 세종 조 이후 정사를 버리고 고향에 돌아와 강호 자연 속에 파묻혀 시가를 벗하고 살던 이들의 시풍을 강호가도라고 불렀다.

봄이 오니 미칠 정도의 흥이 저절로 일어난다. 시냇가에서 쏘가리를 안주로 막걸리를 마시면서 한가하게 즐긴다. 이렇게 한가하게 지낼 수 있는 것이 모두 임금의 은혜라고 생각한다.

여름이면 할 일이 없어 한가하게 지내는데 거기에 강바람이 불어와서 서늘하게 지낼 수 있는 것도 역시 임금의 은혜를 입은 것이다.

가을에는 작은 배에 그물을 싣고 살진 고기 잡으러 배를 타고 떠나는데 물결에 흘러내리는 대로 물에 떠 있게 하면서 소일 할 수 있으니 이것도 역시 임금의 은혜를 입은 것이다. 고기 잡는데 큰 목적이 있는 것이 아니고 하나의 멋으로, 또는 소일거리로 고기잡이를 한다는 것을 알 수 있다.

겨울에는 한 자가 넘는 눈 속에서 삿갓을 쓰고 도롱이(縷繹)를 입고 비록 가난하게 살고 있으나 추운 것을 느끼지 못하니 이것 역시 임금의 은혜를 입은 것이다.

사계절 모두 한가하고 근심 걱정 없이 자연과 더불어 사는 기쁨을 노래하면서 종장에 가서 모두 임금의 은혜라는 것을 반복 강조한다. 이 작품을 일명 「감군은」(感君恩)이라고 부르는 것도 이러한 이유 때문이다.

자연의 아름다움을 표현하면서도 궁극적으로 임금의 은혜를 기리는 유교적인 충의사상을 노래한 작품이라고 할 수 있다.

지금 맹씨행당에는 이 시조비가 하얀 돌 위에 새겨져 높이 솟아 있다.

구괴정에서

윤철한

한 그루 남은 괴목 금시라도 쓸어질 듯
성·주·괴·공(成住壞空)이야 괴목인들 어찌하랴
맹정승 청렴한 행적 천세 만세 전하리

구괴정 너른 마루 자리를 펴고 앉아
거문고 뜯는 손길 여섯 줄을 넘나들면
그 소리 신묘로움에 학도 춤을 추었을 듯[100]

구괴정에서 읊은 시를 구하지 못해 「아산문화원」과 「맹씨대종회」에 의뢰하였더니 대종회로부터 다음과 같은 답장을 받았다. "근 육백년이라는 세월 내란, 당쟁, 외침, 6·25전쟁 등으로 보배스러운 문화유산을 대하지 못하는 점 천추에 한이 된다." 이것은 가지고 있는 자료가 없다는 뜻이다. 할 수 없이 한국예총 아산지부에서 발간한 『고불 맹사성』이란 책에 시조 몇 수가 실려 있어서 그 속에서 골랐다. 이 시조는 「맹사성의 달」 추모시 속에 작은 제목으로 쓴 5개 중에서 그 중의 하나이다.

아홉 그루의 홰나무를 세 정상들이 기념 식수한 지 6백년이 지난 현재 한 그루만 남았다는 사실에서 화자는 만물은 태어나서 세월이

---

100) 윤철한 : 구괴정에서·『고불 맹사성』(한국예총아산지부강행)

지나면 죽어 없어지는 자연의 법칙에는 불가항력이지만 청백리인 맹정승의 업적은 영원토록 남을 것임을 확인한다.
　두 번째 시조에서는 거문고를 듣는 정승의 고아하고 한가한 인품에 초점을 맞추었다. 신묘한 음률에는 학도 기뻐서 춤을 출 정도로 음악에도 대단한 솜씨를 가지고 있는데 초점을 맞추어 음악가로서의 맹사성을 조명하였다.

구괴정에서

이근구

　　　삼정승 구괴목은 품상 속에 간 데 없고
　　　텅 빈 마루에는 심영(沁榮)만이 아련하니
　　　나그네 옛 님 그리며 아픈 오늘 삼킨다

　삼정승은 영의정 황희, 좌의정 맹사성, 우의정 허조 세 사람이 구괴정에서 한 사람이 세 그루씩 아홉 그루의 나무를 심은 사실로 이름이 구괴정이며, 지금은 오랜 풍상을 견디지 못하여 한 그루만 남아 있어서 텅빈 정자 마루에는 그 때의 숨은 영광만 아련하게 남아 있다.
　이곳을 찾은 화자는 옛날의 삼정승을 그리며 만나지 못하는 아쉬움에 아픈 마음을 참고 있다.

당진군

　당진군은 충청남도 서북부에 위치하고 있으며, 산악과 구릉 사이의 넓은 들과 해안의 간척지가 기름진 곳이다.
　지형은 남부는 가야산맥의 줄기인 아미산(峨眉山)과 면천읍성이 있고, 나머지는 낮은 구릉이 있다. 삽교천 유역에 군 최대의 평야가 전개되어 있고, 면천면 상왕산(象王山)에서 발원하여 아산만으로 흘러 들어가는 남원천(南院川)이 있다.
　면천(沔川)은 옛 군소재지답게 찬란한 전통문화와 유구한 역사를 간직한 선비의 고장이다. 면천향교를 비롯하여 영탑사와 면천읍성과 군자정 등 문화유산이 산재해 있는 지역이다.

연못 가운데 자리잡은 : 군자정(君子亭)

— 충청남도 당진군 면천면 성상리 (당진군 향토유적 제1호)

　군자정은 면천초등학교 옆 군자지(일명 연당) 한가운데에 있는 정자다. 일명 낭관호(郞官湖)라고 불리는 군자지는 옛날 연천군 객헌(客軒) 동쪽에 있었다. 『신증동국여지승람』에는 옛날 지군사(知郡事) 곽충룡(郭翀龍)이 창건하고 못 가운데 연을 심고 중국 송나라 주염계(周濂溪)의 「애련설」(愛蓮說)을 근거로 이름 지었다고 전한다.
　『면천군지』의 연혁에는 918년에 고려의 객국공신 복지겸(卜智謙)에게 하사한 땅에 읍성을 축조하고 성내에 관청을 시설하고 낭관호를 파고 호상(湖上)에 정자를 지어 휴식처로 사용한 것으로 되어 있다.
　정자의 안내문에는 고려 공민왕 때(1350년) 곽충룡이 창건한 것으로 기록되어 있다. 1290년에 복지겸 후손인 복규(卜奎)가 지면주사(知沔州事)로 부임하여 읍성수축과 낭관호를 개축한 후 정자를 중수하였다. 지금 그때의 표석과 자연석 돌다리 4개가 고려시대의 문화재이며, 정자로 들어가는 다리로 사용하고 있다.
　1863년, 1919년에 당진군수가 각각 중수하였고, 1959년에는 면천

군자정

복씨 문중에서 6각으로 중수, 1994년에 여인철(呂寅喆)이 8각으로 복원하여 오늘에 이르렀다.

건물구조는 팔작지붕에 대리석 기단을 깔고 주초석에 원형기둥을 세웠다. 건물 주위는 난간을 둘렀고 정자는 사각 연못 가운데 있다.

군자지(君子池)

이제현(李齊賢)101)

꽃과 열매가 한 때 피고 맺고

---

101) 이제현(李齊賢 : 1287~1367) 고려 말의 시인. 성리학자. 호는 익재(益齋). 1301년 15세로 성균시에 장원, 계림부원군(鷄林府院君), 우정승문화시중을 지냈다. 저서에 『익재란고』(益齋亂藁)가 있다.

연못 가운데 자리잡은 : 군자정(君子亭)

진흙에도 오염되지 않네
군자와 같은 모습이 있어
염계의 사랑을 받았다네

花實同時 不染淤泥 有以君子 見愛濂溪 (李齊賢 : 君子池・『益齋集』
9下27)

이 시의 제목 밑에는 "곽군이 옛 못 가운데 연을 심고 염계(주돈이)의 「애련설」(愛蓮說)을 따서 이름을 지었다"고 설명을 덧붙였다.

연은 꽃을 피우고 열매도 맺을 뿐만아니라 "진흙에서도 오염되지 않으니"라는 표현은 송나라 성리학자 주염계(周濂溪)의 「애련설」(愛蓮說)에 나오는 말을 그대로 인용하였다. 불교에서 부처가 연꽃을 꺾어서 대중에게 보여준 뜻도 같은 것이다.

군자는 속세 속에서 살면서도 그 악풍에 오염되지 않는다는 뜻이다. 연꽃은 결국 군자와 같은 풍격을 지니고 있기 때문에 주돈이의 사랑을 받았다고 화자는 주장하였다.

군자정 복원 준공을 축하하여

김준환(金駿煥)

몽산 아래 살기 좋은 고을에
군자정지 유적이 복원되어 선명하네
문화를 창달하는데 힘을 다하였으니
사업을 자랑하거나 명예를 구하고자 함이 아니네
진흙 속에서도 깨끗함을 간직하니 참군자요

혼탁한 세상에서 더욱 푸르니 대나무 절개처럼 곧다네
구름같이 모인 축하객들 모두 축송하니
찬연히 빛나는 그 공적을 시로 읊어 전하려 하네

蒙山麓下樂園縣　遺跡亭池增彩鮮　暢達文化能竭力　不爲誇業求名宣
泥中潔潔眞君子　混世靑靑竹節肩　雲集賀客咸祝頌　燦然其績誦詩傳
(金駿煥 : 祝君子亭池復元竣工・『君子亭復元讚詩集』 p.11)

1995년 5월 16일 군자정의 복원을 찬양한 시집에서 여러 시인이 쓴 시 중에서 두 편을 골라서 감상하게 되었다.

충남 당진군 면천에는 옛날 군자들이 찾아와서 풍류를 즐기고 시를 읊던 곳으로 군자지와 군자정이 있다.

세월이 흘러 퇴락하게 된 것을 1997년 5월에 복원 낙성하니 이를 계기로 찬미한 시다.

몽산 아래 군자정이 복원되어 빛이 더욱 선명하게 보인다고 전제하고, 이 복원사업은 문화창달이 목적이지 결코 명예를 위한 것이 아님을 분명하게 형상화하였다. 진흙 속에서도 깨끗함을 유지할 수 있는 연꽃에 대한 찬미는 부처가 가섭에게 물려 준 일화에도 있었고, 또 위에서 언급한 바 송나라 때 주돈이(염계)의 「애련설」에서도 "나는 홀로 연꽃이 진흙 속에서 나면서도 더러움에 물들지 아니함을 사랑한다"는 말이 있다.

연꽃과 대나무는 옛부터 군자로 상징되어 왔고, 이 정자 이름이 군자정이기 때문에 이런 표현이 되풀이 되었다.

복원 공사가 낙성하는 날 많은 축하객이 모인 가운데 시를 읊어 낙성을 축하하게 되었다는 소신을 분명하게 나타내었다.

군자정 복원 준공을 축하하여

채규칠(蔡奎七)

선현이 남긴 자취 이어 받아 다시 이루니
그림 들보 구슬 난간 눈에 선명하네
면수는 조용하고 깨끗하여 거울에 비친 것 같고
몽산은 구불구불하여 성을 두른 듯하네
태양을 향한 꽃나무는 오래 봄빛이고
온종일 숲속의 새는 부질없이 좋은 소리네
문채가 찬란한 많은 선비들이 다투어 송축하니
어느 누가 감탄의 정을 일으키지 않으리

先賢遺蹟繼承成　畫棟珠欄眼界明　沔水澹淡如照鏡　蒙山逶迤似環城
向陽花樹長春色　盡日林禽空好聲　多士彬彬爭頌祝　何人不起感嘆情
(蔡奎七:祝君子亭復元・『君子亭復元讚詩集』 p.18)

　군자정의 복원이 선현의 뜻을 계승한 것이며, 준공한 건물의 완성한 모습이 그림처럼 아름답다고 찬양하였다.
　정자 주변의 산수인 면천은 물이 깨끗하여 거울 같고, 몽산은 병풍처럼 둘러 있어 그 환경의 아름다운 모습을 자랑스럽게 표현하였다. 이러한 자연 속에서 햇빛을 받은 봄꽃나무의 아름다움과 숲속에서 종일 울어대는 새를 등장시켜 시각과 청각에 들어오는 현상을 놓치지 않고 자랑스럽게 읊었다.
　정자의 복원을 낙성하던 날 문장에 재주 있는 많은 선비들이 모여 다투어 축하하는 글을 올리니 모든 사람들이 감탄한 아름다운 분위기를 놓치지 않고 표현하였다.

군자정의 바로 이웃에는 백제시대 안샘(內井)이란 샘이 있다. 고려 개국공신인 복지겸의 딸이 아버지 병을 낫게 하기 위하여 몽산에 올라가서 산신령께 백일기도를 하던 중 꿈을 얻어 아미산의 진달래꽃을 따서 그 꽃으로 두견주를 만들어 부친께 올리고 은행나무 두 그루를 이곳에 심어서 정성을 다하니 완쾌하였다는 전설이 전해 내려오고 있다. 은행나무는 지금 한 그루만 남아 있다.

1992년에 샘은 단청 기와집 안에 깨끗하게 복원하여 군자정과 나란히 서 있다.

공주시

공주시는 충청남도 중앙부에 위치하고 있으며 산이 사방에 있고, 중앙부에는 낮은 평야가 발달하여 전체적으로 분지를 이루고 있다. 동쪽에서 서쪽으로 흐르는 금강은 분지를 남북으로 갈라놓고 흘러가고 있다.

공주는 백제의 옛 도읍이다. 475년에 북한산성에서 이곳에 서울을 옮기고 538년에 부여로 천도하기까지 약 60년간 백제의 서울이었다.

백제의 유적으로 주위 약 3km의 공주산성이 있다. 남쪽 성문으로 진해루(鎭海樓)가 있고, 북문성 위에는 공북루(拱北樓)가 있고, 중앙 봉 위에는 쌍수정(雙樹亭) 등 옛 건물이 있다.

금강나루터의 : 공북루(拱北樓)

— 충청남도 공주시 금성동 공주산성 북문(충남 유형문화재 제37호)

성벽 위의 누각은 연구대상에서 제외하셨다던 원칙을 어긴 것은 이 누각이 성곽문루로서의 기능을 이미 상실한지 오래되었고 입지 조건이 또한 금강이란 큰 강의 나루터에 있기 때문에 주위 환경이 수려하고 시인묵객이 자주 즐겨 찾는 곳이기 때문이다.

1603년에 관찰사 유근(柳瑾)이 쌍수산성, 지금의 공주산성을 수축하면서 이 자리에 있었던 망북루(望北樓)를 중건하고 공북루로 고쳐 불렀다. 1663년에 관찰사 오정위(吳挺緯)가 중수하고 송시열이 중수기를 썼다.

1964년 국고 보조비로 보수하여 현재에 이루고 있다.

건물의 구조는 정면 5칸, 측면 2칸의 팔작지붕의 2층 누각이다. 누각 밖은 석성으로 싸여 있고 누의 중앙 부분만 뚫려 있어 통로로 사용하고 있다.

"공북"에서 공(拱)은 존경하는 뜻을 표하기 위하여 두 손을 마주

공북루

잡고 공손한 자세를 취한다는 뜻이며, 북(北)은 임금을 모신 신하가 북면(北面)하여 앉아 있는 자리를 말하는 것으로 신하가 되어 임금을 섬긴다는 뜻이 된다.

공북루가 이루어져서, 목수들을 모두 뜰에 불러 술을 권하니, 술이 한창 때 다투어 일어나 춤을 춘다. 이날 알맞게 비가 내렸다

유근(柳根)102)

높은 누각이 성 위에 새로 열리고
견고한 성은 영원히 신의 나라를 지켰네

---

102) 유근(柳根 : 1549~1627) 조선조 중기 문인, 호는 서경(西坰), 1592년에 예조 참의, 그후 계속하여 대제학, 좌찬성 등의 벼슬에 올랐다.『서경집』(西坰集)이 있다.

소동파는 적벽에서 나는 창벽에서 놀고
유량은 남루에서, 나는 북루에 올랐네
남들은 호수와 산에 살면서 마음에 만족을 느끼고
하늘이 양자강과 한수지방에 풍류를 멋대로 내렸네
조각 구름이 문득 시를 재촉하는 비를 보내니
향긋한 술로 중양절 놀이를 이루었네

高棟新開城上頭　金湯萬古衛神州　蘇仙赤壁今蒼壁　庾亮南樓是北樓
人在湖山應自得　天敎江漢擅風流　片雲忽送催詩雨　相成淸樽九日遊
(柳根; 拱北樓成, 招工匠咸集于庭 饋之以酒 酒闌爭起舞 是日適有
雨·『西坰集』2:28)

이 시는 충청도 관찰사 유근이 1803년에 공신성을 수축하면서 이 자리에 있었던 망북루(望北樓)를 중건하여 공북루로 고쳐 부르고 이 누각의 준공을 축하는 잔치가 열리고 있을 때 상황을 시의 제목으로 하여 지은 작품이다.

화자는 개수한 산성의 견고함과 누각의 새로운 모습에 깊은 관심을 보였다.

화자는 또 이곳에서 송나라 때 문장가인 소동파의 「적벽부」에 나오는 적벽놀이를 생각하고 자기는 지금 금강의 창벽에서 놀고 있다고 하였고, 중국 주나라 때 무관인 유량은 남루에 올랐는데 자기는 공북루에 올라 놀고 있다고 하였다.

인간은 아름다운 자연에 살면서 만족을 느끼고, 하늘은 중국의 양자강이나 한수에 풍류의 멋을 내렸지만 결코 이 금강 유역도 중국의 자연이나 강한(江漢)에 못지않다는 것을 말하기 위하여 대조법을 사용하여 공북루 주변의 아름다움을 간접적으로 표현하였다.

마침 비가 내려서 시 짓기에 알맞고, 중양절이 되어 흥겹게 놀이를 한다.

화자는 준공에 얽힌 사정을 사실대로 중국 문인들의 풍류와 대비하면서 준공과 중양절의 기쁨을 흡족하게 누리고 있다.

공북루 판상시에 차운하여

신광수(申光洙)103)

  옛날 금릉에는 석두성이 장했으니
  산성이 또한 스스로 공주를 편하게 하네
  썩은 선비가 정남막에 들지 않고
  맑은 세상 도리어 공북루에 오르네
  피리와 북소리 들리니 임금의 수레 머물고 있는 듯
  바람에 날리는 모래 오직 금강에 흐름을 보네
  지금 세상이 매우 한가하니 누구인가 손을 맞이하고
  머리를 돌리니 서쪽 들에서 중양절 놀이를 하네

  終古金陵壯石頭　山城亦自鎭公州　腐儒不入正南幕　淸世還登拱北樓
  笳鼓尙聞鑾駕住　風沙唯見錦江流　于今多暇誰邀客　回首西坰九日遊
  (申光洙 : 拱北樓次板上韻二首・『石北詩集』1:11)

  옛날 중국 남경에 있는 석두성이 웅장하였는데 여기 공주의 산성도 편안하게 도읍을 지키고 있다. "정남막(남쪽을 정벌하기 위한 막

---

103) 신광수(申光洙 : 1549~1627) 조선조 영조 때 문신. 호는 석북(石北). 시와 그림에 뛰어남. 연천연감, 우승지 등을 역임하였다. 『석북집』(石北集)이 있다.

사)에 들지 않는다"함은 병자호란과 이괄의 난 같은 전쟁이 일어나지 않는 평화스러운 날이 오고 있다는 뜻이다.

나라가 평온하여 누각에 오르니 피리소리와 북소리 들리니 임금의 수례는 지금도 이 산성에 머물고 있으며, 나라가 태평한 시점임을 알게 된다.
이러한 가운데 금강물은 변함이 없이 흐르고 손님을 맞이하여 서쪽 들에서는 지금 중양절 놀이를 하고 있다.
병자호란이 끝난 지 100년이 지난 지금 시대는 태평하고, 공북루도 중수하여 아름답고 위용을 자랑하고 있고, 마침 중양절을 맞이하여 즐기는 모습을 형상화히였다.

공북루에서 넘치는 금강물을 본다

박준원(朴準源)[104]

맑은 강과 그림 같은 누각이 서로 아름답고
비 온 뒤 물결이 빛나고 출렁거리니 다시 기이하네
넘치는 물을 보니 당나귀 나오기를 재촉하는 것 같고
술병을 들고 바쁘게 미인을 따라 나가네
하늘에 춤칼을 휘두르지 않아도 더위는 물러나고
바람에 낮은 목소리로 노래 부르니 해는 더디가네

---

[104] 박준원(朴準源 : 1739~1807) 조선조 순조 때 판서. 호는 금석(錦石). 1786년에 사마시에 합격, 호조·형조·공조판서를 역임하였다. 『금석집』(錦石集)이 있다.

금강에 돛단배는 누각 앞에서 관리를 기다리니
아름다운 흥에 맑은 물가에 배 띄우며 머물고자 하네

澄江畫棟特相宜 雨後波光漾瀁更奇 觀漲催將匹驢出 携壺仮許美人隨
不翻舞劍朱炎退 風細歌喉白日遲 錦帆樓前官吏待 欲留佳興泛淸湄
(朴準源:拱北樓觀漲・『錦石集』2:7)

공북루 위치는 바로 금강 기슭에 있다. 강과 가장 가까운 위치에 있어서 바로 눈 앞에서 금강을 직접 볼 수 있다.

이 누각에 오르면 곧바로 비온 뒤의 푸른 강물을 볼 수 있다. 비온 뒤의 금강과 누각의 아름답고 기이한 모습에 감탄한다. 도도하게 넘치는 물을 보니 금방 당나귀라도 뛰어 나올 것 같이 강한 물결의 당당한 기세에 놀랐다.

술병을 들고 기생을 데리고 누에 올라 흥겨워서 노래와 춤을 추는 모습에 대한 화자의 표현 솜씨가 비범하다는 것을 알게 된다.

장소를 이동하여 금강에 배를 띄우고 친지 놀이가 밤이 새도록 오래 지속되기를 바라고 있다.

이 시에서 화자는 몇 가지 뛰어난 표현 솜씨를 보여주고 있다. 거센 물결이 당나귀 나오기를 재촉한다든가, 더위가 물러간다든가 해가 더디간다 등은 상황에 따른 화자의 시간 관념을 적절하게 표현하였다.

성안 높은 언덕에 솟아 있는 : 쌍수정(雙樹亭)

— 충청남도 공주시 공주산성 진남루 서쪽 고지대에 위치

  1624년에 이괄(李适)의 난 때 인조가 난을 피해 이곳 산성까지 와서 머물게 되었다. 난이 평정되었다는 소식을 듣고 서울에 돌아가면서 이곳에 있던 두 그루의 나무에 정 3품 통훈대부(通訓大夫)라는 벼슬을 내리고 성을 쌍수성이라고 하였다. 그 후 나무는 죽고 옛 자취를 찾을 수 없었다. 임금의 유지를 기념하기 위하여 관찰사 이수항(李壽沆)이 1734년에 삼가정(三架亭)을 창설하였는데 후에 쌍수정으로 바꾸어 부르게 되었다.

  그 뒤 관찰사 홍억(洪檍)이 대지를 평탄하게 한 뒤 중건하였고, 1903년에 관찰사 홍승헌(洪承憲)이, 1947년에 다시 중수, 1970년에 전면 해체하여 새로 복원하여 오늘에 이르렀다. 지금과는 달리 전에는 2층 누각에 담장이 둘러 있었다.

  건물 구조는 전면 3칸, 측면 2칸의 팔작지붕에 익조식이다. 대리석 낮은 주초돌에 굵은 기둥을 세우고 단청하였다.

쌍수정

쌍수정에서 입으로 읊조리다

조임도(趙任道)105)

공관에서 국화를 재배하고
사신이 쉬는 날이 많아서 한가하게 읊조리네
몸은 산야에 있으나 마음은 속세를 떠나 있으니
달 밝은 맑은 밤에 집 생각이 간절하네

公館栽培隱逸花 使君多暇日閒哦 身居鹿臼心丘壑 月白淸宵倍憶家
(趙任道 : 雙樹亭口占・『澗松續集』 6:24)

---

105) 조임도(趙任道 : ?~1664) 인조 때 문신. 호는 간송(澗松). 벼슬은 공조좌랑에 이르렀다.

화자는 지금 공주산성 안의 높은 지대에 있는 쌍수정에서 즉흥적으로 시를 읊고 있다.

관청에서 국화를 재배하는 것으로 보아 공직에 있는 화자이며, 쉬는 날이 많아서 한가하게 지내며 시를 읊조린다.

산야에 살면서 마음은 늘 이상세계로 향하고 있다. 특히 달 밝은 밤에는 고향 생각이 간절하다.

관청에서 국화를 재배한다는 것은 국화가 벼슬 내놓고 초야에 숨어버린다는 것을 상징하는 꽃이니 화자는 지금 벼슬길에서 떠나고 싶은 생각이 간절하다.

몸이 한가하니 이 정도에서 물러날 뜻을 가지고 있다. 마음은 늘 속세에서 떠나고 이상 세계를 향하고 있다. 달 밝고 맑은 밤에 고향 생각이 갑절이나 간절한 것도 결국은 이상 추구의 단면이 될 수 있다.

쌍수정

홍량호(洪良浩)[106]

높은 단에 도적의 머리를 바치니 천자의 자리가 더욱 견고하고
활과 검으로는 세월이 변해도 오르기 힘들겠네
다만 금강이 있어 봄빛도 있고
해마다 다시 돌아봐도 오래된 나뭇가지일세

---

106) 홍량호(洪良浩 : 1724~1802) 조선조 영조 때의 학자. 호는 이계(耳溪). 1752년에 문과에 급제, 이조판서를 역임하였다. 『이계집』(耳溪集)이 있다.

성안 높은 언덕에 솟아 있는 : 쌍수정(雙樹亭) 389

雲壇獻馘堅龍旗　弓劍難攀歲月移　惟有錦江春色在　年年重上萬年枝
(洪良浩 : 雙樹亭・耳溪集 3:4)

"도적의 머리를 바치니"는 이괄의 난을 피해 이곳에 파천한 인조에게 도적의 머리를 베어 바친 역사적 사실을 말하는 것이며 이로 인해 난은 평정되어 임금의 위치가 확고하여졌음을 말한 것이다. 공주산성은 활과 검 같은 무기로도 오를 수 없는 난공불락의 요새임을 강조하였다.

산성 밑을 흐르는 금강이 있으니 아름다운 봄도 있는 것이며, 해마다 다시 찾아와도 성 정상에 있는 쌍수도 오래도록 변화없이 싱싱함을 자랑스럽게 생각하였다.

화자는 인조를 통한 당시 산성의 역사적 사건과 함께 금강과 쌍수도 예전과 다름이 없음을 확인하였다.

부여군

　부여는 충청남도의 서북부에 위치하고 있으며, 자연환경은 서북쪽은 차령산맥의 여맥이 지나 산지를 이루고 남동쪽은 점점 낮아져 금강 유역에는 평야가 발달되어 있다. 북서쪽에 성대산(星臺山)과 아미산(峨嵋山)이 솟아 있고, 금강(백마강)이 군의 동부에서 곡류하여 남쪽으로 흐른다. 금강 서쪽에는 구룡평야가 발달되어 관개시설도 잘 되어 군내 최대의 곡창지대를 이룬다.
　그리고 부여는 찬란한 문화와 망국의 한이 함께 존재하고 있는 역사적 도시다.
　산천이 조화를 이루어 기름진 평야가 넓게 펼쳐져 있어 한 국가의 수도로 6대 123년간 정치, 경제, 문화의 중심지였다. 그리고 수치보다 죽음을 택한 3천궁녀의 고결한 정신이 부소산 주위 곳곳에 잠들고 있다.

전망 좋은 부소산 언덕의 : 사자루(泗泚樓)

— 충청남도 부여군 부여읍 쌍북리 부소산성

    사자루는 해발 106m의 부소산 송월대 정상에 있다. 주변의 경관과 조망이 뛰어나 백제시대 부소산성의 망대 역할을 하였던 곳이다. 유서 깊은 유적과 자연경관이 한눈에 들어오고, 북으로는 사연 많은 백마강이 서해로 흘러 들어가고 양쪽 기슭에는 고란사와 낙화암 등 많은 유적지가 있어 예부터 풍류를 즐기던 시인묵객의 발길이 멈추지 않았다.

    1919년 6월 당시 김창수(金昌洙) 군수가 주도하여 고적 보전회와 지역 유지들이 성금을 모아 옛 임천군(林川郡) 문루인 배산루(背山樓)를 옮겨지었고, 고종의 아들인 이강(李堈)의 친필로 사자루라 명하여 현판하였다. 1989년 정부의 지원을 받아 복원하였다.

    건물 구조는 정면 3칸, 측면 2칸의 팔작지붕이며 한 단의 장대석 위에 세웠다. 화강암 주초에 둥근 기둥을 세운 단청 2층 누각이며, 겹처마에 익공계렬이다.

사자루

누각의 현판은 「사자루」로 되어 있는데 길 안내판에는 「사비루」로 되어 있다. 어느 것이 옳은지? 『삼국유사』에 이 두 가지를 혼용하고 있어서 그렇게 되었다. 부여의 옛 이름이 사비이니 여기에 무게를 두어야 할 것이다.

사비루

석진형(石鎭衡)

누가 언제 이 누각을 세웠는가
사비에는 지금도 백마강이 흐르네
의자왕은 당과 맞서다 결국 망했으나

온조왕은 원래 한강 남쪽 땅에서 시작했네
누대는 허물어져 쓸쓸하니 달맞이 하기 어렵고
옛 나라에 오르니 벌써 가을이 되었네
산에 비 내리자 하늘과 땅이 어두워지니
강에는 고기 잡는 배 불빛만 보이네

有誰何日建斯樓　泗泚於今白馬流　義王竟亡唐北敵　溫王元自漢南州
廢臺寂寞難迎月　古國登臨易得秋　山雨欲來天地黑　但看漁火在江頭
(石鎭衡：泗泚樓·板上詩)

　화자의 역사에 대한 의식이 반영된 작품이다. 백마강, 의자왕, 당나라, 온조왕 등 백제의 건국과 멸망기에 대한 작품 소재가 역사적인 것이 주류가 되어 있다.
　그러나 작품 하반부에서는 화자가 처해 있는 현실 세계로 눈을 돌린다. 누각이 쇠퇴하여 부소산 높은 곳에 있으면서 달맞이하기 어렵고, 그런데 옛 서울인 부여는 벌써 가을이 되었고, 지금은 비가 내리고 날은 저물어 가니 어부의 고기 잡는 배의 불빛만 선명하게 보인다. "허물어져", "쓸쓸하다", "옛 나라", "비", "어두어진다" 등 밝고 명랑한 정서는 찾아내기 힘들고 어둡고 쓸쓸하고 무거운 마음이 화자의 가슴을 누르고 있다.
　이러한 어두운 정서는 백제 멸망이란 역사적 비극과 밀접되어 그렇게 된 것이다.

사자루, 삼가 구봉·신재 두 선생 시운을 따라서

송용재(宋龍在)

5백년 터전이 황폐한 언덕이 되니
눈에 가득한 산하가 모두 근심이라네
꽃이 떨어진 외로운 바위는 봄인데도 쓸쓸하니
용은 죽고 큰 물만 유유히 흐르네
그 때는 풍류가 번화하던 땅이었으나
해질 무렵 어부가 고기 잡는 괴롭고 쓸쓸한 가을에
「창랑가」한 곡조를 부르며 다시 배를 돌리네

牛千基業作荒丘　滿目山河摠是愁　落花孤巖春寂寂　龍亡大洋水悠悠
管絃當日繁華地　漁逐斜陽慘憯秋　白髮那堪今古淚　滄浪一曲更回舟
(宋龍在 : 泗沘樓 敬次龜峰·愼齋兩先生韻·板上詩)

　부여에서 읊은 시는 명랑하고 밝은 정서는 찾아보기 힘들고 다만 망국의 회한에서 오는 쓸쓸하고 근심에 차 있는 공통점이 있다.
　"황폐한 언덕", "산하가 모두 근심이라네", "꽃이 떨어진 외로운 바위", "괴롭고 쓸쓸한 가을에", "눈물 견디기 힘들어" 등의 모든 시구가 한결같이 비극의 현장에서 일어난 역사적 사실을 회고하고 화자는 가슴 아파 견디기 힘든 처지를 읊었다. 처음부터 끝까지 자신을 비극의 주인공으로 만들었다.

사비루

조병금(趙秉黔)

해질 무렵 사비루에 오르니
서풍에 나도 몰래 눈물이 먼저 흐르네
한스럽게도 삼충신이 죽은 땅
끝내 백제는 신라 땅이 되었네
꽃은 떨어지고 밤은 찬데 부질없이 강에는 달이 뜨고
용도 가고 구름 깊은 옛 골짜기에는 가을이 왔네
길손이여 산하가 견고하다고 말하지 말라
백제탑은 밭두둑에 천년을 서있네

落日登臨泗沘樓 西風不覺淚先流 可恨三忠身死地 終敎百濟爲州 花飛夜冷空江月 龍去雲沈古壑秋 行人莫設山河固 百塔千年立壟頭 (趙秉黔:泗沘樓·板上詩)

옛 백제의 땅을 찾는 길손들의 마음은 자연의 아름다움을 발견하는 것이 아니고, 죽음의 땅 백제의 최후가 먼저 머리에 떠오른다.

이 시에서는 또 다른 슬픈 소재들이 등장한다. "서풍에 나도 몰래 눈물이 흐르네"에서 시작하여 "삼충신이 죽은 땅", "신라 땅이 되었네", "용도 가고" 등이 모두 마음 아픈 사연이다.

백제를 위해 최후의 항전을 하던 삼충신, 나당연합군에 의해 신라 땅이 된 비극의 역사가 천년이 지난 지금도 나그네의 마음을 아프게 한다.

조롱대에서 낚던 용도 간 데 없고, 세련된 예술품인 백제탑도 1,400여년을 외롭게 홀로 서 있는 모습도 나그네의 마음을 슬프게 한다.

강변 바위 동산 위의 : 수북정(水北亭)

— 충청남도 부여군 금암면 규암리

백마강을 가로지르는 백제대교를 지나면 대교 동남쪽 입구 강변 바위 동산 위에 수북정이 서 있다. 당나라 군사가 백제군의 동태를 엿보던 곳이라 하여 규암(窺岩)이라 불렀다.

정자는 광해군 때 양주목사 김흥국(金興國)이 창건하였다. 인조반정에 참가하자는 김류(金瑬)의 제안을 받자 '광해군의 녹을 받는 처지가 두 임금을 섬길 수 없다.'고 거절하고 관직을 버리고 이곳에 정자를 세우고 그의 호인 수북정으로 정자 이름을 지었다.

김흥국은 선조 때 등과하여 회양·한산·양주 등지의 목사를 역임하였다. 『수북정집』(水北亭集)이란 문집이 있다.

1808, 1928, 1969년에 각각 중수하여 현재에 이르고 있다. 건물구조는 정면 3칸, 측면 2칸으로 팔작지붕에 익공 계열이며, 처마는 겹처마에 네 모서리에는 활주가 추녀를 받치고 있다. 장대석 두 단 위에 낮은 주초석을 세우고 일정한 공간 위에 널판을 깔았고 난간을

둘렀다.

수북정 판상시에 차운하여

이시형(李時馨)

이름난 정자 이 강모래톱에 우뚝 솟아 있고
백제의 푸른 산은 거울 위에 떠 있네
천지는 끝없지만 꽃에는 한이 남았으니
영웅은 지금 없고 강물만 속절없이 흐르네
비가 그치고 앵무새가 우니 속세 아닌 듯 맑고
우거진 나무에 바람 부니 가을 같이 상쾌하네
흥망이 지난 자취 물어 볼 이 없으니
술 마시며 시름 함께 녹임이 좋겠네

名亭矗石此江洲　百濟青山鏡面浮　天地無窮花有限　英雄不在水空流
啼鶯雨歇清非俗　茂樹風來爽欲秋　往跡興亡須莫問　好將樽酒共銷愁
(李時馨:次水北亭板上韻·板上詩)

    이름난 정자의 위치와 함께 부여의 부소산은 거울처럼 맑은 백마강에 예전처럼 떠 있는데 "꽃에는 한이 남아 있다"함은 낙화암에서 꽃처럼 몸을 던진 삼천 궁녀의 전설을 회상하고 화자는 슬픈 정서를 토한다.
    나당 연합군과 최후의 전투를 벌이다 순국한 영웅들은 지금 간 곳이 없고, 강물만 그때나 지금이나 부질없이 흘러간다. 중국 당나

수북정

라 시인 두보(杜甫)의 "나라는 망하였으나 자연은 그대로 남아 있네"(國破山河在)라는 시구를 실감케 한다.

화자는 잠시 마음이 바뀌어 앵무새가 우는 신선 세계를 발견하고, 여름에 가을바람처럼 상쾌한 기분을 가져 본다.

마음은 다시 백제 멸망의 비극적 역사 속으로 빠져 든다. 지금은 흥망의 사실을 아는 사람도 없이 모두 무관심하니 시름을 잊기 위해 술이나 마시면서 근심스런 마음을 달래보겠다는 심정을 토로한다.

수북정

김창수(金昌洙)

옛날 선생이 물러나 쉬던 곳에
강버들과 단풍은 봄에서 가을로 돌아왔네
지팡이에 신 신고 편안이 정자로 돌아오니
하늘에는 바람과 달이 굽은 물줄기를 비추네
뜰 앞의 우뚝한 바위 금강석처럼 단단하고
난간 밖의 푸른 산은 백제의 근심이네
다투어 올린 선비의 많은 축하의 말을
후손들이 능하게 닮으려고 때때로 수련하네

先生昔日退休地　江柳江楓春復秋　杖屨安歸亭子在　一天風月曲灣頭
庭前危石金剛骨　檻外靑山百濟愁　賀語爭登多士句　後昆克肖以時修
(金昌洙 : 水北亭・板上詩)

　양주목사 김흥국이 광해군 때 두 임금을 섬길 수 없다는 충절로 인조반정 운동에 가담하지 않고 벼슬을 내어 놓고 이곳에 와서 살면서 정자를 지었다.
　"지팡이에 신 신고"는 김흥국의 정자에서의 생활상이다.
　이때 정자 주변의 자연환경은 하늘에서 바람과 달빛이 백마강 물줄기를 비치고, 규암이란 이름처럼 정자 앞에는 크고 단단한 바위가 버티고 있다.
　화자는 난간 밖의 푸른 산이 백제의 한을 품고 있다고 생각한다.

아름다운 자연과 백제의 한이란 극도의 대립된 감정이 화자의 머리에서 떠나지 않고 있다.

서천군

　서천군은 충청남도 남서부에 위치하고 한산의 세모시로 유명한 곳이다. 지형은 차령산맥 말단의 여맥이 군 북부까지 미치고 그 일부의 지대만이 조금 높을 뿐 대부분의 지역은 거의 평야로 되어 있다. 산은 낮아서 300m 내외정도이며, 저수지가 많아서 흘러간 하천은 서해로 유입된다.
　서천에는 볼거리와 먹을거리가 많다. 4월이면 주꾸미와 동백꽃 축제가 열린다.

세속을 벗어나 우뚝 솟은 : 동백정(冬柏亭)

— 충청남도 서천군 서천읍 마량리

서해안 고속도로를 따라가면 보령에서 서천으로 가는 중간 지점에 비인반도가 있고, 그 근처에 춘장대가 있다. 그 곳의 수력발전소 뒷산이 동백숲(천연기념물 제169호)으로 유명한 곳이다.

수령 450년생 동백나무 고목이 85그루가 있다. 발전소 뒤에 숲으로 오르는 길 좌우가 바로 동백숲이다. 옆으로 펼쳐진 나무들이 일정한 간격으로 질서 정연하게 서 있다. 숲 가운데 길을 따라가면 정상에 동백정이 있다.

일망부제의 하늘과 맞대인 대양이 펼쳐진다. 바다 가운데는 자그마한 섬이 있고, 정자 바로 옆에는 두 소나무가 해풍에도 아랑곳없이 굳굳하게 서 있다.

건물 구조는 정면 3칸, 측면 2칸이며, 자연석 기단에 네모난 대리석이 일층 기둥이 되고, 이층은 둥근 기둥이며, 바닥은 널판에 낮은 난간을 주위에 둘렀다. 팔작지붕에 겹처마다.

동백정

동백정에서 놀다

구봉령(具鳳齡)107)

신선 세계에 와서 노니 흥이 무궁하고
큰 물결이 넓고 아득하게 하늘에서 겹겹이 쳐져 있네
하늘이 푸른빛 더하니 물빛이 하늘과 같이 되네
두 눈으로 광대한 모양을 보니 속세를 벗어난 것 같고

---

107) 구봉령(具鳳齡 : 1520~1585) 조선조 명종 때 문관. 호는 백담(栢潭). 1560~ 년에 문과에 급제, 이조참의, 부제학, 대사헌 등을 역임. 『백담선생집』(栢潭先生集)이 있다.

두 겨드랑이가 차니 바람이 일어날 듯 하네
희옹은 철피리를 세 곡조나 불었고
노인이 졸다가 물 속의 용에 놀랐네

仙界來遊興無窮　茫茫鯨浪帖層穹　潮通闊浙元無碍　天接青齊只一空
浩浩雙眸如脫世　冷冷兩腋欲生風　回翁鐵笛吹三弄　老睡應驚水底龍
(具鳳齡:遊冬柏亭・『栢潭先生集』4:28)

　정자에 올라 끝없이 넓고 푸른 바다를 보고 화자는 신서세계를 찾아온 기분이며, 따라서 흥이 무궁무진하다. 바닷물은 본래 어디든지 자유자재로 흘러 들어갈 수 있고, 하늘은 푸른빛을 더하게 되면 바다와의 경계선이 없어진다.
　정자 앞에 전개되는 광대한 천지를 바라보니 속세가 아닌 바로 신선세계를 보는 것 같고, 겨드랑이에 찬바람이 드니 날개가 돋쳐 하늘에 날 것 같은 가벼운 기분이 든다.
　피리 불던 노인은 졸다가 물속에 있는 용에 놀라 (큰 파도에 놀라) 정신이 번쩍 든다.
　화자는 이 정자에서 놀면서 시야에 들어오는 것은 한없이 넓은 바다와 하늘과 바다의 경계가 없는 푸른빛이다.
　이런 분위기에서 피리 부는 노인을 등장시켜 시적인 흥미를 더하게 하는 수법을 썼다.
　이 동백정은 관동팔경에 속하는 어느 정자에도 손색이 없는 뛰어나게 아름답고 광대무변한 세계로 보는 사람들을 끌고 간다.

　경자년에 도체찰사 겸 도원수로 남방의 군사를 시찰하면서

도중에 비인현을 지나다가 비를 맞으며 동백정에 올랐다

이항복(李恒福)

순식간에 내 몸이 붉은 용을 타는 듯하더니
더러운 구름이 비를 보내 깃발을 적시네
창대로 기다란 빗자루를 만들 수만 있다면
겹친 구름 깨끗이 쓸어 사방을 확 트이게 하겠네

轉兩身如賀赤螭 腥雲送雨濕旌麾 鎗竿可化爲長箒 淨掃重陰豁四維
(李恒福: 庚子, 以都體察使兼都元帥, 視帥南方, 路過庇仁縣, 冒雨登 桐栢亭·『白沙集』1:31)

    화자가 찾아온 동백정에는 비가 오고 있었다. 그것은 구름이 비를 만들어 깃발이 젖었다고 했다. 긴 장대로 빗자루를 만들어 구름을 깨끗이 쓸어서 사방을 확 트이게 하고 싶다는 것이 화자의 바람이다. 날씨 때문에 높은 정자에서 일망무제의 끝없이 넓은 바다를 볼 수 없는 안타까운 심정이 절실하게 그려졌다.
    정자에 올라 사방을 조명하고 감격하거나 시를 짓고 싶은 풍류는 처음부터 없어 보인다.
    그러나 구름을 쓸어버리고 쾌청한 날씨가 되기를 바라는 마음은 간절하다. 정자를 제대로 보지 못한 아쉬움도 함께 가지고 있다.

누각과 정자에서 읊은 시세계

2006년 11월 25일 1판 1쇄 인쇄
2006년 11월 30일 1판 1쇄 발행

지은이 • 이 창 룡
펴낸이 • 한 봉 숙
펴낸곳 • 푸른사상사

등록 제2-2876호
서울시 중구 을지로3가 296-10 장양B/D 701호
대표전화 02) 2268-8706(7) 팩시밀리 02) 2268-8708
메일 prun21c@yahoo.co.kr / prun21c@hanmail.net
홈페이지 //www.prun21c.com
ⓒ 2006, 이창룡

값 20,000원

☞ 저자와의 협의에 의해 인지는 생략함.
  21세기 출판문화를 창조하는 푸른사상이 되도록 노력하겠습니다.